未来理工学霸

INSTANT
SCIENCE

科学家养成计划

[英]詹妮弗·克劳奇（Jennifer Crouch） 著

胡 卿 译

电子工业出版社
Publishing House of Electronics Industry
北京·BEIJING

Instant Science
978-1-78739-338-7
Jennifer Crouch
Copyright © Welbeck Publishing Group, 2019
All rights reserved. No part of this publication may be reproduced, stored in a retrieval system, or transmitted in any form or by any means, electronic, mechanical, photocopying, recording or otherwise, without permission of the copyright holder.

本书中文简体版专有翻译出版权由Welbeck Publishing Group授予电子工业出版社。未经许可，不得以任何手段和形式复制或抄袭本书的任何部分。

版权贸易合同登记号　图字：01-2020-3758

图书在版编目（CIP）数据

科学家养成计划/（英）詹妮弗·克劳奇（Jennifer Crouch）著；胡卿译. —北京：电子工业出版社，2021.3
（未来理工学霸）
书名原文：Instant Science
ISBN 978-7-121-40556-3

Ⅰ.①科… Ⅱ.①詹… ②胡… Ⅲ.①科学家－生平事迹－世界 Ⅳ.①K816.1

中国版本图书馆CIP数据核字（2021）第025210号

责任编辑：郑志宁
印　　刷：中国电影出版社印刷厂
装　　订：中国电影出版社印刷厂
出版发行：电子工业出版社
　　　　　北京市海淀区万寿路173信箱　邮编：100036
开　　本：787×980　1/16　印张：11　字数：304千字
版　　次：2021年3月第1版
印　　次：2021年3月第1次印刷
定　　价：78.00元

凡所购买电子工业出版社图书有缺损问题，请向购买书店调换。若书店售缺，请与本社发行部联系，联系及邮购电话：(010) 88254888，88258888。
质量投诉请发邮件至zlts@phei.com.cn，盗版侵权举报请发邮件至dbqq@phei.com.cn。
本书咨询联系方式：(010) 88254210，influence@phei.com.cn，微信号：yingxianglibook。

目 录

8　　引言

数　学

- 10　数字
- 11　计数系统
- 12　对称性
- 13　欧几里得的《几何原本》
- 14　镶嵌
- 15　正多面体（柏拉图多面体）
- 16　花剌子模
- 17　斐波那契数列
- 18　无穷
- 19　圆周率
- 20　质数
- 21　微积分
- 22　逻辑
- 23　对数
- 24　概率和统计学
- 25　混沌
- 26　虚数
- 27　非欧几里得几何学
- 28　费马大定理
- 29　欧拉数
- 30　曼德勃罗集合
- 31　拓扑学

物 理 学

- 32　行星共振
- 33　阿尔巴塔尼
- 34　简谐运动
- 35　光学
- 36　声音和声学
- 37　望远镜
- 38　做功、功率和能量
- 39　开普勒定律
- 40　诺特的守恒定律
- 41　牛顿运动方程
- 42　引力常量
- 43　法拉第和电磁
- 44　热力学
- 45　绝对零度
- 46　麦克斯韦方程组
- 47　麦克斯韦-玻尔兹曼分布
- 48　电子的发现
- 49　杨氏双缝干涉实验

50	光子	69	粒子加速器
51	卢瑟福原子	70	恒星、太阳和放射性
52	玛丽·居里与放射性	71	恒星系
53	光电效应	72	空间天文台
54	广义相对论和狭义相对论	73	星系
55	薛定谔与波函数	74	光谱测定法
56	不确定性原理	75	系外行星
57	恩利克·费米和 β 衰变	76	流星、小行星和彗星
58	电子构型、量子数	77	脉冲星和约瑟琳·贝尔·伯奈尔
59	狄拉克和反物质	78	测量宇宙
60	费曼图	79	黑洞
61	曼哈顿计划	80	时间膨胀
62	标准模型	81	宇宙微波背景辐射
63	吴氏实验	82	宇宙泡沫
64	中微子振荡	83	宇宙大爆炸
65	希格斯玻色子	84	宇称不守恒定律
66	量子电动力学（QED）	85	暗能量和暗物质
67	量子色动力学（QCD）	86	未解之谜（多重宇宙、超对称性和弦理论）
68	核裂变反应堆		

化 学

- 87 元素周期表
- 88 碳定年法
- 89 分子内的键
- 90 分子间的键
- 91 化学反应
- 92 有机化学
- 93 无机化学
- 94 氢离子浓度指数
- 95 氢键和水
- 96 物质的状态
- 97 手性
- 98 大分子
- 99 聚合物
- 100 亲水和疏水
- 101 蛋白质晶体学

生物学与医学

- 102 DNA和51号照片
- 103 生物学的中心法则
- 104 细胞
- 105 显微镜
- 106 微生物学
- 107 巴氏消毒法
- 108 疫苗接种
- 109 细菌学
- 110 病毒学
- 111 嗜极微生物
- 112 生物材料
- 113 真菌
- 114 青霉素的发现
- 115 光合作用
- 116 多细胞生物
- 117 共生
- 118 微生物组
- 119 演化
- 120 遗传学和变异
- 121 动物学
- 122 繁殖和克隆
- 123 干细胞
- 124 人体系统
- 125 人体解剖学
- 126 免疫学
- 127 血液循环
- 128 寄生虫学
- 129 神经科学
- 130 外科学

地质学与生态学

- 131　生命史
- 132　生态学原理
- 133　营养级联
- 134　地球的海洋
- 135　灭绝
- 136　多样性和种群
- 137　板块构造
- 138　大气物理学
- 139　生物地球化学循环
- 140　水循环
- 141　碳循环
- 142　岩石循环
- 143　地磁学
- 144　生物积累
- 145　人为造成的气候变化

技　术

- 146　亚历山大图书馆
- 147　地球的周长
- 148　测量时间
- 149　伊斯梅尔·阿尔·加扎利
- 150　活字印刷术
- 151　建筑物
- 152　热机
- 153　能量存储
- 154　计算机
- 155　电子学
- 156　艾伦·图灵
- 157　摄影
- 158　雷达和声呐
- 159　信息
- 160　全球定位系统（GPS）
- 161　太空旅行
- 162　编程
- 163　理查德·巴克敏斯特·富勒
- 164　磁共振成像（MRI）
- 165　互联网
- 166　基因工程
- 167　3D打印
- 168　触摸屏
- 169　算法和人工智能

- 170　鼓舞人心的科学家名录
- 171　数据表
- 174　术语表
- 175　延伸阅读
- 176　单位换算表

引 言

科学描述自然现象的表现（如电磁学和重力），并使用数学语言来阐明这些描述，但科学不是自然。正如物理学家尼尔斯·玻尔所说："物理学不是自然，而是我们关于自然的描述。"

科学（和所有的知识一样）是集体的，是通过人类的合作行为产生的，其中包括实施、发展和管理科学实验的方法，以及数据分析、提高工具的精度和对测量的理解。科学可以预测和解释物质的行为，其对技术的发展起着至关重要的作用。技术的发展，有利有弊。科学依赖于公共资金，受制于政治利益和经济投资风向的变化。因此科学不是中立的，它无法脱离与社会、舆论、资源相关的议题。

本书介绍的是2020年之前的知识，也许在5年、10年、50年或100年之后，因为新发现的出现，本书将需要重新修订。本书的目的是总结160个不同的主题，提供简短的描述和简要的历史，并对数学、物理学、化学、生物学、医学、生态学、地质学和技术领域中的科学思想进行阐释。每个主题仅有一页篇幅，如有需要，可以查阅书后的术语表、科学家名录和数据表。

随着技术发展、实验设计的不断变化及新的交流、合作方式的出现，科学知识和实践也在不断发展。科学方法提出假设，假设再发展成理论。科学语境中的"理论"一词与我们日常使用的"理论"一词有很大不同，一个科学理论有大量支持它的证据，如电磁感应理论、相对论和进化论。

只有从可测量的实验中得出重复的观察结果，理论才会被认可。科学家们试图通过证伪（证明错误）来避免偏差。我们发现得越多，技术越精确，理论就会受到越多挑战。那些受到广泛挑战但仍然成立的理论，就会得到认可。

科学是协作的。我们共有的科学知识的产生，有赖于人们在国际项

目中共同付出的技术、智力和情感。科学是文化中的文化，依赖于在特定环境中（如实验室）进行团队合作的人们之间的相互交流。在特定环境中的合作需要使用专门的设备，这些设备需要用从地球上提取的材料来进行设计和制造。我们将发现，其间是会出现问题的。所以一旦建立了实验室，就必须对其进行管理。

科学是艰难的。在实践中，它充满了棘手的技术性挑战：实验失败、细胞培养物死亡、磁冷却系统爆炸，以及许多不可避免的失误。即使在最好的情况下，科学也是复杂的、棘手的、令人困惑的。事实上，科学史的很大一部分都被失败掩埋了，我们需要承认这些失败（虽然本书并没有对它们进行收录），而不是把科学视为一系列天衣无缝的、辉煌的、范式转移的创新和发现。为了描述自然，我们付出了极大的努力。

除此之外，某些个人和群体还要面对涉及他们的挑战。他们在社会环境、科学环境中遭受了种族主义歧视、性别歧视、阶级歧视等。正如欧洲核子研究组织（CERN）的网站"正义粒子"（Particle for Justice）上的声明：

"任何一个人的人性，都是不容争辩的，无论其属于何种身份：种族、民族、性别认同、宗教、残疾、性别表征或性取向认同。"

科学是强大的，从互联网，到战争中科学的武器化，到绿色能源、建筑、工程、医学的发展，科学影响着我们所有人。我们都与科学息息相关，我们都有权利去了解那些由科学揭示的宇宙的奇妙之处，去思考和质疑科学的受益者和受害者，以及科学是如何被应用的。

数　字

每个人都需要学习和理解数量和数字的概念。

历史上的数字

随着生活方式、旅行、庄稼种植、资产记录、贸易和文化交流的逐渐改变，新的**书写数字**的方式出现了。

伊桑戈骨

伊桑戈骨是一种古老的非洲手工制品，有两万年的历史，是最早使用一系列**计数线**来表示数字的实例。

苏美尔人

制作于至少公元前4000年的苏美尔人的工艺品是人类使用**算术的最早证据**。苏美尔人遵循的是**六十进制的计数系统**（以60为基数）。

古埃及人

古埃及人使用**象形数字系统**来表达几何的概念和计划金字塔的建造。

玛雅人

玛雅人使用的是二十进制的计数系统。

罗马数字

罗马数字是从托斯卡纳的伊特鲁里亚文明中继承下来的。

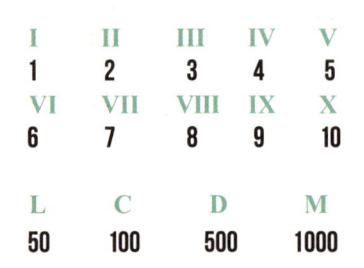

I	II	III	IV	V
1	2	3	4	5
VI	VII	VIII	IX	X
6	7	8	9	10
L	C	D	M	
50	100	500	1000	

现代数字

我们现在普遍使用的数字系统的出现，多亏了**阿拉伯和古印度的数学家们**。人们认为，是两位古印度的数学家与世界分享了这个数字系统：公元前6世纪的**婆罗摩笈多**和公元前5世纪的**阿耶波多**。

中国数字

中国除使用阿拉伯数字之外，还使用其他两种数字系统：一种是用于日常书写的汉字数字；另一种是传统上用于金融的，防止欺诈的大写数字。

甚至非人类的生物也依赖于一个内在的"数量"的概念，如**大的鱼群、椋鸟群**及**多种动物集体行为**（蜜蜂可以计算蜂巢和食物之间的地标数量）。

计数系统

不同的计数系统用于不同的目的。

十进制

十进制是最常用的计数系统,以**10为基数**,也就是说,**计数是以10为单位的**。十进制系统使用位值、小数点及数字"0"来填充空位。

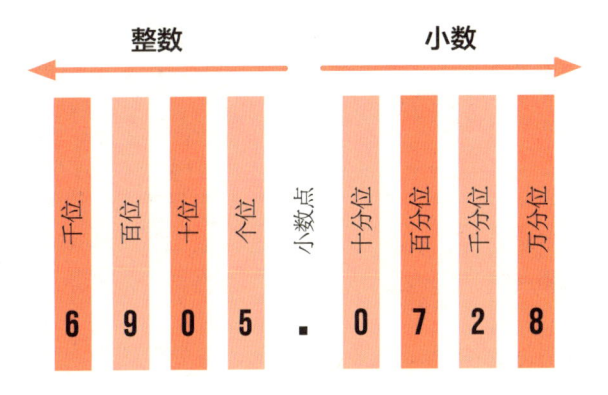

整数					小数			
千位	百位	十位	个位	小数点	十分位	百分位	千分位	万分位
6	9	0	5	.	0	7	2	8

二进制

二进制是一种以**2为基数**的计数系统,**使用0和1来表示十进制系统中的所有数字**。

以二进制计数

1. 在用二进制写数字时,要在数字前面加一个"1",并将数字重置为0。
2. 从右向左,将占位符"0"填充为"1"。
3. 当用"1"填充二进制数字后,在下一个数字的末尾加上一个"0"。

- **0** = 0
- **1** = 1
- **10** = 2
- **11** = 3
- **100** = 4
- **101** = 5
- **110** = 6
- **111** = 7
- **1000** = 8 (注意,写数字8时"0"重置了)
- **1001** = 9
- **1010** = 10

8位整数:有趣的二进制数

8 = 1000;2×2×2(三个"0")
16 = 10000;2×2×2×2(四个"0")
32 = 100000;2×2×2×2×2(五个"0")

8位整数常用于编程。通过比较一个8位的图像与一个64位的图像可知,可以使用8位整数系统来提高计算机图像的分辨率。

8位   16位   64位

十六进制

十六进制是以**16为基数的计数系统**(8位数加倍),用于简化二进制数。

六十进制

六十进制是以**60为基数的计数系统**。在公元前3000年,**古苏美尔人**第一次使用了六十进制。其后**古巴比伦人**也使用了六十进制。时至今日,六十进制仍被用于计量秒、小时、角度和地理坐标。

十二进制

十二进制是以**12为基数的计数系统**(如英寸、英尺、一天12小时)。24小时时钟就是将12小时时钟翻倍,从而不需再使用"上午"和"下午"来进行标记。

对称性

数学对称性可以看作空间或时间关系,可以通过几何变换、旋转、缩放来观察。

对称规则

如果一个物体可以在一个平面上被分成两个或两个以上相同的部分;或者经过缩放、旋转、反射后,看起来仍然与之前一样,那么这个物体就具有**几何对称性**。

对称变换的类型

反射对称又称为**镜像对称**或**双侧对称**,即一条线穿过一个物体,在平面的任何一边都可以看到相同或镜像的两部分。

旋转对称,即一个形状绕一个固定点旋转而不改变其整体形状。

辐射对称,即围绕一个中心轴旋转而不改变其整体形状,如海星、水母和海葵。**曼荼罗**也是辐射对称的设计。

平移对称,即一个形状可以在不改变整体形状的情况下被平移(在一个平面上移动)。

螺旋对称是平移对称和旋转对称的结合,它在**三维空间**中沿着某条路径(或线)扩展,这条路径(或线)被称为"**螺旋轴**"。

当一个形状被**展开**或**收缩**时,就会出现**展开对称**。在**分形**中有一个著名的展开对称的例子。从上图中可以看到,将一个等边三角形通过展开对称不断变换和发展,就可以得到"**科赫雪花**"(科赫曲线)。

滑移反射对称和**旋转反射对称**。

雪花

雪花并不是完全对称的,但在可控环境中,会**表现出六重辐射对称**。这种雪花具有六角形的晶体结构,并且以一个微小的六角形晶体为起点开始生长,这个起点称为**成核点**。

立方体

当然,三维中的形状也可以对称,如**一个立方体有九个对称面**。

欧几里得的《几何原本》

欧几里得的《几何原本》是描述二维平面上几何关系的公设和公理（逻辑论证）的集合。欧几里得几何学不适用于曲面。

欧几里得公设：

1. 任意两点可以通过一条直线来连接。

2. 任意线段可以无限延长成一条直线。

3. 以任意一点为圆心，任意线段为半径，可做一个圆。

4. 凡是直角都相等。

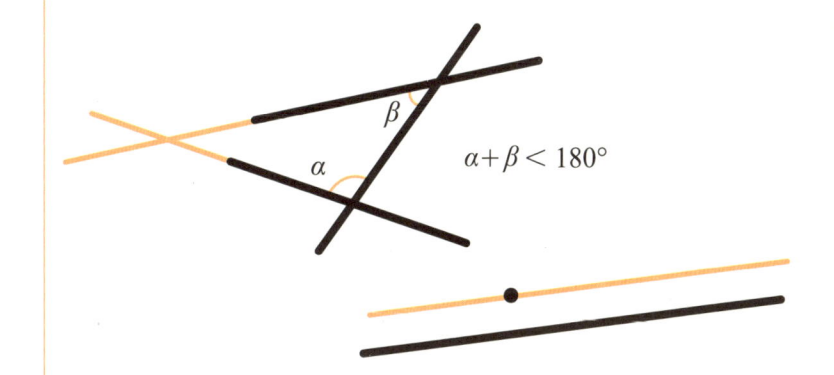

5. 当两条直线与第三条直线相交时，如果同侧两内角和小于两直角和，那么这两条直线在无限延伸后，将会在该侧相交。

$\alpha + \beta < 180°$

事实上，欧几里得的第五公设并不能被证明为定理，尽管许多人都曾尝试过。欧几里得提出了很多公设，以上只是前五个。

镶 嵌

镶嵌是指在不产生空隙或重叠的情况下，以重复的模式将形状组合在一起。

规则镶嵌

规则镶嵌是指由同一形状组成没有空隙或重叠的图案。**六边形**、**正方形**和**三角形**都可以进行**规则镶嵌**。

半规则镶嵌

半规则镶嵌是指由不同的多边形组成没有空隙或重叠的图案。除了**六边形**和**三角形**，还可以使用**五边形**、**七边形**和**八边形**进行**半规则镶嵌**。

内角

为什么只有某些特定形状才可以进行规则镶嵌？这与内角有关。在二维平面上，**一个圆有 360°**。为了不产生空隙或重叠，多边形围绕一个点进行扇形铺贴的内角和必须等于 360°。

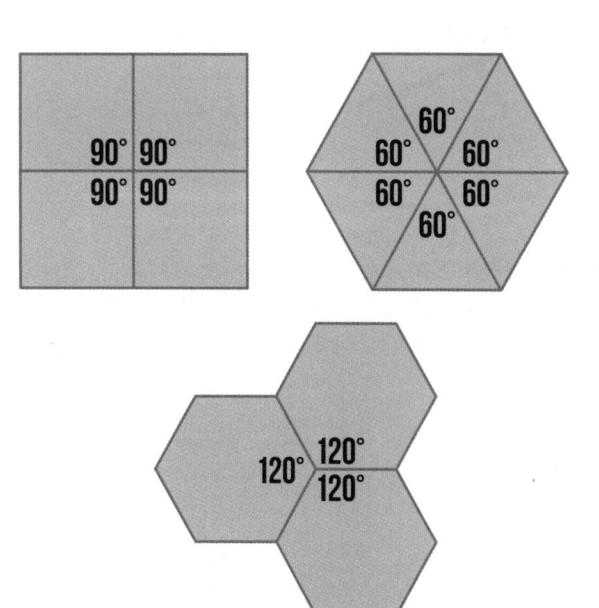

五边形

五边形不可能进行规则镶嵌。它的内角加起来不等于 360°。五边形的内角是 108°。

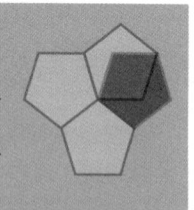

五边形围绕一个点进行扇形铺贴的结果：

- 留下空隙：$3 \times 108° = 324°$（小于 360°）。
- 产生重叠：$4 \times 108° = 432°$（大于 360°）。

虽然，五边形不可能进行规则镶嵌，但是可以利用留下的空隙创造出一些非常有趣的半规则镶嵌模式。

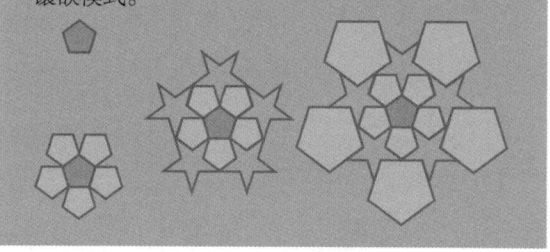

不规则的瓷砖

你见过不规则的瓷砖吗？其实，任何形状都可以进行**不规则铺贴**，只要用随机的多边形填满空间就可以。

彭罗斯瓷砖

彭罗斯瓷砖是能够以**无周期性**（不重复）的方式在平面上进行铺贴的成对的形状，包括一个"**风筝**"形状和一个"**飞镖**"形状。"风筝"和"飞镖"必须以不会形成**菱形**的方式进行排列。

阿尔罕布拉宫

位于**西班牙格拉纳达**的**阿尔罕布拉宫**是摩尔人于 13 世纪建造的。那里有许多复杂而美丽的平面瓷砖铺贴实例。

正多面体（柏拉图多面体）

正多面体是三维的形状。它们的每个面都是一个正多边形，每个正多边形都在顶点处相交。

正多边形

正多边形的各边长和各内角相等，如**等边三角形、正方形和正五边形**。

正多面体

正多面体的所有面必须是相同的，而且必须是正多边形。正多面体只有五个。

柏拉图的"理念世界"

古代哲学家**柏拉图**认为，正多面体非常神奇。他相信存在一个**"理念世界"**（一个地方或一个超空间），在那里正多面体是实际存在的。柏拉图的神秘主义思想认为正多面体代表了**土、火、以太、水和空气**五种元素。

半正多面体（阿基米德多面体）

半正多面体是由两种或两种以上正多边形组成的，这些正多边形围绕各顶点排列，并且所有边长相等。半正多面体一共有十三个。

抽象与现实

在科学、数学和哲学中，一直存在如下讨论：**抽象存在于世界之中还是存在于我们的思想之中？**我们对观察到的宇宙的理解方式是否依赖于我们用来描述它的抽象概念？**数学概念是被创造的还是被发现的？**

其他三维形状

如果我们使用其他类型的多边形或将不同类型的多边形进行组合，就有可能发现/创造更多形状。

小星形十二面体

小星形十二面体由**等腰三角形**组成。

五角化十二面体

五角化十二面体的每一个面都是一个**五角形的金字塔**形状。

小星形十二面体

五角化十二面体

花剌子模

花剌子模（780-850）是一位出生于乌兹别克斯坦的波斯数学家，也是巴格达智慧宫的一名教师，被誉为代数学的创造者。

813-833年，花剌子模完成并发表了代数学论著——《代数学》。这本书是对巴比伦、印度和伊斯兰的数字和数学知识的编纂，也是较早的解决**一元一次方程及一元二次方程**的系统著作之一。

- al-jabr 的意思是"恢复"或"完成"，指的是**消除负数、方根和平方**以达到简化方程的目的。
- al-muqabala 的意思是**"平衡"**，至今仍被用于求解方程。

第一个使用配方法的人

配方法是一种解方程的技巧，是**将含有未知数的二次多项式变形**为更容易解出未知数的形式，如将 ax^2+bx+c 变形为 $a(x-h)^2+k$（其中，h 和 k 有取值）。

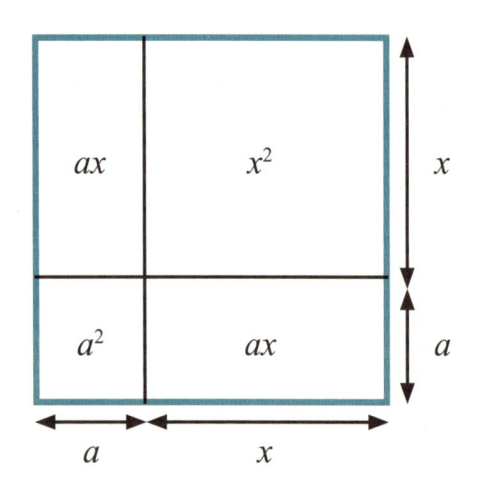

现代方法因式分解一元二次方程

1. 重新排列方程，使它等于0。
2. 进行因式分解。例如，将 $2x^2+x-3$ 变形为 $(2x+3)(x-1)$。
3. 令每个一次式等于0。
4. 解这些一次式。
5. 通过**代入**解的数值来验证解的正确性。

求根公式

$$x = \frac{-b \pm \sqrt{b^2-4ac}}{2a}$$

配方法举例

$$x^2 - 10x + 25 = -16 + 25$$
$$(x-5)^2 = 9$$
$$x - 5 = \pm\sqrt{9}$$
$$x - 5 = \pm 3$$
$$x = 5 \pm 3$$
$$x = 8 \text{ 或 } x = 2$$

斐波那契数列

斐波那契数列是一个从0和1开始的无限数列。斐波那契数列的公式是"下一个数字等于前两个数字相加"。意大利数学家列奥纳多·斐波那契（生于1170年左右）曾写了一本书，该书使这个比例广为人知。但在他之前，已有许多古埃及人和古巴比伦人曾探索过它的存在。

斐波那契数列可以由一个**线性递归方程**来定义：$F_n = F_{n-1} + F_{n-2}$

如果第一项为 $F_0 = 0$ 且 $n = 1$，那么这个数列就是

0, 1, 1, 2, 3, 5, 8, 13, 21…

斐波那契数列和黄金比例

每个斐波那契数除以其前面的数得到的值都接近黄金比例。用数学术语来描述就是，**向黄金比例收敛**。

1 ÷ 1 = 1
2 ÷ 1 = 2
3 ÷ 2 = 1.5

如此继续，直到

144 ÷ 89 = 1.6179

黄金螺旋

黄金螺旋是用长度差随黄金比例增加的线绘制的，**用一个连续的拱形把这些线连接起来，即可形成黄金螺旋。**

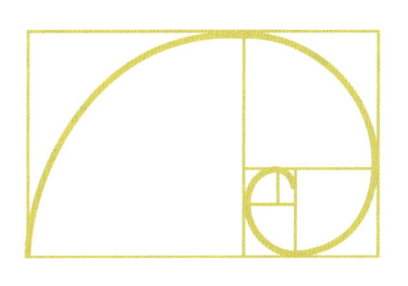

人类喜欢模式

人类是一个喜欢寻求模式（并热爱模式）的物种，所以在人类看来，这些数字是非常神奇的。但将它们视为神奇之物，则会传递出关于黄金比例的错误信息。**那些宣称斐波那契数列和黄金比例拥有无处不在的宇宙力量的说法，显然是错误的。**

植物的生长

某些植物和动物的生长会呈现出黄金比例。菠萝、向日葵和松果，它们的种子和叶子的间距排列就是符合黄金比例的。但要注意的是，**也有很多植物和动物不遵循这个比例，或者不呈现出这样的几何比例。**

黄金比例

黄金比例可以用如下**比例**描述：

$(a + b) : a$

$a + b$

$(a + b)$ 比 a 等于 a 比 b

黄金比例是一个**无理数**，其计算公式如下：

$a \div b = (a + b) \div a =$
$1.6180339887498948420\cdots$

无穷

数学家和物理学家用"无穷"这个概念来描述一个无限的量。

无穷的符号是 ∞

不同类型的无穷和集合论

无穷是一个非常大的数,有很多类型。**集合论是研究范畴的数学分支**,它试图通过详述定义不同数集的参数,来探索和解释它们的性质。与其他数学、数字的概念一样,无穷可以用集合来归类。

无穷的集合:
- ∞ 正数集
- ∞ 负数集
- ∞ 分数集
- ∞ 无理数集
- ∞ 平方数集

无限小数

无穷小也是无穷的一种。每两个数之间都有无限小数。有些分数也是无限小数,如1/3。

$$1/3 = 0.33333\cdots$$

如果一个数字在小数点之后的小数个数有限,或者在小数点之后出现不断重复的数,并且可以用分数来表示,那么这个分数就是有理数。**不能写成两个整数之比的数字称为无理数**。有关这方面的更多内容参见"虚数"(第26页)。

除以0

我们用任何数除以 **0**,得到的答案不是无穷,而是没有意义。也就是说,该答案无法出现在数轴上。

渐近分析

下面两个函数是渐近的。**渐近曲线无限趋近于一个值,但永远无法达到这个值。**

函数 $y = \tan x$ 和 $y = 1/x$ 是渐近不连续的。

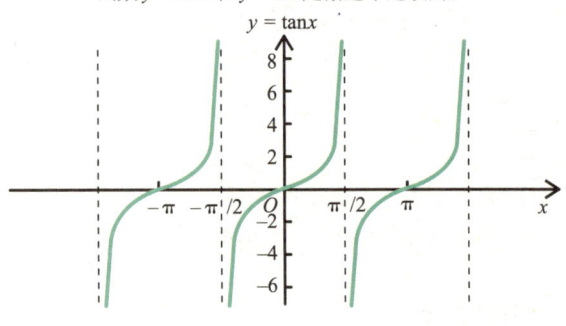

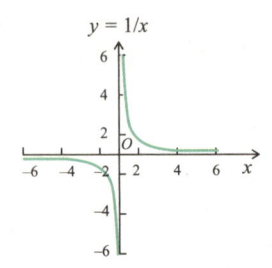

不连续函数与连续函数

不连续函数不是连续的曲线,而是看起来彼此分开的曲线。想要画出一个不连续函数的曲线,至少需要画两笔。连续函数在平面上是连续不断的。

圆周率

圆周率（用 π 表示，也称为阿基米德常数）是一个数学常数。它的定义是圆的周长与直径的比值。

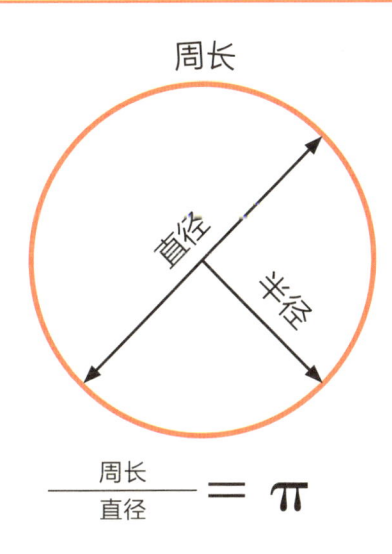

π 的特殊之处在于，它不能用表示代数数的方法来表示。

圆的面积 = πr^2。一个半径为1的圆的面积为 π。一个面积为 π 的正方形的边长是 $\sqrt{\pi}$。像 π 这样的超越数是不可能用多项式方程来表示的。这就是"化圆为方"不可能实现的原因。

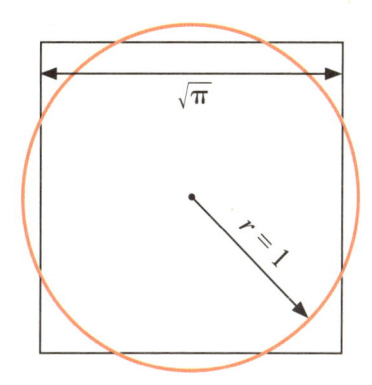

π 是一个无理数，有无限个小数。

π = 3.14159265359…

超越数

π 是一个**超越数**，不是一个代数数。

代数数

所有代数数（如整数和分数）都可以表示为**系数是整数、分数或其他整数的非零"多项式"方程的平方根**。

例如，一元二次方程就是一种多项式方程：

$$x^2 + bx + c = 0$$

普通的代数数**可以用多项式方程（如一元二次方程）来表示**，其中，b 和 c 是整数或分数。

多边形近似法

π 可以用不断增加多边形边数的方法来近似。这个方法无法计算出 π 的准确值，但是通过不断增加多边形的边数，可以得到越来越接近 π 的准确值。

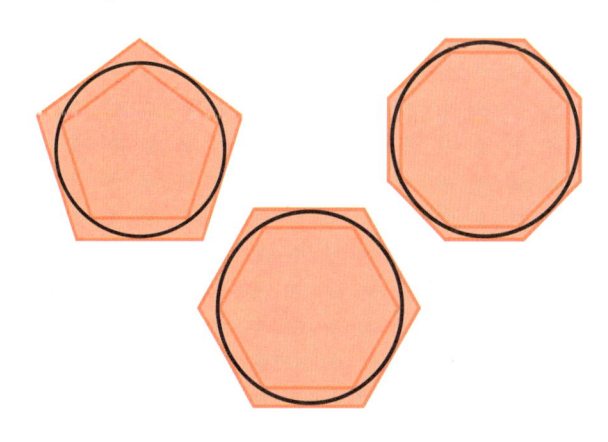

质　数

质数是只能被1和它本身整除的数。质数的个数是无穷多的，但越接近无穷，质数的个数就越少，而且两个相邻质数的间隔也越远。

排在前面的一些**质数**有：2、3、5、7、11、13、17、19、23、29、31、37、41、43、47、53、59、61、67、71、73、79、83、89、97……

$$\lim_{x \to \infty} \frac{\pi(x)}{x / \ln(x)} = 1$$

把这些质数排列成表格有助于我们寻找模式。

1	2	3	4	5	6	7	8	9	10
11	12	13	14	15	16	17	18	19	20
21	22	23	24	25	26	27	28	29	30
31	32	33	34	35	36	37	38	39	40
41	42	43	44	45	46	47	48	49	50
51	52	53	54	55	56	57	58	59	60
61	62	63	64	65	66	67	68	69	70
71	72	73	74	75	76	77	78	79	80
81	82	83	84	85	86	87	88	89	90
91	92	93	94	95	96	97	98	99	100

质数的公式

下面这个公式估计了**质数在数轴上的分布**。

$$P_n \sim n \ln(n)$$

- P_n：第 n 个质数。
- n：自然数。
- ln：自然对数（有关自然对数的内容参见第23页）。

伯特兰猜想

伯特兰猜想描述了**连续的质数之间的间距**。如果任意选择一个数 n，那么在 n 和 $2n$ 之间，一定有一个质数 p。

如果 $n \geq 1$，则至少有一个质数 p 满足

$$n < p \leq 2n$$

欧几里得的证明

简单来说就是：**质数的个数是无穷多的**。

质数定理（PNT）

质数定理表明了**在0和 n 之间存在多少个质数**，而且描述了**质数的渐近分布**。

分解质因数和密码学

网络安全和加密会用到质数。将任意两个大质数相乘得到一个乘积非常简单，但要解出这个乘积是由哪两个大质数相乘得到的却非常困难。

- "公钥"是两个大质数的乘积，用于加密消息。
- "密钥"是两个大质数，用于解密消息。
- 公钥可以公开，但可以解密消息的密钥只有你拥有。

微积分

微积分是一门对变化进行数学研究和分析的科学。它包括微分学（评估较短时间间隔内的变化）和积分学（评估变化的总体情况）。

变化率

变化（如**人口增长**或**温度变化**等）可以表示为**时间的函数**。**求 x 轴上某一点的梯度**可以帮助我们理解变化率。变化率用希腊字母"δ"或"Δ"来表示：δ，Δ。

极限

极限可以**帮助我们预测函数在某些时刻的状态**。

区间

区间指的是 x 轴上两点之间的范围。通过使用无穷多个极小的区间，**可以无限接近函数的变化状态**。

微分符号

$y = f(x)$ 或 $y = x$ 的函数。

---

y（关于 x）的导数是 y 关于 x 的变化量。

表示为：dy/dx

把这些合在一起，就成了：

$$\frac{d}{dx} f(x)$$

积分符号 $\int f(x) \, dx$

积分符号可以**"撤消"**或**"逆转"**微分，表示曲线下的面积。

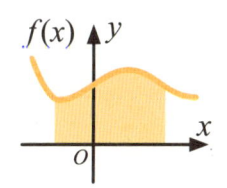

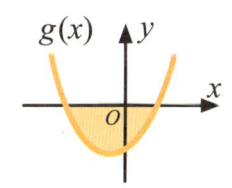

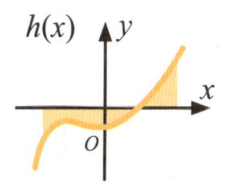

例子：位置、速度和加速度

位置、速度和加速度的例子可以告诉我们**微分和积分间的几何关系**。

- 曲线 $v(t)$ 表示**加速和减速**，也就是**速度的变化**。
- 加速度是速度的导数：速度-时间曲线的梯度是给定时间点上的加速度。$a(1)$、$a(2)$、$a(3)$ 表示不同时刻的加速度。
- 速度是位置的导数：曲线下 t_1 和 t_2 之间的面积代表**位移（位置变化）**。

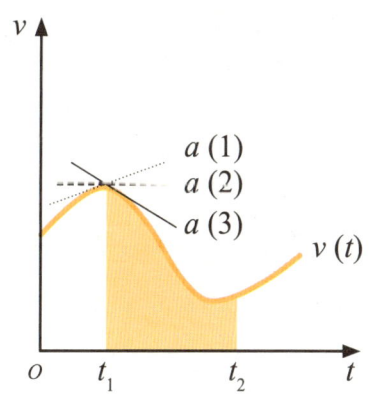

导数和三角函数

$\sin x$ 和 $\cos x$ 的导数有如下关系：

$\sin x$ 的导数是 $\cos x$；

$\cos x$ 的导数是 $-\sin x$。

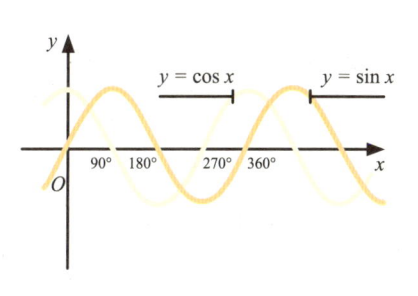

逻　辑

逻辑是研究推理的方法学，用于解释思想、表达信念和构建论证。

- 前提：必须能**推导出结论**的命题。
- 命题：可以是**全称命题**（对全部）、**特称命题**（对部分）、**肯定命题**（确认）或**否定命题**（否认）。
- 结论：**解释思想或表达信念**。

- 有效性：当从一个前提推导出一个结论时，我们就说逻辑是有效的。**有效性是由"形式"而不是内容来定义的。它与"真"不同。**

逻辑的类型

演绎：一种三段论逻辑体系。**三段论**是一种论证类型，是按如下方式来推出结论的：如果前提是"真"，那么结论一定是"真"。

- 前提1：黛西是一头奶牛。
- 前提2：所有奶牛都是有蹄类动物。
- 结论：黛西是有蹄类动物。

归纳：要用到诸如**"概率"**和**"可能性很大的结论"**的字眼。

溯因：**取决于可以获取的信息**。并非所有信息都是可以随时获取的。

类比论证：通过已知的相似性来推断尚未观察到的相似性的演绎推理。

反证法：通过**证明某一陈述必然会导致一个荒谬的结论**来对其进行反驳。

悖论：通过有效的推理，从"真"前提推导出与之相矛盾的不同结论。

理发师悖论

想象一下，一个**理发师必须且只能**给所有不自己理发的人理发。如果理发师只给**不自己理发**的人理发，那么理发师能给自己理发吗？

- 理发师不能给自己理发，因为理发师只应该给那些不自己理发的人理发。
- 如果理发师没有给自己理发，那么他就应该给自己理发，因为理发师必须给所有不自己理发的人理发。

集合 A：自己理发的人。
集合 B：不自己理发的人。

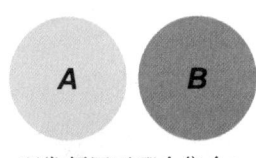

理发师属于哪个集合？

数理逻辑

数理逻辑可以分为以下四类：

（1）集合论。
（2）模型论。
（3）递归论。
（4）证明论和建构式数学。

对 数

指数型函数或曲线可以表示为按照给定公式变化的指数函数，其表达式一般为"x 的 n 次方"。其中，n 就是指数。例如，在"x 的2次方"中，2是指数。

幂是底数的若干次方，这个次方数就是对数。对数函数可以计算**指数函数**，它们互为**反函数**。对数可以用来表示数目很大的数。

- 问题：2的几次方等于16？
- 答案：使用公式"以2为底，16的对数"，或者 $\log_2 16 = 4$。
- 2的4次方等于16。

两种类型的对数：

- 以10为底的**对数函数**，写成 $\lg x$。
- 当**自然对数**的底数是 e（e ≈ 2.718）时，写成 $\ln x$ [有关常数 e 的更多内容参见"欧拉数"（第29页）]。

（自然对数）$\ln N = x \longleftrightarrow N = e^x$

对数简化了乘法和除法：

- $a = b \times c$
- $\lg a = \lg b + \lg c$

$2^3 = 8$ ← 指数 → $\log_2 8 = 3$ 底数

指数变化

指数增长和指数衰减指的是函数**随着时间推移增长越来越快或衰减逐渐放缓**。

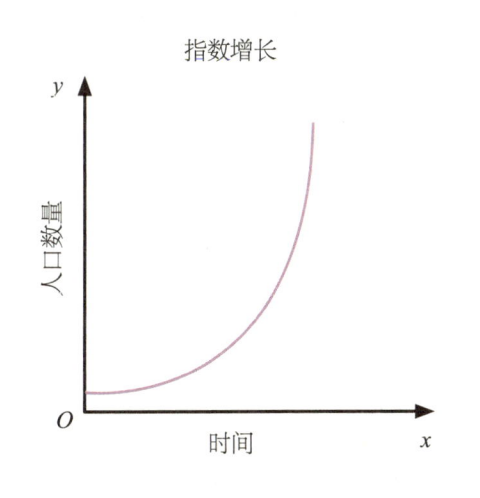

指数增长

下表是指数和对数的运算。

指数运算	对数运算
$x^a \cdot x^b = x^{a+b}$	$\lg(ab) = \lg a + \lg b$
$\dfrac{x^a}{x^b} = x^{a-b}$	$\lg \dfrac{a}{b} = \lg a - \lg b$
$(x^a)^b = x^{ab}$	$\lg a^b = b \cdot \lg a$
$x^{-a} = \dfrac{1}{x^a}$	$\log_x \dfrac{1}{x^a} = -a$
$x^0 = 1$	$\log_x 1 = 0$

对数的历史：约翰·奈皮尔和对数表

苏格兰数学家**约翰·奈皮尔**花了20年计算**对数表**，并于1614年将其出版。

概率和统计学

概率指的是某件事发生的可能性。概率的取值范围是0~1。0表示不可能发生，1表示必然发生。统计学是数学的一个领域，着重于数据分析，包括如何收集、整理、描述、分析和解释数据。

测量中心值

- **平均数**：一组数据的平均值。计算方法为把这组数据中的所有数加起来再除以这组数据的个数。
- **中位数**：在按顺序排列的一组数据中居于**中间位置**的数据。
- **众数**：出现次数最多的数据。

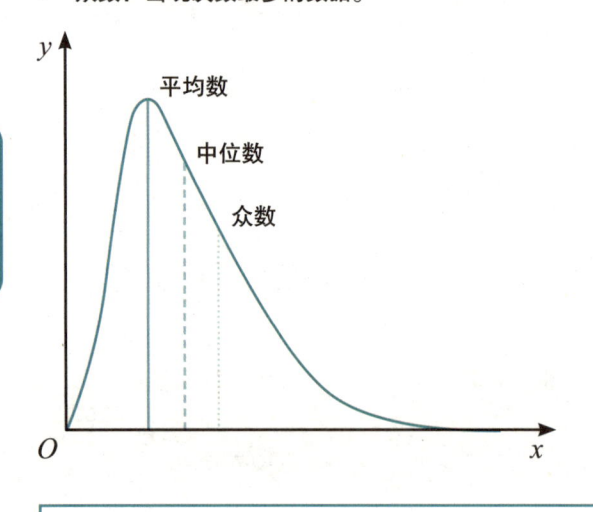

离散测度

- **极差**：最大值与最小值之间的差。
- **四分位数**：要定义四分位数，请执行以下操作：

  ▶ 将一组数据按顺序排列。
  ▶ 将数据分成四等份，得到三个四分位数。

- **四分位距**：用第三个四分位数减去第一个四分位数得到的差值。
- **百分位数**：若一组数据中，有1%的数据小于某个数据，则这个数据就是百分位数。
- **平均差**：每个数据与平均数之差的绝对平均值。
- **标准差**：反映数据分布离散程度的指标，用符号σ表示。

均方根的计算方法：将所有数据的平方相加，再除以数据的个数，然后开平方。

数据比较与相关

同类型的数据集可以集中在同一个图表上进行比较。**不同的数据集相互关联的程度称为相关**。相关的取值范围是1~-1。1是完全正相关，0是不相关，-1是完全负相关。

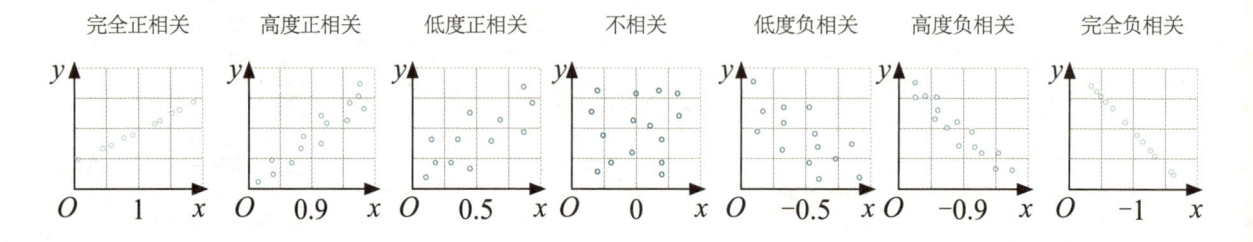

完全正相关	高度正相关	低度正相关	不相关	低度负相关	高度负相关	完全负相关
1	0.9	0.5	0	-0.5	-0.9	-1

混　沌

混沌是对复杂系统的数学描述。在复杂系统中，初始条件的微小变化将极大地影响最终结果。

混沌：发生在确定性系统中的明显的随机过程。混沌系统是动态（演化）系统，它的吸引子具有分形结构。

吸引子：动态系统收敛的平衡状态或数值点。

奇异吸引子：如果一个吸引子具有分形结构，那么它就叫作奇异吸引子。

分形几何是一种在所有尺度上都可细分的结构。

下图是一种形象化的奇异吸引子，叫作**洛伦兹吸引子**。

初始条件：系统初始条件的微小变化会导致系统最终状态的**巨大改变**。

确定性：对一个系统的初始条件及其随时间的变化有足够的认识，**可以预测**其结果。

耦合摆：钟摆的运动具有确定性（参见简谐运动，第34页）。将两个钟摆连接起来，形成一个**耦合摆**（在一个钟摆的末端连接另一个钟摆），会导致**不稳定的运动**。其不稳定程度取决于钟摆的释放高度。

蝴蝶效应

蝴蝶效应基于如下想法：**一只生活在秘鲁雨林的蝴蝶通过扇动翅膀，最终可以影响格拉斯哥（英国的一个城市）的天气**。这个例子有点夸张，因为不止是蝴蝶的翅膀，很多其他影响因素都在发挥作用，如大西洋上空的风。

预测天气
天气系统有可以测量的初始条件，因此在某种程度上，**我们可以预测天气，但无法完全准确地预测天气**，因为处于**变化中的变量**太多了。

伪随机
伪随机是一种近似随机的数，通常由软件和硬件生成。它们是**确定性的，不是真正随机的**。当真正随机选择一个数时，被选择的数的**概率必须是相等且完全不可预测的**。

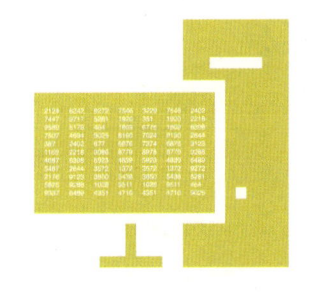

虚 数

虚数也称为"复数",是平方后结果为负数的数。虚数来自 $x^2 = -1$ 这个方程,写作实数乘以"i"的形式。

"i"是由 i × i = -1 定义的,"i"是 -1 的平方根。　　　$\sqrt{-1}$

毕达哥拉斯定理(勾股定理):$a^2 + b^2 = c^2$,可以帮助我们绘制复数的**坐标**。复数不是存在于**数轴**上的,而是存在于**实平面**或**复平面**上的。我们可以通过绘制坐标来找到复数。

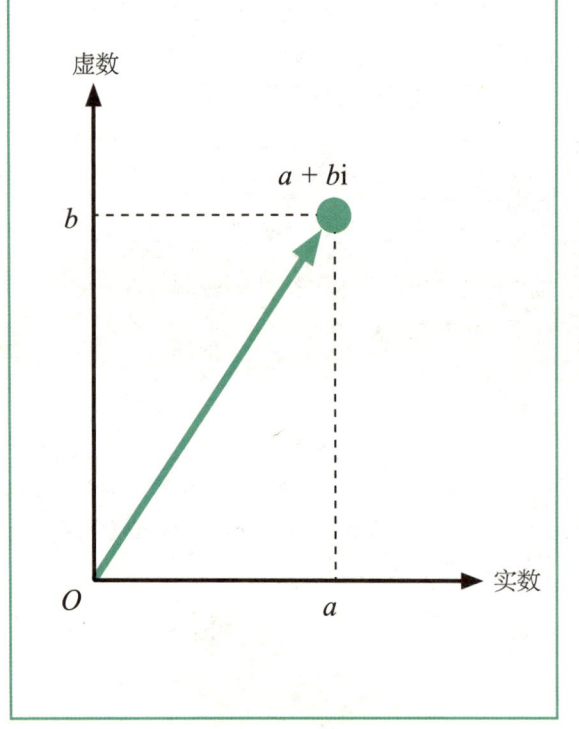

i 有一个神奇的性质,当它进行乘法运算时,会产生**四个可能的值**:

- i × i = -1。
- -1 × i = -i。
- -i × i = 1。
- 1 × i = i。

通过如下假设,可以对 i 进行以下指数运算:

$i = \sqrt{-1} \quad i^2 = -1 \quad i^3 = -\sqrt{-1} \quad i^4 = 1 \quad i^5 = \sqrt{-1}$

这些结果遵循一个循环,这也是虚数**应用于周期性现象和振荡现象**的原因。虚数在**信号处理、通信、无线技术、成像技术、声音分析、电子工业、雷达和自然循环**中有着广泛应用。

无论何种振荡现象,虚数的应用都能为其提供深刻的见解。没有虚数的应用,就没有**数字模拟技术**,也就不会有**互联网**。

"虚"这个字在 17 世纪首次被用于数学,当时是一个贬义词,用于形容那些**没人能理解的数学**。

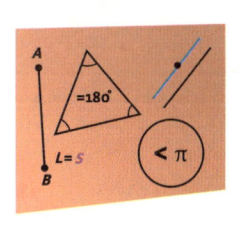

非欧几里得几何学

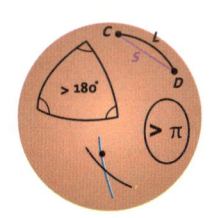

在欧几里得几何学中，平行线是不会相交的。数学会用到各种不同类型的几何学，关于平行线的定律在不同类型的几何学中各不相同。

欧几里得几何学适用于无曲率的二维坐标。非欧几里得几何学**适用于任意曲面**，如椭圆面（球面）和双曲面（马鞍面）。

双曲面　　　欧几里得平面　　　椭圆面

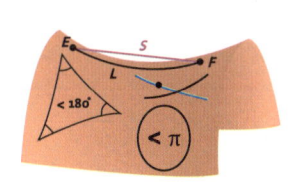

欧几里得平面	椭圆面	双曲面
零曲率	正曲率	负曲率
欧几里得几何	椭圆几何	双曲几何

以三角形的内角和为例：在欧几里得几何学中，三角形的内角和必须为180°。在非欧几里得几何学中（椭圆面或双曲面），三角形的内角和不等于180°。

- **椭圆面**曲率为正，三角形的内角和大于180°。
- **双曲面**曲率为负，三角形的内角和小于180°。

非欧几里得几何学可以帮助我们描述**电磁场**和**引力场**中的曲面。

椭圆投影

想象一架从北京飞往多伦多的飞机，从飞机的视角来看，它是沿直线运动的，但**实际上它是沿曲线运动的**。

双曲几何

双曲几何中使用了不同的模型，它们对**爱因斯坦的相对论**非常重要。

庞加莱圆盘模型：二维双曲几何的投影模型，显示为曲线。

贝尔特拉米-克莱因模型：将弯曲空间投射到二维圆盘上的模型，显示为直线。

费马大定理

皮埃尔·德·费马（1601—1665）是一位热爱数学的法国律师。他对毕达哥拉斯定理（勾股定理）的方程非常感兴趣。他想知道，除平方以外，这个方程是否还适用于立方或 4、5、6 次方等。

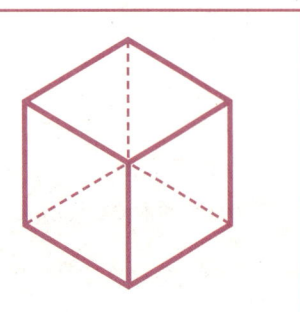

费马大定理：不存在三个正整数 x、y 和 z 满足

$$x^n + y^n = z^n$$

其中，n 为任意整数，且 $n > 2$。

毕达哥拉斯三元数组

当 $n = 2$ 时，方程 $x^2 + y^2 = z^2$ 有无数个解。这些解被称为**毕达哥拉斯三元数组**。

例如：

$$3^2 + 4^2 = 5^2$$
$$9 \ + \ 16 \ = 25$$

$$161^2 + 240^2 = 289^2$$

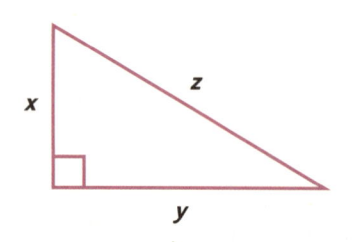

费马得出结论，当 x、y 和 z 的次方数大于 2 时，方程没有正整数解。

例如：

$$x^5 + y^5 = z^5$$

没有正整数解。

协作的数学

费马认为他能够证明这个定理。他在一本书的页边空白处写道，他已经找到了解决这个问题的办法，但"这本书的页边空白处没有地方写了"。然后，他就过世了。

几个世纪以来，数学家们一直在尝试证明费马大定理。

数学得益于**协作**。当数学家们发表他们的成果时，其他数学家会对这些成果进行检验。虽然费马认为他已经证明了这个定理，但许多数学家认为费马只是以为自己证明了这个定理。因为费马是独自工作的，**没有人检验他的计算**。

许多数学家差点证明这个定理，但通过检验，他们的证明都被推翻了。1994 年，数学家**安德鲁·怀尔斯**部分地证明了费马大定理，**为其他人发展出完整的证明奠定了基础**。

安德鲁·怀尔斯利用**岩泽理论**证明了**谷山–志村定理**，以此证明了费马大定理可以被部分地证明。**谷山–志村定理**（也称为模形式定理）探索了**椭圆曲线**，并将数论与**拓扑学联系了起来**。岩泽理论是数论的一部分。

欧拉数

欧拉数 e 是一个介于 2~3 的无理数。它是数学中重要的常数之一。

$e = 2.71828182845904523536028747113527\cdots$

莱昂哈德·欧拉（1707—1783）是一位瑞士数学家，他一生致力于数学研究，即使失明后也未放弃。

常数 e 与**应用数学和物理**研究中的增长有关，如**人口增长**和**温度变化**。

雅各布·伯努利（1654—1705）是第一个在研究**变化率**和**复利**时开始研究常数 e 的人。

假设你在银行存了一元钱，银行在年底支付给你 100% 的利息，那么年底你就有了两元钱。如果银行向你支付利息的方式是每 6 个月支付 50%，或每 3 个月支付 25%，或每个月支付 12% 呢？

利率	一年支付利息的次数	年底的总钱数/元
100%	1	2
50%	2	2.25
25%	4	2.44140625
12%	12	2.61

如果我们把时间间隔越缩越短，一直这样计算下去，那么就会越来越接近 e 的数值。**常数 e 与无穷有着密切的联系。**

另一种计算 e 的方法是：

$$e = 1 + \frac{1}{1} + \frac{1}{1\times 2} + \frac{1}{1\times 2\times 3} + \frac{1}{1\times 2\times 3\times 4} + \cdots$$

这样一直加下去。

e 与增长

如果画出 $y = e^x$ 函数曲线，就会得到一条如下图所示的曲线。

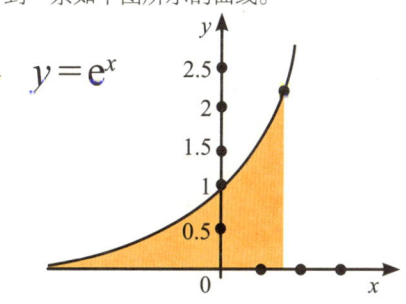

$y = e^x$ 是唯一一个**曲线上某点的函数值、曲线在这一点的曲率和这一点之下曲线与 x 轴之间的面积**都相同的函数（都等于 e^x）。这种关系的应用可以让**微积分**（描述变化率的方程）变得更加简单。

欧拉恒等式

π（圆周率）是一个无理数，是圆的周长与其直径的比值。欧拉想出了一个可以**联系 π 和 e 的等式**。

$$e^{i\pi} + 1 = 0$$

（Re 表示实部，Im 表示虚部）

曼德勃罗集合

曼德勃罗集合以其迷人的美而闻名。它是将复数代入函数中，得到的2以内的结果。

理解曼德勃罗集合要先从**复平面**开始。

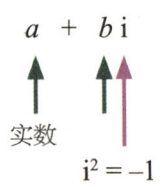

$$a + bi$$

实数 ↑   ↑ $i^2 = -1$

把复数绘成在复平面上的坐标。复数的大小用 $|a+bi|$ 来表示，如下图所示。

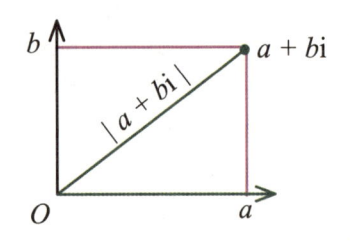

函数z

想象一个复数，我们把它叫作"c"。函数z满足如下等式。当$c=1$时，我们将结果循环代入$f(z)$，就会得到如下结果：

$f_1(0) = 0^2 + 1 = 1 \rightarrow$

$f_1(1) = 1^2 + 1 = 2 \rightarrow$

$f_1(2) = 2^2 + 1 = 5 \rightarrow$

$f_1(5) = 5^2 + 1 = 26 \rightarrow \cdots$

上面的结果称为**"迭代"**，它们彼此代入。上面的结果展示了0在函数z中的迭代。

曼德勃罗集合关注的是由$f(z)$得到**的数字**的$|a+bi|$的大小，以及它们与复平面上的**坐标零点的距离**。这个例子中的迭代是无穷大的。

如果$c=-1$，则$f(z)$的结果就在2以内：

$f-1(z) = z^2 + -1$

$f-1(0) = 0^2 + -1 = -1 \rightarrow$

$f-1(1) = (-1)^2 + -1 = 0 \rightarrow$

$f-1(0) = 0^2 + -1 = -1 \rightarrow \cdots$

复数集合

如果$f(z)$的结果在2以内，那么它们就在曼德勃罗集合内，并会形成神奇的图案。在2以内，**当迭代无限进行下去时，函数不会发散。**

放大曼德勃罗集合，我们可以看到**无限多的细节和结构**，这使得它在本质上是**分形**的。

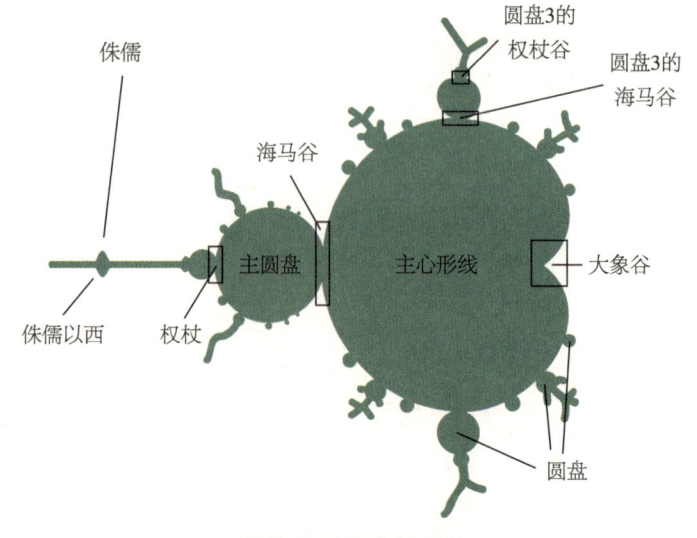

曼德勃罗集合的结构

拓扑学

拓扑学是对不同的平面或空间的研究，其中，包含某形状在表面不被撕裂、切割或黏合的情况下，可发生的连续改变。

拓扑模型可以根据其**有多少个"洞"来进行分类**。在拓扑学意义上，一个马克杯和一个甜甜圈是等价的。因为不需要撕裂或切割，就可以把一个甜甜圈的形状捏成一个马克杯的形状。

拓扑模型的类型

- **环面**：一个类似于甜甜圈形状的、有**一个"洞"**的环状物体。
- **双环面**：像两个融合在一起的甜甜圈，从拓扑学上来讲，它有**两个"洞"**。
- **三环面**：类似于椒盐卷饼的形状，有**三个"洞"**。

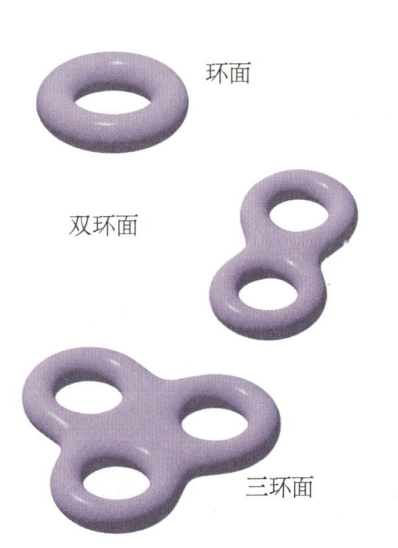

环面

双环面

三环面

莫比乌斯带

莫比乌斯带的**两面彼此相连**，一个面经过翻转与另一个面连接，从而使它成为**一个连续的平面**。在数学中，莫比乌斯带被描述为**存在于三维空间中的二维物体**。

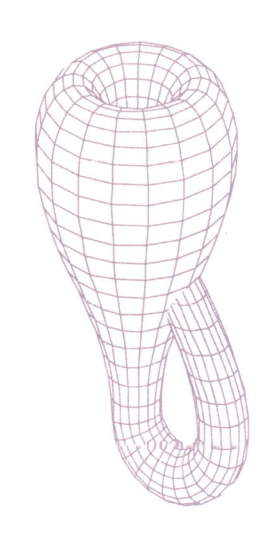

克莱因瓶

克莱因瓶是一个**存在于三维空间中的二维平面**，它的**内外结构是连续的**。

儒勒·亨利·庞加莱

法国数学家**庞加莱**（1854—1912）是一位理论物理学家和科学哲学家。由于数学中对**空间扭曲**的理解，他拓展了**拓扑学**领域，并为**相对论**做出了贡献。

庞加莱猜想提出，环面上的**闭合曲线不能连续地收缩到一点**，这使得环面"不同胚于"球体，因为球体上的闭合曲线可以收缩到一点。

行星共振

天体力学研究的内容涉及行星和卫星轨道、恒星、恒星系,以及星系中心之间的共同作用和相互作用。天体力学研究的是相互引力的影响是如何维持或改变天体轨道的。

随着时间的推移,**运行的行星和卫星会交换动量并变得同步。当两个相互作用的天体的轨道周期成整数比关系时,这个系统就会发生轨道共振**。

以我们的太阳系为例

- 火星的轨道周期为687天,地球的轨道周期为365天。这两个数的比值约是1.88,不是整数。因此**火星**和**地球**不发生轨道共振。
- **冥王星**和**海王星**有2∶3的轨道共振。
- **土星的内侧卫星**不满足整数比,有不稳定的轨道共振,因此形成了壮丽的**土星环**。
- **木星的卫星木卫三、木卫二、和木卫一**之间有1∶2∶4的轨道共振。这意味着当木卫三绕木星公转一周时,木卫二绕木星公转了两周,木卫一绕木星公转了四周。

有用的数学技巧:比值和共振频率

为了简化一个比值并计算出两个轨道是否共振,可以将比值的两个数都乘以或除以它们的公约数(如比值3∶6可以写成1∶2)。

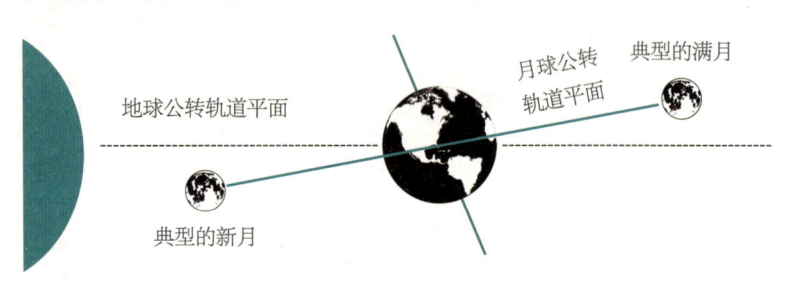

地球公转轨道平面　月球公转轨道平面　典型的满月
典型的新月

地月系统

我们的地球和月球处于"自旋轨道"共振。月球的一面因潮汐锁定朝向地球,它绕地球公转一周所需的时间与其自转一周所需的时间相同。月球引起了地球上的潮汐。同理,也存在**太阳潮汐**。

进动

地球的**赤道半径**约为3963英里,极半径约为3950英里。地球在赤道处略微隆起,这是**月球引力**造成的。正如地球对月球有引力一样,月球对地球也有引力。**月地引力的相互作用**导致了**地轴**摆动,使得地球像一个陀螺仪一样"**进动**"[一个自转的物体因受外力作用,其自转轴绕某一中心旋转,这种现象称为进动(Precession),也叫作旋进]。

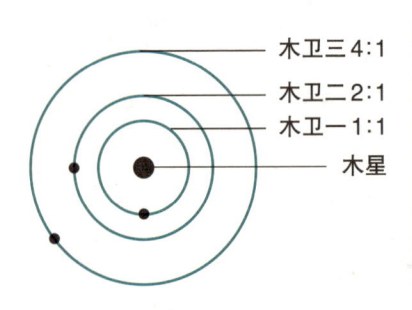

木卫三 4∶1
木卫二 2∶1
木卫一 1∶1
木星

地球完成一次完整的"进动"需要25800年,天极会随之发生改变。现在北半球的极星是**小熊星座中的北极星**,在12000年后,它将变成**天琴座中的织女星**。

阿尔巴塔尼

阿尔巴塔尼（850—922）是伊斯兰黄金时代的天文学家和数学家。他的出生地可能是美索布达米亚北部，也就是现在的土耳其。

虽然我们对阿尔巴塔尼的生平知之甚少，但我们知道他的父亲是一位科学仪器制造者。

阿尔巴塔尼的研究成果影响深远。**哥白尼、伽利略、开普勒、第谷·布拉赫**都曾引用过阿尔巴塔尼的著作。

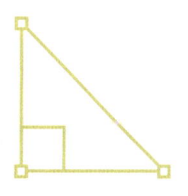

天文表

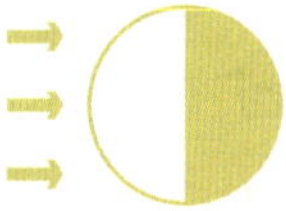

阿尔巴塔尼受命制作了**天文表**。天文表可用来预测太阳、月亮和行星相对固**定位置恒星的运动**，也可以用来计算**二分点的日期**。天文表的原始手稿保存在梵蒂冈图书馆中。天文表在航海、文化和神学领域有着极其重要的地位。

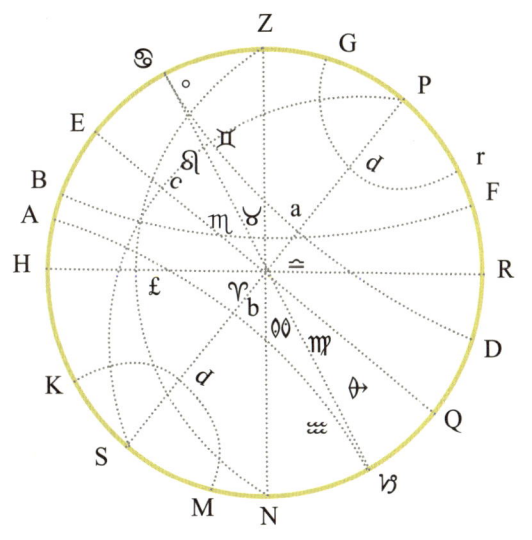

正弦、余弦和正切

阿尔巴塔尼的研究成果是三角函数被应用的较早的证据之一。许多科学家试图理解的现象都可以用三角函数来解释。阿尔巴塔尼编制了三角函数的综合计算表。

星盘

星盘是发明于伊斯兰黄金时代的一种仪器，也被称为**倾角仪**。它代表夜晚的天空，可移动的部件代表移动的天体。星盘可以用来**标绘坐标**和**报时**，其对于**航海家**来说是不可或缺的。

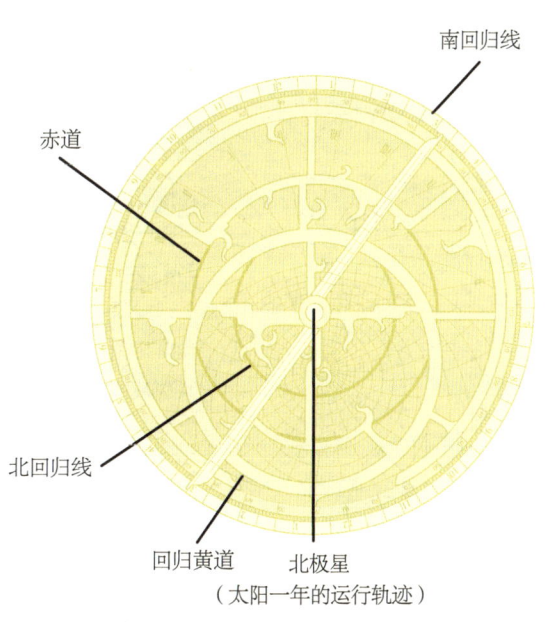

南回归线
赤道
北回归线
回归黄道（太阳一年的运行轨迹）
北极星

简谐运动

简谐运动（SHM）是可以用来分析振荡的运动。它涉及势能（PE）、动能（KE）和角动量之间的相互作用。

动能（KE）：运动的能量

$$KE = \frac{1}{2}mv^2$$

式中，v 表示速度，单位为 m/s；KE 表示动能，单位为 J。

势能（PE）：储存的能量

$$PE = mgh$$

式中，m 表示质量，单位为 kg；g = 9.8 N/kg；h 表示高度，单位为 m。

匀速圆周运动

匀速圆周运动指物体以大小不变的速度进行的圆周运动。

角速度方程为：
$$\omega = f \times 2\pi$$

- ω 为角速度。
- f 为牛顿第二运动定律发现的作用力。
- r 为半径。

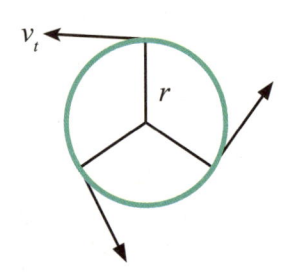

单摆

单摆运动可以用与描述**圆周运动**相同的数学方法来描述。单摆的**角振幅**相当于一个圆的半径。在单摆的最高点，重力做功停止并改变方向。

- 当单摆停止摆动时，其动能为 0，势能最大。
- 当单摆在平衡位置时，其动能最大，势能为 0。

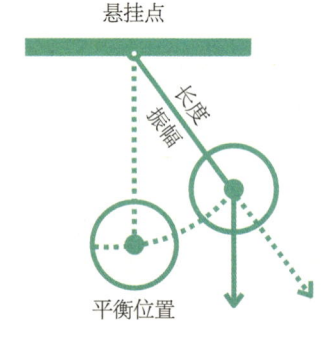

弹簧振子运动

- 当弹簧伸展到最大长度时，势能达到最大值，动能为 0。
- 在弹簧振子的运动过程中，动能达到最大值，势能为 0。

弹性常数和胡克定律

类似弹簧的物体或弹性材料有一种特殊的性质，称为**弹性常数，用字母 k 表示**。

$$F = -k \times x$$

F 表示力（或称为回复力），单位为 N；k 表示弹性常数；x 表示伸展的长度，单位为 m。

频率

频率指每秒钟完成振荡或周期运动的次数。

F 表示完成一个周期的波长时间。

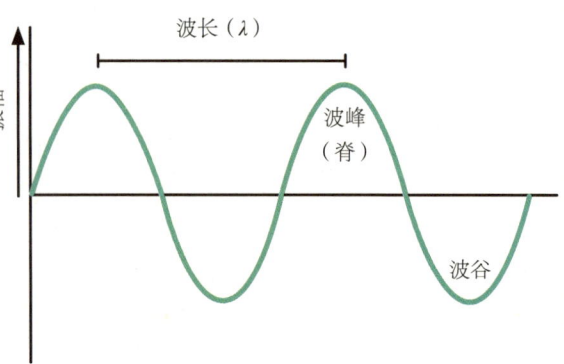

光 学

光线模型是用视觉方式解释光线如何与不同的材料相互作用的模型。

反射定律

当光线入射到一个反射界面时，会以相同的角度在另一个方向反射出去。**入射角 = 反射角**。

折射定律

当光线射入介质时，折射角小于入射角。折射角与入射角的关系遵循斯涅尔定律。

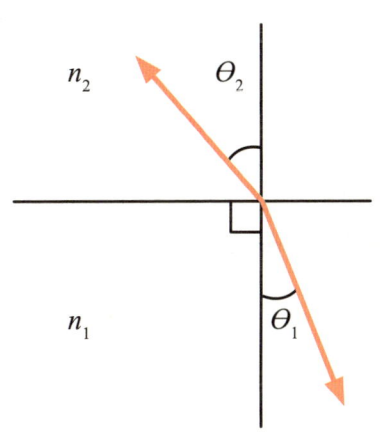

$$n_1 \sin \theta_1 = n_2 \sin \theta_2$$

折射角的大小是由**折射率**决定的，折射率是不同物质所具有的一种光学性质。

折射率方程为：

$$n = c/v$$

- n 表示折射率。
- c 表示真空中的光速。
- v 表示光在介质中的传播速度。

折射率越高，折射角越小。

透镜和焦点

透镜的功率可以用如下方程来计算：

$$P = \frac{1}{f}$$

P = 透镜的功率（单位：屈光度）
f = 透镜的焦距（单位：m）

透镜成像公式

$$\frac{1}{f} = \frac{1}{u} + \frac{1}{v}$$

f = 焦距（单位：m）
u = 物距（单位：m）
v = 像距（单位：m）

凸透镜（会聚透镜）和凹透镜（发散透镜）

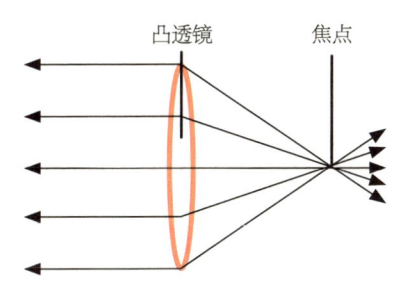

相长干涉和相消干涉

建设性干涉：两个波的波峰或波谷相遇。
破坏性干涉：一个波的波峰与另一个波的波谷相遇，并抵消。

衍射图样

衍射图样是指由建设性干涉和破坏性干涉形成的条纹状图样，有时也称为**干涉图样**。

声音和声学

声音是分子在介质中的振动,这种振动能被听到或感觉到。

波的类型

- **横波**:横波是**正弦波**。光波就是横波,可以在**真空**中传播。
- **纵波**:只能**通过介质**(如地面、空气)**传播**的波,在介质中,能量是通过被**压缩**和**稀疏**来传递的。

下图展示了**纵波在传播过程中是如何压缩空气分子并改变大气压力的**。压缩波之间的间隔距离代表整个波长。

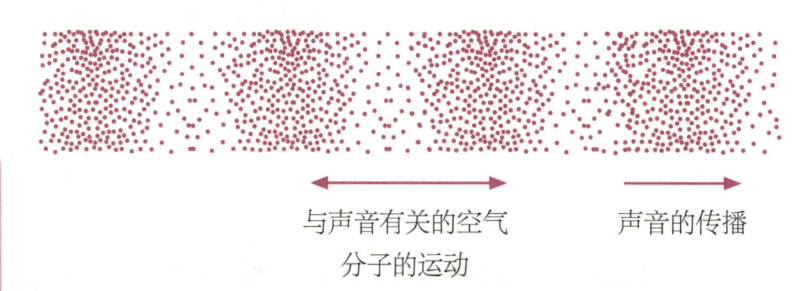

← 与声音有关的空气分子的运动 → 声音的传播 →

谐波

给定长度的固定弦可以在**两个节点间**被振动成整数波形,所得到的频率彼此**和谐**,也就是说,它们之间以整数比相互关联。

基音
一次谐波
第一泛音
二次谐波
第二泛音
三次谐波
第三泛音
四次谐波

驻波:基本模式

乐器上的弦,如吉他弦,是被固定在称为**节点**的两个固定点之间的。

基本模式:弦上的驻波

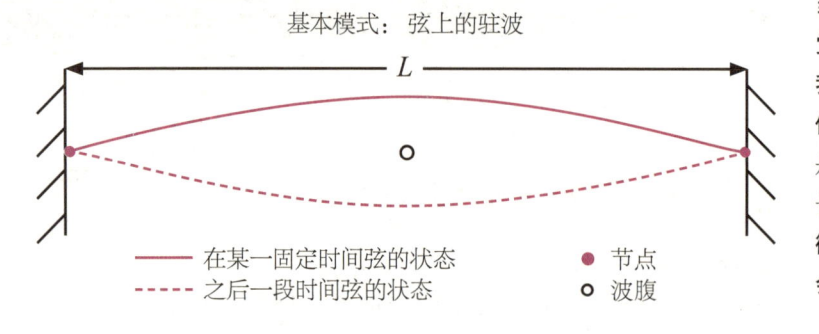

L

—— 在某一固定时间弦的状态   ● 节点
---- 之后一段时间弦的状态   ○ 波腹

多普勒频移

如果声音从一个移动的声源发出,**当这个声源靠近我们时,我们能感觉到音调的升高;当这个声源远离我们时,我们能感觉到音调的降低**,这就是**多普勒频移**。它的原理是:当声源靠近时,迎面而来的波长的边缘间会靠得更近,**波会被稍微压缩,并且频率会变高**。光源也会产生这样的现象。

共振频率

共振频率(或称自然频率)是**弦**、**单摆**或**弹性物体**离开静止位置的频率。

波长越长   波长越短
频率越低   频率越高

望 远 镜

纵观人类历史，绝大多数时间，视觉和想象力限制了我们对宇宙的理解。

望远镜是由用于放大的**凸透镜**发展而来的（参见"光学"，第35页）。伊斯兰学者**伊本·艾尔·海什木**（965－1040）在他的《**光学**》一书中首次描述了望远镜。他的书被翻译成了拉丁文，科学家**罗杰·培根**（1214－1292）从中受其启发，并把他的方法传播到了13世纪的英国。

望远镜

已知最早的**望远镜**出现在1608年的**荷兰**。天文学家伽利略（1564－1642）使用望远镜观察夜空和月亮，证明了我们生活在**以太阳为中心的太阳系**里。

以太阳为中心的太阳系

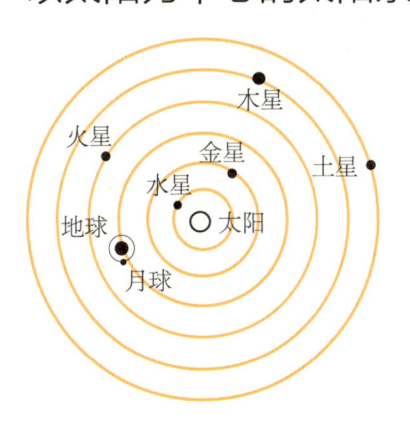

地面天文台

- **乌拉尼堡**是一个位于丹麦的天文台和炼金术实验室，由**第谷·布拉赫**（1546－1601）建造和使用。
- **简塔·曼塔天文台**位于印度拉贾斯坦邦的斋浦尔，于1734年建造完成。它拥有**世界上最大的石制日晷和19个建筑天文仪器**。

红外光学望远镜

莫纳克亚天文台位于**夏威夷**，共有12个由国际天体物理研究团队建造而成的望远镜。其中，**日本的昴星团望远镜**是世界上较大的主镜之一，是一台直径8.3 m的光学/红外望远镜，建成于1999年。

天文阵列

- **ALMA**（**阿塔卡马大型毫米波/亚毫米波阵列**）建成于2011年，位于**智利的阿塔卡马沙漠**。它由66个独立的射电望远镜组成，用于探测**毫米波和亚毫米波的电磁辐射**。
- 2016年，被誉为"**天眼**"的**球面射电望远镜**投入使用，它位于**中国西南部的平塘县**。

反射望远镜

反射望远镜是由大的曲面镜、平面镜和透镜组成的。1668年，**牛顿**制造了第一台反射望远镜。

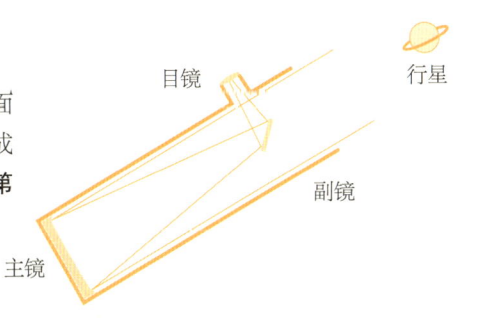

胡克100英寸望远镜（建成于1917年）位于**加利福尼亚的威尔逊山天文台**。1923年，它帮助**爱德文·哈勃**证明了**仙女座星云**在**银河系之外**。

做功、功率和能量

当一个力使一个物体移动时，它就会做功。举、跑、走、爬、推，这些都是我们身体"做功"的方式。

做功

做功包括**做功的力（F）**和**物体移动的距离（d）**。所做的功用以下公式进行计算，单位为J（与能量的单位相同）：

- W的单位是J。
- F的单位是N。
- d的单位是m。

能量是指**做功的能力**，做功相当于传递能量。

$$功 = 力 \times 距离$$
$$W = F \times d$$

能量

能量不能被创造，也不能被消灭。它只能从一种形式转化为另一种形式。当我们把能量从一种形式转化为另一种形式时，总有一些能量会因损耗而丢失。因此永动机是不可能实现的。

效率

当能量从输入转化为输出时（如发动机或电器），我们可能需要知道这个系统的效率。**效率是能量输出与能量供应的比**，单位为焦耳（J）。

$$效率 = \frac{有效的能量转移}{总能量供应}$$

$$效率百分比 = 效率 \times 100\%$$

$$效率百分比 = \frac{有效的能量转移}{总能量供应} \times 100\%$$

功率

功率表示**做功的速度**。它能告诉我们能量传递需要的时间。功率的计算方法是，用所做的功除以时间。它衡量的是单位时间内所做的功：

$$P = \frac{W}{t}$$

- P = 功率，单位：瓦特（W）。
- W = 功，单位：焦耳（J）。
- t = 时间，单位：秒（s）。

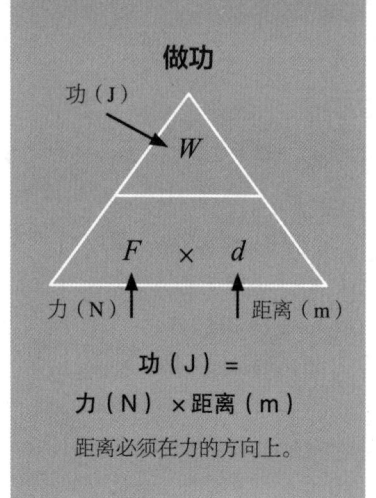

做功

功（J） = 力（N） × 距离（m）

距离必须在力的方向上。

开普勒定律

德国天文学家约翰尼斯·开普勒是一位数学家和占星家。他阐述了行星运动的三大定律，并写了一部名为《梦游》的科幻小说。他的研究工作导致他被宗教激进主义者迫害，并被迫离开了家乡。

《宇宙的奥秘》（1596年）

开普勒实验性地提出了一个关于宇宙的想法：八个已知的行星，**水星、金星、地球、火星、木星和土星**与**正多面体**相对应。后来开普勒否定了这一想法，因为它与观测结果不符。

开普勒与第谷·布拉赫

1600年，开普勒认识了**第谷·布拉赫**——**神圣罗马帝国皇帝鲁道夫二世**的占星顾问。第谷·布拉赫是一位卓越的观测天文学家，他有一个天文台。第谷·布拉赫对自己的观测结果严加把守，但开普勒的数学专长引起了他的兴趣。他们一起工作，但经常发生争吵。1601年，第谷·布拉赫去世后，开普勒被任命为**皇家数学家**。他接管了天文台和第谷·布拉赫的观测数据，这促使他发展出了他的**行星运动三大定律**。

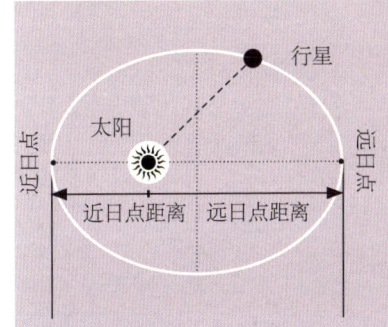

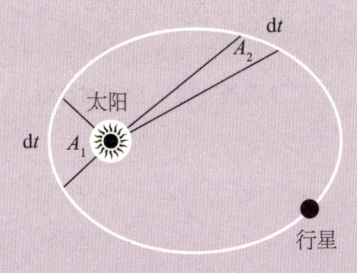

第一定律

所有行星都在椭圆轨道上围绕太阳运行，太阳在椭圆的一个焦点上。

- 椭圆形是扁平的圆形或卵形。
- 轨道的偏心率用来衡量它的椭圆程度。
- 偏心率介于0~1，0代表完美的圆。

第二定律

一颗围绕太阳运行的行星，在相等的时间内扫过的面积相等，面积 $A_1 = A_2$。第二定律告诉我们，在行星围绕太阳运行的过程中，当行星靠近太阳时，它的**运行速度会加快**；当行星远离太阳时，它的运行**速度会稍微减慢**。

第三定律

第三定律描述了**行星的轨道周期与它离太阳的距离之间的关系**。

- 轨道周期的平方与轨道半长轴的立方成比例。
- 长轴：最长直径。
- 短轴：最短直径。
- 半长轴：最长直径的一半。

诺特的守恒定律

随着时间的推移，当物理系统的性质保持不变时，存在守恒定律。

角动量守恒

- 角动量是**转动惯量**与**绕轴转动速度**的乘积。
- **总角动量**守恒。**除非受到外力作用，否则总角动量保持不变。**
- 动量 = 质量 × 速度。

当花样滑冰选手收起手臂旋转时，可以减少角动量，提高旋转速度。

收起手臂旋转更快
张开手臂旋转更慢

艾米·诺特（1882—1935），德国犹太裔数学家。**爱因斯坦**依靠她丰富的数学知识发展了相对论。

诺特定理非常复杂，概括来说就是，如果**方程中存在对称性**，那么**物理性质守恒**。

诺特对称不变性

爱因斯坦的定律中最重要的一点是，**光速在所有参照系中都保持不变**，并不是一切都是相对的。许多物理现象都显示出守恒的性质。右侧的表展示了守恒定律对应的**诺特对称不变性**——被保留的性质。

守恒定律	诺特对称不变性
动量守恒定律	平移不变性
角动量守恒定律	转动不变性
质能守恒定律（$E=mc^2$）	时间不变性

牛顿摆

在一排摆球的末端释放一个摆球，另一端的摆球就会弹起。其原理是**动量守恒**或**空间对称性**。

艾米·诺特

- 1908—1911 年发展了诺特对称**不变性理论**。
- 经历了严重的**歧视**，直到 1923 年她才领到薪水，幸运的是她很富有。
- 1920—1926 年对**拓扑学领域**做出了贡献。
- 在 20 世纪 30 年代的德国，遭到**纳粹迫害**，被迫离职。
- 逃往**美国**，在**宾夕法尼亚州**的**布林莫尔学院**工作。
- 1935 年，因手术后并发症去世，**享年 53** 岁。

牛顿运动方程

牛顿运动定律描述的是运动中的物体。1686年，牛顿发表了《自然哲学的数学原理》，其中包含牛顿三大运动定律。

牛顿的三大运动定律

第一定律

物体在没有受到外力的作用时，总保持静止状态或匀速直线运动状态。这就是惯性的定义。

第二定律

当物体受到外力作用时，它的速度就会改变。合力等于动量的变化。

$$F = m \times a$$

- a = 加速度，单位：m/s^2。
- m = 质量，单位：kg。
- F = 力，单位：N。

第三定律

每一个作用力都有一个大小相等、方向相反的反作用力。

法向力

法向力作用在物体表面（如桌子或斜坡）。根据牛顿第三定律，法向力的作用方向与**重力方向相反**，与物体表面垂直（**成直角**）。

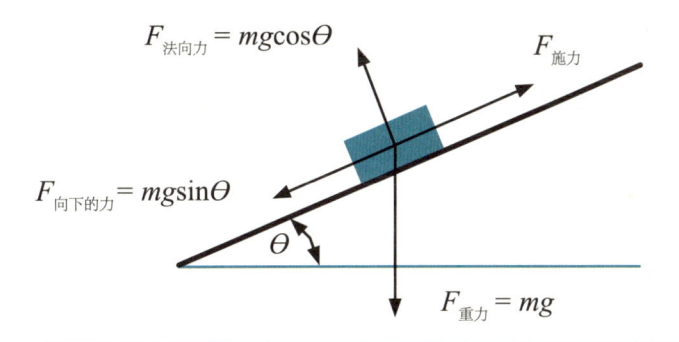

$F_{法向力} = mg\cos\theta$

$F_{向下的力} = mg\sin\theta$

$F_{重力} = mg$

基本条件

要了解关于运动的科学，需要知道以下几点：

- t = 时间（单位：s）。
- s = 物体的位移，（单位：m）。
- v = 速度（位置的变化率，单位：m/s）
- a = 加速度（速度的变化率，单位：m/s^2）。
- u = 初速度（单位：m/s）。

运动方程

运动方程描述了**运动的基本条件**及它们之间的关系。

$v = u + at$ [1]

$s = ut + \frac{1}{2}at^2$ [2]

$s = \frac{1}{2}(u+v)t$ [3]

$v^2 = u^2 + 2as$ [4]

$s = vt - \frac{1}{2}at^2$ [5]

速率和速度

速度是由单位时间内距离的变化来定义的。

- 速率（speed）是距离的变化率的**大小**，是一个**标量**。
- 速度（velocity）也是距离的变化率，但有**大小和方向**，是一个**矢量**。

引力常量

科学中有许多自然常数,引力常量"G"就是其中之一,用来确定两个有质量的物体间产生的引力。

万有引力

- 万有引力**让宇宙中的所有物质(包括光)相互吸引**。
- 万有引力将气体和尘埃粒子吸引在一起,形成了宇宙。
- 太阳的引力使得行星保持在它们各自的轨道上。
- 银河系的中心有一个黑洞,银河系的结构归功于万有引力。

相互吸引

如果你松开一个小球,它就会掉到地上,因为小球与地球产生了**相互的引力**。小球和地球之间的引力是相同的。由于地球比小球大得多,所以小球向着地球运动。

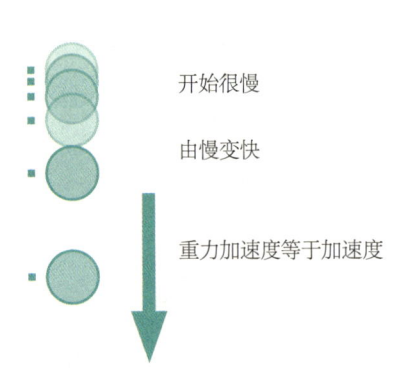

开始很慢

由慢变快

重力加速度等于加速度

重力加速度

重力对自由下落的物体产生的加速度,称为"g"。利用公式 $F = ma$ 可以**计算出重力作用下的引力**,这里的**引力是重力**(不是质量)。

- 在地球上,**重力加速度** $g \approx 9.81 \text{ m/s}^2$。
- 力的单位是**牛顿(N)**,质量的单位是千克(kg)。

两个质量之间的引力可以用以下公式来计算:

$$F_1 = F_2 = G \frac{m_1 m_2}{r^2}$$

这个公式符合**平方反比定律**,离地心越远,引力就越弱。

平方反比定律描述了物理量之间的关系,其中物理量与到力的原点的距离的平方成反比。

G 为**引力常量**:

$$G = 6.7 \times 10^{-11} \frac{\text{Nm}^2}{\text{kg}^2}$$

科学家**亨利·卡文迪许**在**1797—1798**年用**扭力天平**测量了引力常量。扭力天平的结构为:金属丝悬吊着一根水平的木棒,木棒的两端固定着两个小铅球。将两个质量非常大的大球放置在固定的位置,观察小铅球是否会被大球吸引。通过测量木棒向大球扭转的程度,亨利·卡文迪许计算出了两个铅球间的引力。

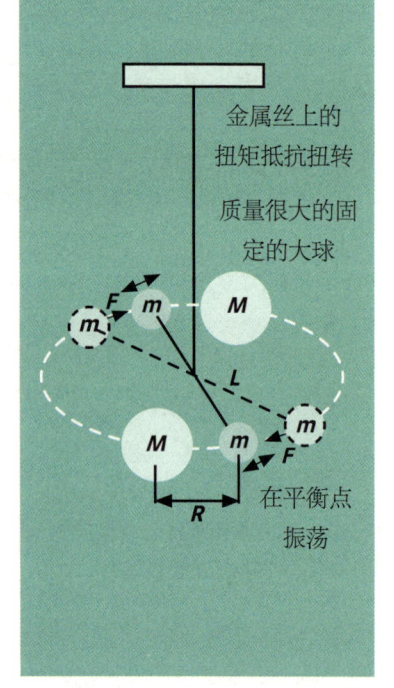

金属丝上的扭矩抵抗扭转

质量很大的固定的大球

在平衡点振荡

法拉第和电磁

迈克尔·法拉第（1791—1867）的职业生涯始于给一位订书匠当学徒。1805年，法拉第装订了一本名为《化学对话》的书，这本书由一位名叫简·马塞特的女作家匿名所写。这本书将法拉第引入了科学的大门。

电磁感应

法拉第发现了**电磁感应**，后来**詹姆斯·克拉克·麦克斯韦**对其进行了发展。

感应电动势

法拉第的实验表明，变化的磁场可以产生**电压**，也称**感应电动势（EMF）**。他观察到**电场**具有磁性。

电机

根据法拉第电磁感应定律，磁场与电场的相互作用可以引起电机部件运动。单极电机就是其中一个例子。

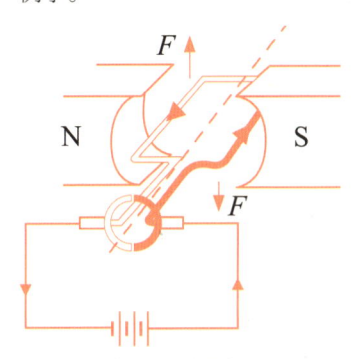

DIY单极电机

小心地弯曲一根铜线，将它平衡地安置在电池上，再将电池安置在**钕磁铁**上，就可以制造出一个单极电机。如果安置正确，根据法拉第电磁感应定律，**铜线将会旋转并升温**。

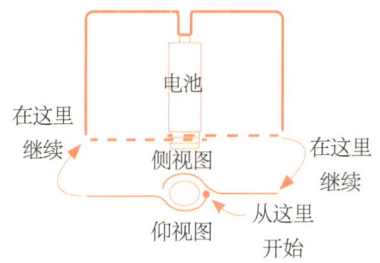

电解

法拉第发现了**电解**。当电流通过一种叫作**电解质**的混合物时，混合物中的**正离子和负离子**将被分离。电解质是溶解的离子（带电的原子）的混合物，可以**导电**。

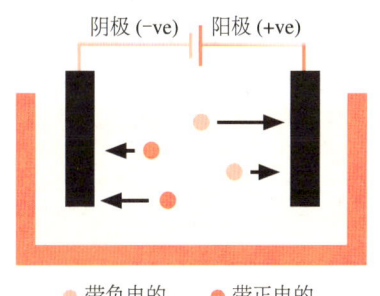

法拉第电磁感应定律描述了感应电动势等于磁通量的变化率。

- **磁通量**：磁场中的力的大小。
- **磁场**：磁铁周围**电荷受力**的区域。
- **楞次定律**：感应电流反抗**磁通量**的变化，从而产生一个与电流方向相反的"推力"。

法拉第电磁感应定律

$$\text{EMF} = -N\frac{\Delta \Phi}{\Delta t}$$

（负号表示楞次定律）

其中，N = 线圈的匝数。
Φ = BA = 磁通量。
B = 外部磁场。
A = 线圈面积。

阴极(-ve) ｜ 阳极(+ve)

● 带负电的非金属离子
● 带正电的金属离子

热 力 学

热力学研究的是大系统中的能量效应、分子运动论和热能辐射。热能是电磁波谱的一部分，包括低能光子的发射。热力学四定律是物理学中重要的定律。

热力学第零定律

如果两个热力学系统分别与第三个热力学系统处于**热平衡**，那么这两个热力学系统彼此之间也处于热平衡——它们使彼此达到热平衡。

热力学第二定律

处于不平衡状态的孤立系统的**熵**（原子或分子能够运动的程度）将随着时间的推移而增加（由**低熵变为高熵**），**系统将变得越来越无序，熵会不断接近平衡时的最大值。**

低熵　　　高熵

热量从高温物体传向低温物体。**热量传递**会改变系统的内能。

热力学第一定律

能量不能被创造或消灭，只能转换形式。宇宙的总能量保持不变。内能的变化等于系统吸收的热量减去系统所做的功。

$$\Delta U = Q - W$$

内能的变化　系统吸收的热量　系统所做的功

热力学第三定律

当温度接近**绝对零度**时，**系统的熵接近最小值**。换句话说，将一个系统冷却到 0K（−273.15°C、−459.67°F），原子将停止振动。

宇宙的热寂

数万亿年之后，**宇宙中的所有恒星和星系将把氢原子耗尽**，这些氢原子的核反应使得恒星可以发光。一旦宇宙中所有的氢原子都在核反应中被利用和消耗了，那么没有什么东西可以被燃烧了，从而产生光子。宇宙的热寂描述了**宇宙的最终命运**。最终宇宙将没有热力学意义上的自由能量可供使用，并且熵增过程也不再继续。

热寂之旅

最大无序度（热力学平衡）

大爆炸

科学素养成计划

绝对零度

因为原子在不停地振荡,所以物质和光有一个最小振荡能量。绝对零度是热力学温度度量的最低点。理论上,在这个温度下原子会停止振荡。

热力学温度

绝对零度的量子力学描述表明,**绝对零度是物质的基态,即内能的最低点。**

可能的最低温度

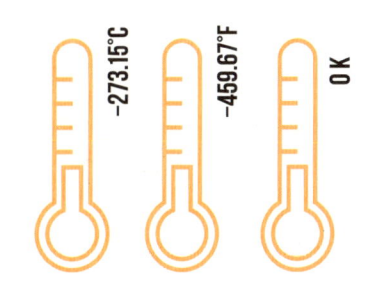

−273.15°C　−459.67°F　0K

焓和熵

- **焓**是一个系统的总能量,用来衡量能量的变化。
- **熵**是物质的无序程度(物质能够移动的程度)。

热量与温度的区别

当一种物质或物体被加热时,**其分子可以获得更多的能量来振荡。热量是分子运动的总能量。温度是分子的平均热量或热能。**

绝对零度温标

绝对零度是根据**理想气体状态方程**用外推的方法得到的:$PV = nRT$。

P = 压强
V = 体积
n = 摩尔数(气体分子的数量)
R = 气体常量
T = 温度

过冷和超导

科学家尚未能把某样东西冷却到绝对零度,但是已经可以使温度达到 −273.144°C 了,这非常接近绝对零度。在这样的温度下,**物质开始表现得很奇怪:**由分子或原子组成的样本会显示出如**超导和超流动性**等量子效应。

- 一些物质(如**氢和氦**)"**过冷**"后会以**零黏度**流动,因此不会失去动能。
- **超导**是一种电阻为零的现象。

迈斯纳效应

当一个超导体被冷却到它的临界温度 T_c 以下时,就会产生迈斯纳效应。**它可以抵消磁场并悬浮在空中。**

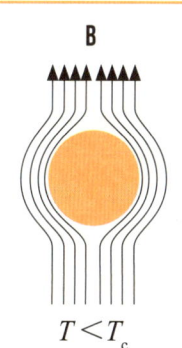

$T > T_c$　　$T < T_c$

麦克斯韦方程组

苏格兰物理学家詹姆斯·克拉克·麦克斯韦（1831—1879）将电磁学中的定律建立为统一的方程组，该方程组将描述电场和磁场的方程结合在一起。1861年，他提出了电磁波是光的猜想，该猜想进一步将电磁学与光学统一起来。

电磁波谱

麦克斯韦证明了**电**和**磁**实际上是**同一现象的两种表现形式**，他还发现，光也是这种现象的一部分。

麦克斯韦方程组

$$\nabla \cdot \boldsymbol{D} = \rho$$

高斯定律

高斯定律描述了**静电场与电荷之间的关系**。静电场由**正电荷**指向**负电荷**。

$$\nabla \cdot \boldsymbol{B} = 0$$

高斯磁定律

高斯磁定律指出，没有类似于电荷的磁荷，磁场是由磁偶极子产生的，可以用封闭的曲线（磁场线）来表示。有多少条磁场线穿入，相应的就有多少条磁场线穿出。

$$\nabla \times \boldsymbol{E} = -\frac{\partial \boldsymbol{B}}{\partial t}$$

法拉第电磁感应定律

法拉第电磁感应定律描述了**电磁感应现象**：

- 使带电粒子在闭合电路中移动所需要的**每单位电荷的功**等于**磁通量**的减小率。

$$\nabla \times \boldsymbol{H} = -\frac{\partial \boldsymbol{D}}{\partial t} + \boldsymbol{J}$$

安培定律

磁场可以由**电流**的运动产生，也可以由**运动**的**电场**产生。

电场、磁场和光子

麦克斯韦的一个重要结论展示了**波动**的电场和磁场是如何以光速传播的。组成**电磁波谱**的**磁场**和**电场**相互垂直（成直角）。

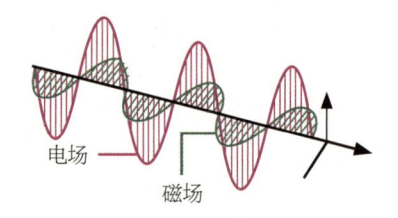

电磁感应

磁场可以通过在线圈中移动通电导线产生，**电流**可以通过在线圈中移动磁铁产生。当电流被切断时，磁场和电场就消失了。

应用

麦克斯韦方程组可以用来求解**边界值问题、量子力学问题和量子电动力学**中的电势和磁势问题。爱因斯坦应用这一理论进行了**狭义相对论和广义相对论**的研究。

麦克斯韦-玻尔兹曼分布

麦克斯韦-玻尔兹曼方程用于描述不同温度下气体中的分子的速度。下图显示了低温气体、室温气体和高温气体中分子的速度的平均分布。

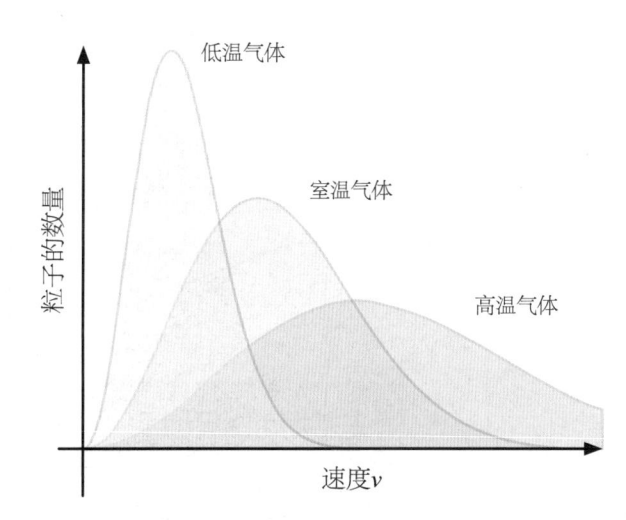

（图：纵轴为粒子的数量，横轴为速度 v，三条曲线分别为低温气体、室温气体、高温气体）

通过比较高温气体、室温气体和低温气体，我们可以看出，气体温度越高，其中**具有更高速度的分子越多**。

均方根

在**统计学**中，均方根（RMS）的计算方法是**将所有数值平方，并求和，然后除以数值的个数，再开方**。在麦克斯韦-玻尔兹曼分布中，使用的不是**平均速度**，而是**均方根速度**。因为粒子是向各个方向运动的，如果使用平均速度，那么有些粒子间的力就会相互抵消掉。

概率分布

测量每个分子的速度是不可能的。所以**概率分布**能最好地代表气体中粒子的**可能速度、平均速度和均方根速度**。

玻尔兹曼常数

路德维希·玻尔兹曼（1844—1904）对**统计力学**和**热辐射**进行了研究。

玻尔兹曼测量出了一个常数（k_B 或 k），该常数表示在室温和常压下气体中的粒子的**平均动能**。马克斯·普朗克是第一个使用这个常数的人，但他用波尔兹曼的名字给这个常数进行了命名。

$$1.38064852 \times 10^{-23} \text{ m}^2 \text{ kg s}^2 \text{ K}^{-1}$$

计算平均动能的方程：

波尔兹曼常数 $k_B = 1.38 \times 10^{-23}$ J/K   理想气体常数 $R = 8.31$ J/(K·mol)

$$\overline{E}_K = \frac{3}{2} k_B T = \frac{3}{2} \frac{R}{N_A} T$$

（粒子的平均动能 ← $\overline{E}_K$；波尔兹曼常数 → k_B；理想气体常数 → R；阿伏加德罗常数 → N_A）

阿伏加德罗常数 $N_A = 6.02 \times 10^{-23}$ mol^{-1}

$$k_B = \frac{R}{N_A}$$

电子的发现

约瑟夫·约翰·汤姆森（1856—1940）通过用阴极射线管进行实验发现了电子，并测量出了电子束中电子的比荷。

阴极射线管

阴极射线管是一种真空密封的管（管中几乎所有的空气都被抽走了），管的两端各有一个阴极（负极）和一个阳极（正极），**阴极会产生一束电子束，并射向阳极。**

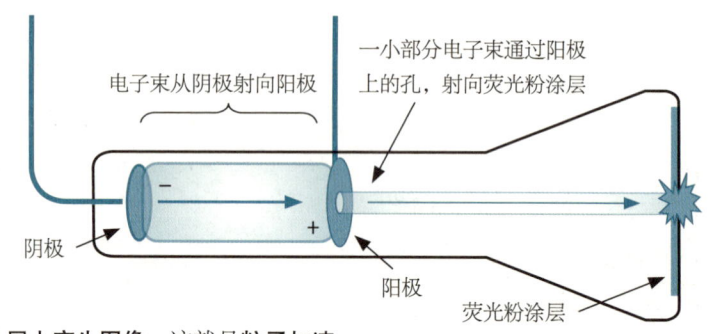

磁铁可以用来**聚焦电子束**，并**在荧光粉涂层上产生图像**。这就是**粒子加速器、老式电视机和计算机显示器**的工作原理。

电子的电荷量

物理学家**罗伯特·密立根**（1868—1953）与**哈维·福莱柴尔**（1884—1981）通过"**油滴**"实验测定了**单个电子的电荷量**。他们在1913年发布了实验结果，实验结果支持电荷由**分散的块**组成这一理论。他们通过在两个金属电极之间悬浮微小的带电油滴来计算单个电子的电荷量。他们小心翼翼地用电荷来平衡油滴的重力，以抵抗向下的重力。

单个电子的电荷量的测量结果是 -1.602×10^{-19} C，科学家有时会用 $e = 1$ 或 $-e = -1$ 来表示。

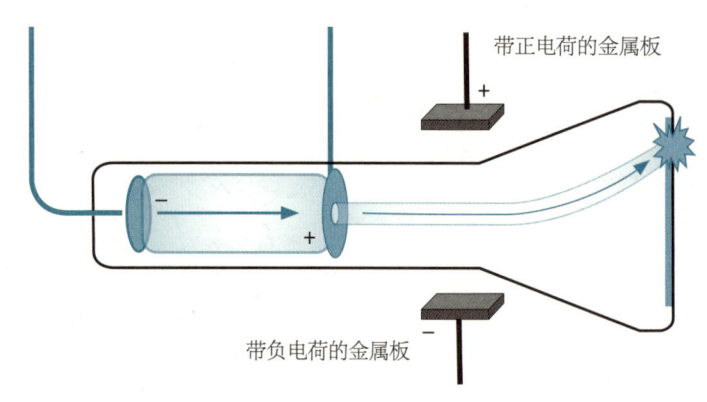

汤姆森的发现促进了**光谱学**的发展。

电磁力与引力

引力比电磁力弱。在任何时候，地球的引力都在把地面上的物体拉向地心，然而我们仍然可以跳起来。冰箱上的磁铁也受到把它拉向地心的地球引力，但是电磁力可以轻松地让它贴在冰箱上。

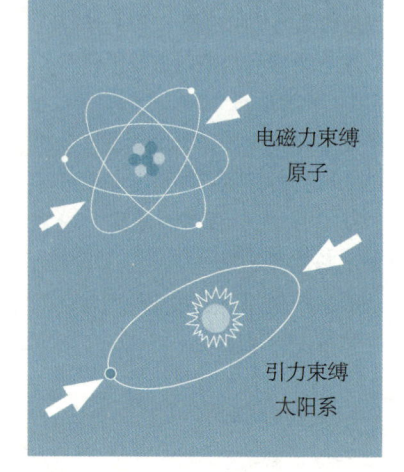

电磁力束缚原子

引力束缚太阳系

48

杨氏双缝干涉实验

光子同时具有粒子和波的性质。17世纪和18世纪，人们普遍认为光子是一种粒子，这就是微粒说。越来越多的实验表明，光子具有类似于波的性质。

惠更斯原理

波的表现非常特殊，波会**振荡**。荷兰**物理学家**、**数学家**、**天文学家**和发明家**克里斯蒂安·惠更斯**（1629—1695）指出，如果知道一个波现在的位置，就可以预测它未来的位置。

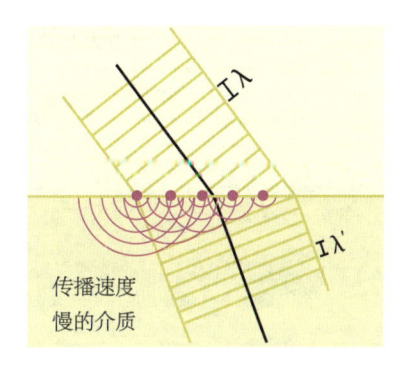

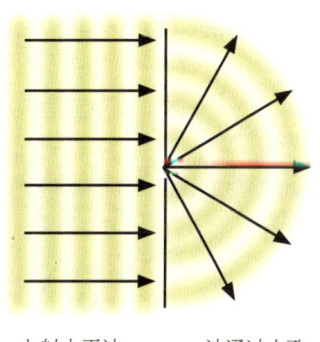

传播速度慢的介质

入射水平波　　波通过小孔

杨氏双缝干涉实验

1801年，**托马斯·杨**首次进行了双缝干涉实验。他将一束**连续的窄光束**射向一块有狭缝的板。在这块板后面放置另一块有狭缝的两个挨着的板，再在其后放置一个屏幕。杨氏双缝干涉实验的结果显示了一个由此产生的**干涉图样**。

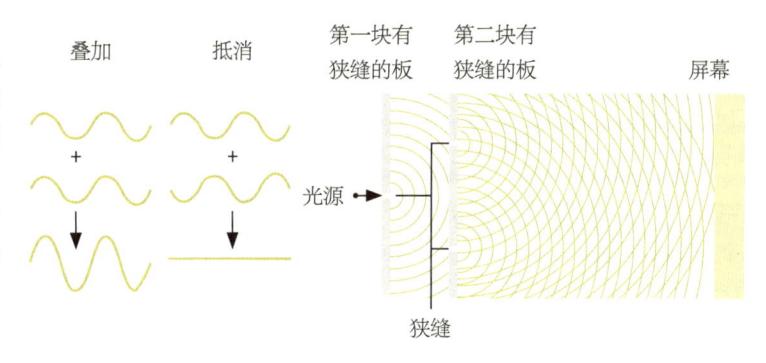

叠加　　抵消　　第一块有狭缝的板　　第二块有狭缝的板　　屏幕

光源

狭缝

电子的波粒二象性

两个狭缝　　显示屏

电子

电子枪

干涉图样

用**电子束**也可以产生同样的效果。如果用**磁场**来限制电子，并且一次只释放一个电子，那么会产生**衍射图样**。1927年，科学家**克林顿·戴维孙**和**莱斯特·革末**发现了这一现象。他们的实验显示，单个**电子呈现波的形式**且无法确定其确切位置。这个结果不能用**经典力学**来解释。

光 子

光是由光子组成的。光子和所有的亚原子粒子一样,具有波粒二象性。光子以不同的频率振荡,但以相同的速度(光速)传播。

光速(c)是恒定的:
$c = 3 \times 10^8$ m/s(在真空中)

- 波长越短,频率越高,能量越高。
- 波长越长,频率越低,能量越低。

γ射线　　紫外辐射　　红外辐射　　无线电波
　X射线　　　可见光　　微波

波长越短,频率越高,能量越高　　　　波长越长,频率越低,能量越低

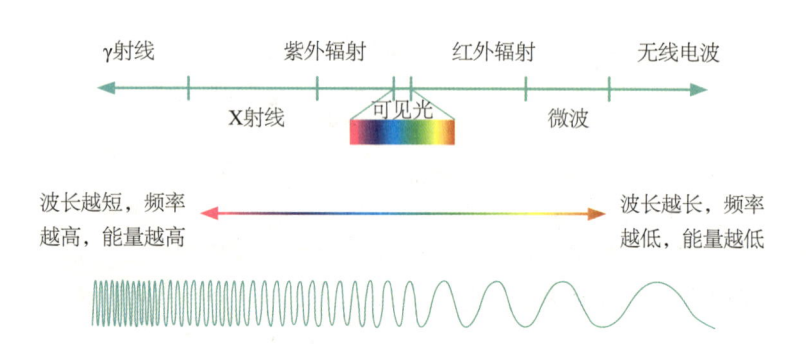

普朗克常量

马克斯·普朗克(1858—1947)是一位德国物理学家。当他在加热一种可以吸收电磁波谱所有频率的物体(这种物体被称为**黑体**)时,发现从黑体**再辐射出的光**并不是均匀的,而是以**离散的、一份一份的**形式释放出来的。该发现说明光是由**单个光子**组成的。

普朗克关系:

$$E = h\nu = \frac{hc}{\lambda}$$

- E = 能量。
- h = 普朗克常量
  = 6.626×10^{-34}(J·s)。
- ν = 频率。
- c = 光速。
- λ = 波长。

粒子物理

光子是电磁力的载体。

没有质量的光子

因为**光子没有质量**,所以它们的**传播速度比其他任何物质都要快**(在真空中)。

水中的光速

光与物质相互作用。光在物体上会发生**反射**,通过透明介质时会发生**折射**。光并不是因为被吸收或被介质中的原子反弹而**变慢**的。折射可以用**量子力学**来解释,即**入射的电磁振荡**与介质的原子周围的电子相互作用,它们共同形成了**电磁波的叠加**,其结果是使光的速度减小了一点。

折射率(z)

折射率(参见"光学",第35页)是光在真空中的传播速度与光在某介质中的传播速度之比。

卢瑟福原子

欧内斯特·卢瑟福（1871—1937）是出生于新西兰的英国物理学家。1911年，他进行了一项实验，实验目的是了解原子的内部结构。

卢瑟福的实验

卢瑟福与他的同事**汉斯·盖革**和**欧内斯特·马斯登**做了这样的实验：**在真空中**，将**一束α粒子射向一片非常薄的金箔**。

α粒子：

质子
中子
α粒子是氦原子核

符号 $^{4}_{2}He$

他们用荧光屏（对光产生反应）来检测**α粒子**是否会穿过金箔。大部分α粒子直接穿过了金箔，这表明原子的大部分体积是空的。一小部分α粒子被反弹，还有极小部分α粒子偏转超过了90°。

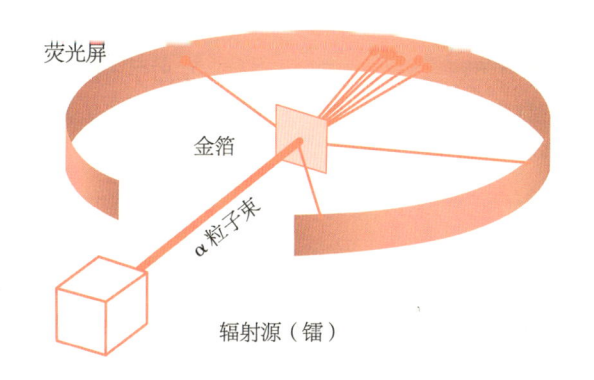

卢瑟福的结果

卢瑟福的实验证明，**原子有一个小而致密的原子核，原子核周围环绕着一团带负电荷的电子**。

卢瑟福的实验推翻了汤姆孙原子模型。

汤姆孙原子模型　　卢瑟福原子模型

结果

- 一团**普通电子云**的直径约为 10^{-8} cm。
- **原子核**的平均直径约为 10^{-12} cm。
- 原子核**整体带正电荷**，由质子（带正电荷）和中子（中性或不带电荷）组成。
- **原子序数**：我们通过一个原子序数来确定它是哪个元素。
- **原子质量**：原子核中质子和中子的质量的总和。

是云还是轨道

我们不可能同时知道电子的位置和动量。有时，将电子描述为**围绕带正电的原子核运行**，更容易理解。有时，将电子描述为电子云更加合适。这两种描述都不能完全准确地告诉我们电子是什么样子的。

原子的结构

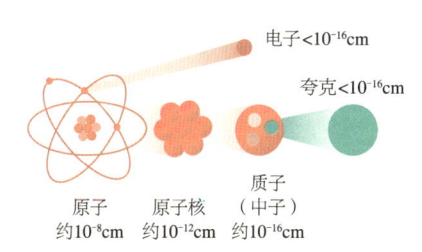

电子 $<10^{-16}$ cm

夸克 $<10^{-16}$ cm

原子
约 10^{-8} cm

原子核
约 10^{-12} cm

质子
（中子）
约 10^{-16} cm

玛丽·居里与放射性

玛丽·居里（1867—1934）出生于波兰，后来移居法国学习物理学。1903年，她因与丈夫皮埃尔共同发现了放射性而获得诺贝尔奖。她是首位获得诺贝尔奖的女性，也是第一个且唯一一个两次获得诺贝尔奖的女性。

放射性粒子的发射

放射性原子会以不同粒子的形式发射"**电离能量**"。

- α粒子：氦原子核（两个质子和两个中子）。
- β粒子：电子。
- γ粒子：高能光子。

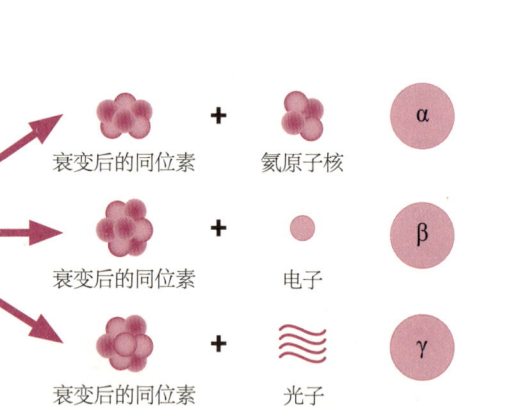

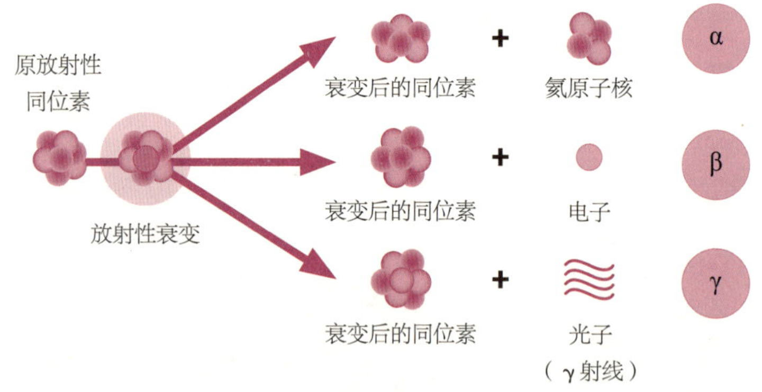

同位素

元素与其同位素**质子数量相同，中子数量不同**。它们具有相同的**原子序数**，但**原子质量不同**（更多信息，参见"元素周期表"和"碳定年法"）。

衰变

放射性原子及其同位素是**不稳定**的，它们会发射粒子，**衰变**成不同的原子，直至达到稳定。

$$^{235}_{92}U \xrightarrow{\text{衰变}}_{\text{发射一个α粒子}} ^{4}_{2}\alpha + ^{231}_{90}Th$$

$$^{14}_{6}C \xrightarrow{\text{衰变}}_{\text{发射一个β粒子}} ^{0}_{-1}\beta + ^{14}_{7}N$$

$$^{235}_{92}U \xrightarrow{\text{能量减少}}_{\text{发射γ射线}} \gamma + ^{235}_{92}U$$

半衰期

衰变是一个以指数方式发生的随机过程。**半衰期**是放射性同位素的衰变率，也就是**放射性同位素的原子核有半数发生衰变时所需要的时间**。

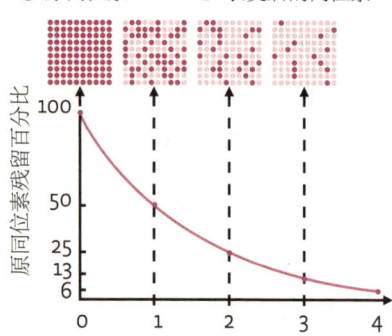

放射性原子发射的粒子会不同程度地穿透物质或被物质吸收。因为这些粒子是**高能的**，所以放射性是**危险的**。当它们**穿过细胞**时，会**损伤细胞中的DNA**。玛丽·居里并没有意识到放射性的危险性。

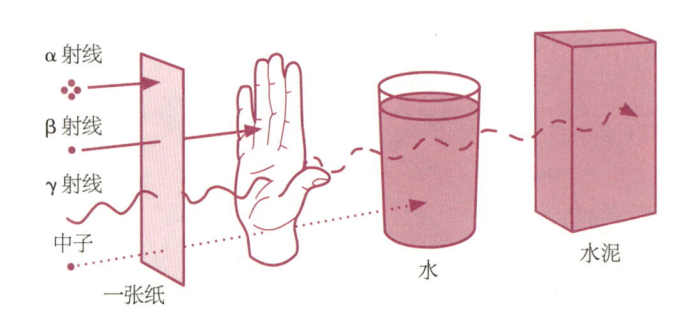

光电效应

我们可以观察到这样的现象：一个连接电路的金属板在受到光照后，光可以把电子从金属板上撞出来，电子飞过一个开放的空间到达另一个金属板上，从而形成完整的回路。

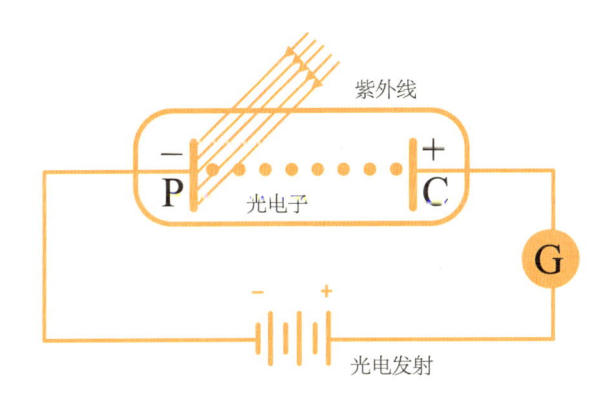

爱因斯坦的解决方案：光的粒子性

1905年，**爱因斯坦**发表了两篇论义。一篇论文的内容是关于**相对论**的，另一篇论文的内容是用**普朗克常量**（h）来解释**光电效应**。爱因斯坦的理论预测，**发射电子的最大能量随照射光的频率线性增加**。

$$E = h\upsilon$$

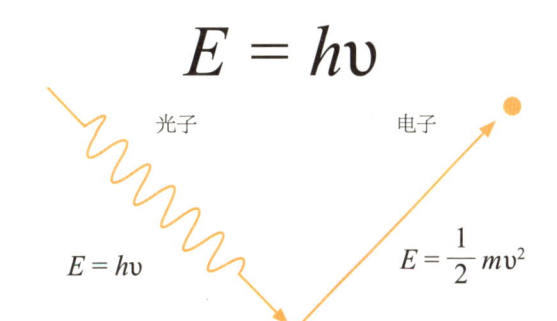

$$E = h\upsilon$$

$$E = \frac{1}{2}m\upsilon^2$$

$$E = mc^2$$

在1905年的论文中，爱因斯坦发表了一个**有史以来非常著名的方程**，即**质能方程**，并对**质能方程**做出了解释。

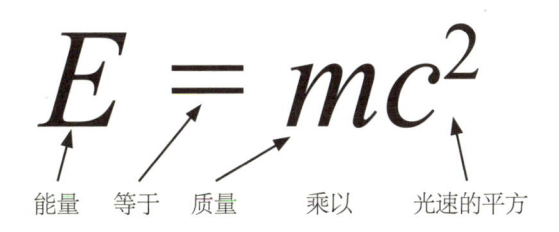

观察结果的意义

1. **照射某一金属表面的光**必须达到一个**最小频率**，才能使电子有**足够的能量逃离**。如果光的频率低于这个临界值，那么不能产生电子。
2. 电子的能量**与光的强度无关**。
3. 一旦光线照射到金属表面，电子就会立即发射出来。

新的曙光

光电效应的发现给量子力学带来了新的曙光。特定频率的光使得光电子在电路中得以释放，这与固定频率的光的强度无关。

$$E = mc^2$$

能量　等于　质量　乘以　光速的平方

广义相对论和狭义相对论

爱因斯坦的狭义相对论和广义相对论解释了时间和空间之间的关系。物体质量越大,时空的扭曲就越大。

参照系

- 运动中的参照系**彼此间是相对运动的**。
- **物理规律在所有参照系中都一样**。
- 在所有参照系中,**光速都是一样的**,并且**与光源的运动无关**。

狭义相对论

狭义相对论只适用于**惯性参照系**。

广义相对论

广义相对论解释了引力的产生。一个有质量的物体(一个巨大的物体)引起了**空间和时间的弯曲**,从而产生了引力。物体的质量越大,时空的扭曲就越大。

相对质量

物体的速度越大,其动量越大。当它逐渐接近光速时,它的能量和动量将渐近地增加。

相对质量增加

$$m(v) = m_0 \sqrt{1 - \frac{v^2}{c^2}}$$

引力透镜效应

科学家**亚瑟·爱丁顿**(1882—1944)在一次**日食**期间做了一项实验。他观察到来自遥远恒星的光**被太阳的质量扭曲了**。光是没有质量且沿直线传播的。**时空扭曲使它发生了弯曲**。这就是引力透镜效应。

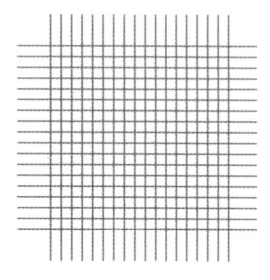

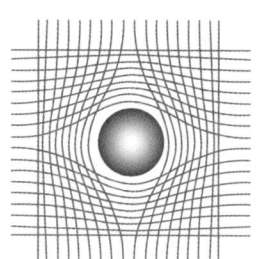

长度收缩——洛仑兹收缩

运动物体的长度比其静止时要短。当一个物体的速度逐渐接近光速时,它的长度会越来越短。

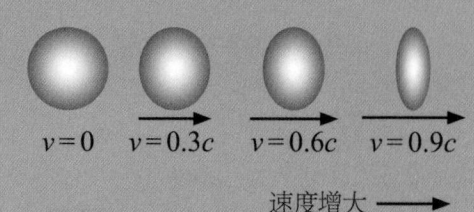

$v = 0$　　$v = 0.3c$　　$v = 0.6c$　　$v = 0.9c$

速度增大 ⟶

$$L = L_0 \sqrt{1 - \frac{v^2}{c^2}}$$

时间膨胀

在一个移动的参照系中,光以速度"s"移动,而不是以速度"$c + s$"移动。**在所有参照系中,光速都是相同的**。这就导致了时间膨胀[更多信息参见"时间膨胀"和"全球定位系统(GPS)"]。

$$T_0 = T \sqrt{1 - \frac{v^2}{c^2}}$$

薛定谔与波函数

埃尔温·薛定谔（1887—1961）是奥地利量子力学家，他提出了波函数，用来计算粒子位置的概率。

波粒二象性

所有的亚原子粒子都表现出**波动性**和**粒子性**。

量子力学的哥本哈根诠释

1925—1927年，**尼尔斯·玻尔**和**沃纳·海森堡**对**量子力学**做出了如下诠释。
- 在被测量之前，粒子没有确定的属性。
- 我们只能预测一个粒子的**概率分布**。
- **测量行为会影响系统。**

叠加

粒子**既是波又是粒子**。它们或在空间中传播，或集中于一点，其属性取决于它们是如何被测量的。它们是波的**叠加**（组合）。

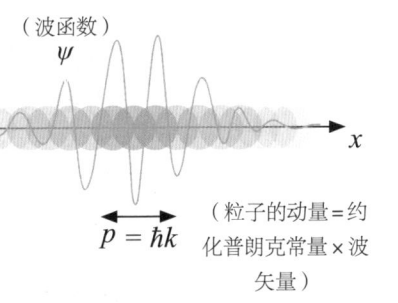

（波函数）ψ

$p = \hbar k$

（粒子的动量 = 约化普朗克常量 × 波矢量）

波函数

波函数用于计算一个粒子在特定位置被发现的概率。它预测的是量子物体的**本征态***，而不是它的确切位置。

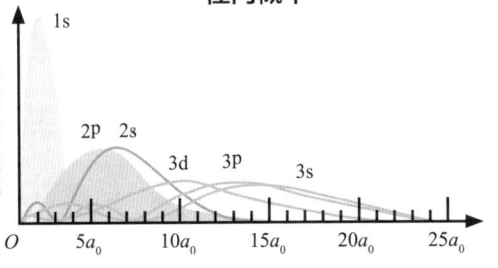

径向概率

1s, 2p, 2s, 3d, 3p, 3s

发现电子的概率

电子到原子核的距离
（a_0 = 可能性最大的距离）

径向概率：电子在远离原子核的特定区域内被发现的概率。

* 本征态：在计算出有确切位置的"本征值"之前，波函数是本征态的叠加。

薛定谔的猫

1935年，**埃尔温·薛定谔**假想了一个试验来测试**量子力学的哥本哈根诠释**。

- 想象一下，在一个密封的盒子里，有一瓶毒药、一个放射源和一个探测器。如果探测器检测到放射性，那么会激活机关释放毒药，杀死盒子里的生物。
- 如果一只猫在盒子里，由于放射性粒子的**量子叠加**（**量子物体**可以处于叠加状态，从而可以同时出现在不同的地方），放射源既可以触发探测器，又可以不触发探测器，以及由此产生的释放毒药等连锁反应。
- 通过**观察**（打开盒子），**波函数坍缩**，猫可以是活的，也可以是死的。
- 猫不能处于叠加状态。

薛定谔是想阐明**量子力学和经典物理学之间的不同**。

不确定性原理

海森堡不确定性原理指出，不可能同时测出一个粒子的确切位置和动量（也就是速度）。

描述同时测量位置和动量的约束的数学关系，可以解释海森堡不确定性原理：

$$\Delta x \cdot \Delta p \sim \hbar$$

Δx 乘以 Δp 与 $\hbar$ 成比例。

这个原理也可以用来描述测量时间和能量的约束：

$$\Delta E \cdot \Delta t \sim \hbar$$

ΔE 乘以 Δt 与 $\hbar$ 成比例。

- $\hbar$：**约化普朗克常量**
  （普朗克常量除以 2π）。
- Δx：粒子**位置**的不确定性。
- Δp：**动量**的不确定性。
- Δe：物体**能量**的不确定性。
- Δt：**时间测量**的不确定性。

量子力学的诠释

真正的量子力学和我们认为的量子力学是不一样的。**理查德·费曼**曾经说过："**在量子力学中，所有可能发生的事情都会发生。**"这句话的意思是，量子路径包括空间中所有可能的路径。在**经典物理学**中，我们不需要考虑"路径"或"力"是什么；但在**量子力学**中，我们必须要将这两个概念搞清楚。

量子力学有很多种诠释。下面列出了其中六种。有些诠释涉及**波函数坍缩**，有些诠释则不涉及波函数坍缩。涉及波函数坍缩的诠释包括：

- **哥本哈根诠释**。
- **交易诠释**（TIQM）。
- **冯·诺伊曼诠释**。

不涉及波函数坍缩或把波函数坍缩当作可选的近似诠释包括：

- **德布罗意–玻姆诠释**。
- **多世界诠释**。
- **系综诠释**。

我们知道什么

量子力学的数学计算并没有描述出上述这些诠释。量子力学的数学计算表明，**量子系统以叠加的形式存在**。这些诠释仍然未经证明，其中某些诠释甚至无法证明。

科学家养成计划

恩利克·费米和 β 衰变

恩利克·费米（1901—1954）是一位意大利物理学家，他对量子理论做出了很大贡献，并建造了核反应堆。1938年，他因发现如何诱导放射性反应获得了诺贝尔物理学奖。

1934年，费米发展了 β 衰变理论，该理论引入了**沃尔夫冈·泡利**提出的**中微子**。最初人们认为中微子是没有质量和电荷的，但现在我们知道中微子是有质量的。

在放射性衰变过程中，**放射性同位素会发射粒子和能量，最终达到稳定**。它可以发射许多不同的粒子，包括一个 α 粒子（两个质子和两个中子）、一个 β 粒子（电子或正电子）和一个**中微子**、只有一个中微子或 γ 粒子。

β 衰变

当**中子衰变**时，会发生 β 衰变。当一个中子（在**原子核**中）衰变时，它会变成一个**质子**和一个**电子**。β 衰变也可以发射一个**正电子**（反电子）和一个**电子中微子**。

β⁺衰变
之前 | 之后
中子 | 质子

原子"A"发生 β⁻衰变会发射一个电子（β⁻）和一个正电中微子，变成一个新的同位素"B"。

正电子 e⁺
ν_e 电子中微子

$^x_y A \longrightarrow ^{\ \ x}_{y+1} B + \beta^- + \bar{\nu}$

原子"A"发生 β⁺衰变会发射一个正电子（β⁺）和一个电子中微子，变成一个新的同位素"B"。

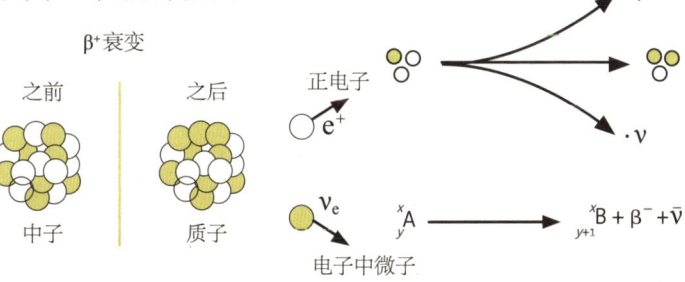

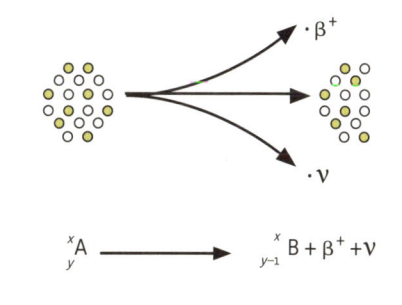

$^x_y A \longrightarrow ^{\ \ x}_{y-1} B + \beta^+ + \nu$

宇宙射线

太阳和恒星因为**核反应**而发光，它们**发射的带电粒子**（如质子等）会穿过真空空间。当这些粒子接近地球时，会受到地球**磁场**的作用而改变方向，并与地球**大气层**中的原子产生碰撞，从而导致**许多不同粒子的喷射**。宇宙射线是一种**自然现象**，在大气层中不停地发生。了解 β 衰变有助于我们了解中微子和粒子之间的相互作用。

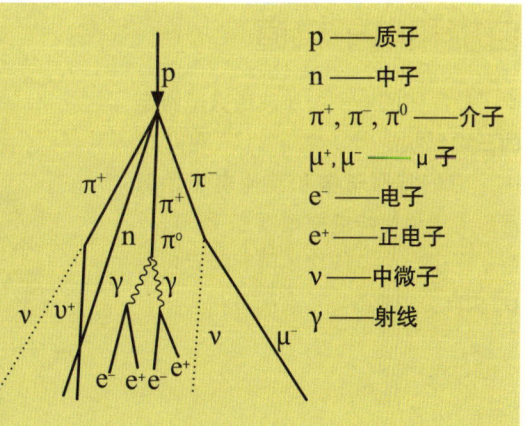

p —— 质子
n —— 中子
π⁺, π⁻, π⁰ —— 介子
μ⁺, μ⁻ —— μ 子
e⁻ —— 电子
e⁺ —— 正电子
ν —— 中微子
γ —— 射线

电子构型、量子数

量子的自旋与陀螺的自旋完全不同。自旋是粒子固有的角动量,它赋予了粒子磁性。

- 自旋的粒子就像拥有 S 极和 N 极的微小磁铁。
- 磁矩是**磁场的大小和方向**。

磁矩

当带电粒子移动时,它就会产生**磁场**(**电磁感应**中就存在这样的现象)。磁矩是由**自旋**产生的。考虑到**量子物体**是用**波函数**来描述的,这就显得很奇怪了。自旋的概念来源于描述量子物体的数学。

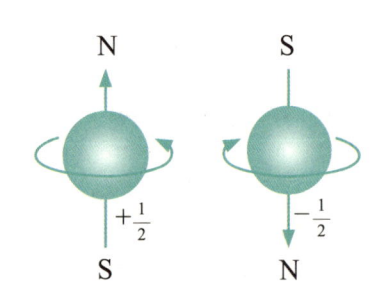

$+\frac{1}{2}$ $-\frac{1}{2}$

左手自旋和右手自旋

粒子可以按**顺时针方向**旋转(左手),也可以按**逆时针方向**旋转(右手)。

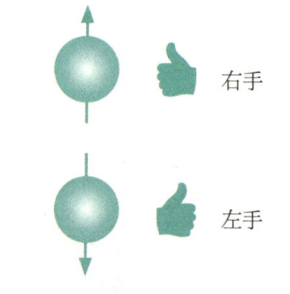

右手

左手

粒子的**自旋**也有方向,自旋向上或自旋向下。

右手粒子自旋向上   左手粒子自旋向上

右手粒子自旋向下   左手粒子自旋向下

量子数

量子数描述了**粒子的状态**。对于**电子**而言,量子数描述的是**轨道**的状态。

- **费米子**具有 1/2 或 -1/2 的**半整数自旋**。
- **玻色子**具有 1 或 -1 的**整数自旋**,并且遵循**泡利不相容原理**。

自旋和电子轨道

原子核周围的电子按照**波函数**呈**特定的三维形状**排列。排列形状的变化取决于**它们与原子核和其他电子的距离**。电子根据**构造原理**围绕原子核排布,一个一个地依次填满能级,自旋 1/2 和自旋 -1/2 的电子会配对。

电子构型

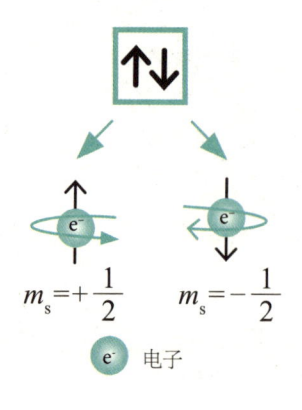

$m_s = +\frac{1}{2}$ $m_s = -\frac{1}{2}$

e⁻ 电子

氮、氧、氟和氖的电子构型

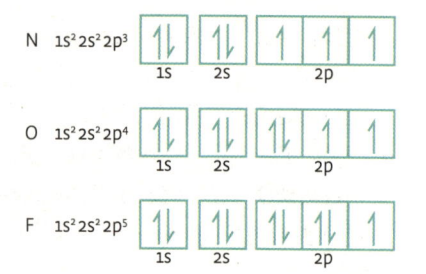

N $1s^2 2s^2 2p^3$

O $1s^2 2s^2 2p^4$

F $1s^2 2s^2 2p^5$

Ne $1s^2 2s^2 2p^6$

狄拉克和反物质

英国科学家保罗·狄拉克预言了反物质的存在。1928年，他推导出了一个波动方程，来描述自旋 -1/2 的大粒子（静止时质量不为零的粒子），该方程称为狄拉克方程。

狄拉克方程是第一个在**量子力学和相对论中**都成立的方程。狄拉克于1933年获得**诺贝尔奖**，他预言了**中微子**的存在。

$$(i\partial - m)\psi = 0$$

狄拉克方程是一个"相对论性波函数"，它预言了反物质的存在

狄拉克方程

方程 $x^2 = 4$ 有**两个可能的解**（$x = 2$ 或 $x = -2$）。这对于狄拉克的方程非常重要。他的方程描述了**电子能量**，其中一个解是正的，另一个解是负的。狄拉克认为，负号一定表示存在**反粒子**。

- 电子的反粒子是**反电子**，也称为**正电子**。
- 正电子的电荷与电子的**电荷相反**。正电子的电荷是 $+1e$。
- 电子和正电子的电荷是一个常数，用字母 e 表示。电荷是正（+）还是负（-）取决于电荷的类型。
- 正电子的**自旋**为 1/2（与电子相同）。
- 正电子的**质量**与电子的质量相同。
- 光子是它自己的反粒子。

物质-反物质湮灭

如果正电子与电子碰撞，就会发生**湮灭，粒子由此转化为 γ 射线**。

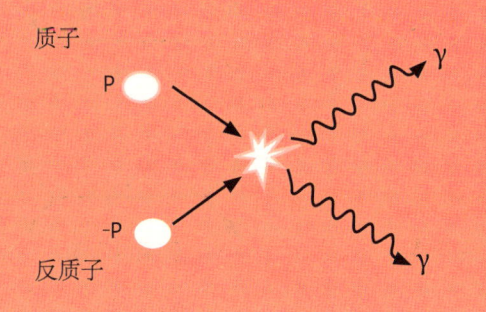

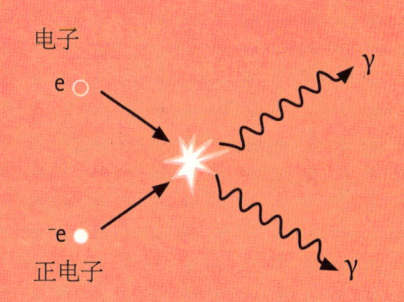

费曼图

美国理论物理学家理查德·费曼（1918—1988）曾经说过"所有物质都是相互作用的"，他发明了一种形象的用粒子符号来表示粒子的相互作用的方法。

费曼图说明

用费曼的话来说，"只要物理定律允许，任何可能发生的事情都会发生。"**费曼图**中的每个符号都代表一个粒子从一个地方运动到另一个地方。

- 横轴是**粒子在空间中的位置**。
- 纵轴是**时间**。
- 直线代表**费米子**：电子、夸克和**中微子**。
- 波浪线代表携带力的玻色子：**光子、W和Z玻色子**。
- 圈线通常代表**胶子**。
- 虚线通常代表**希格斯玻色子**，但也可以代表**虚粒子**的交换。
- 线相交的点称为顶点。顶点代表**守恒定律支配的粒子的相互作用**。
- 每个顶点必须包含**电荷、重子数**和**轻子数**。
- 箭头表示该粒子是**粒子**还是**反粒子**，而不是其方向。

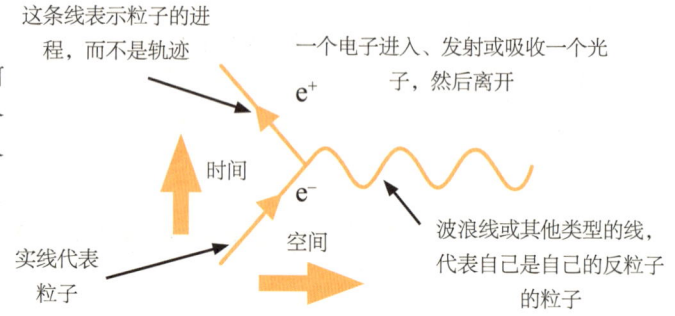

这条线表示粒子的进程，而不是轨迹

一个电子进入、发射或吸收一个光子，然后离开

时间

空间

实线代表粒子

波浪线或其他类型的线，代表自己是自己的反粒子的粒子

粒子和符号

进入的费米子 α
进入的反费米子 α
离开的费米子 α
离开的反费米子 α
进入的光子
离开的光子

费米子
光子、W和Z玻色子
通常代表胶子
通常代表希格斯玻色子

玻色子和费米子的相互作用

有些粒子间会发生相互作用，有些则不会。这就是为什么费曼图是有**规则**的。右侧图形描述的是**电磁相互作用、弱相互作用**和**强相互作用**中可能存在的粒子相互作用（更多有关信息，参见第62页的"标准模型"）。

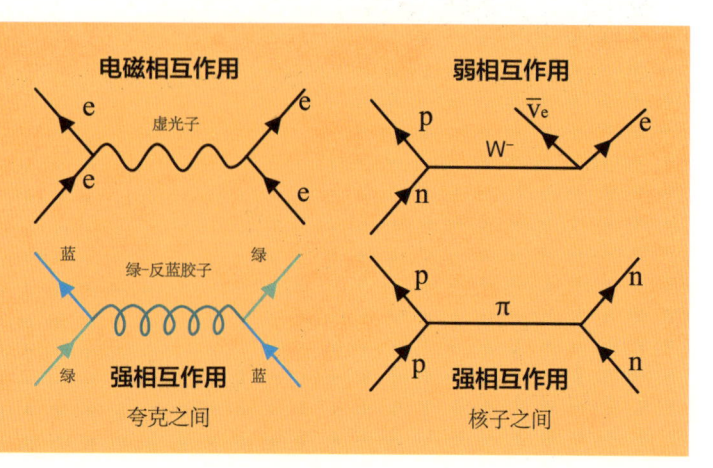

电磁相互作用
虚光子

强相互作用
绿-反蓝胶子
夸克之间

弱相互作用
W⁻

强相互作用
π
核子之间

曼哈顿计划

许多科学发现将世界变得更美好，但令人遗憾的是，科学和技术常常也表现出人类破坏性的一面。

第二次世界大战和曼哈顿计划

- **利奥·西拉德和恩利克·费米**分别于1933年和1934年研发出了**可控核反应**。
- 在**第二次世界大战**期间，**纳粹**和美国研制了**原子武器**。
- 爱因斯坦写了一封信给**罗斯福总统**，支持西拉德。他在信中解释了原子弹的威力，以及如果希特勒率先研制出原子弹将会带来多么大的危险。

- 1939年，美国开始进行绝密的**曼哈顿计划**。这项计划集中了世界顶级的科学家们，动员了13多万人。
- **罗伯特·奥本海默**是进行曼哈顿计划的**洛斯阿拉莫斯实验室**的主任。
- 1945年7月4日，**丘吉尔和英国政府**正式支持对**日本**使用核武器。

- 爱因斯坦给新上任的**杜鲁门总统**写了一封信，恳求他不要使用原子弹。但是杜鲁门总统并没有看这封信。
- 1945年8月6日和9日，杜鲁门总统下令在日本的**长崎**和**广岛**引爆了**两颗原子弹**，造成了25万人死亡。

66000英尺

33000英尺

| 1945年 广岛 | 1945年 长崎 | 喜马拉雅山 | 1970—1983年 B83核弹 | 1954年 喝彩城堡 | 1961年 沙皇炸弹 |

给人类带来的伤害

- 20世纪40年代至80年代，因为**铀矿**的开采，美国原住民**纳瓦霍族**的**癌症**发病率很高。直至1990年，美国政府才颁布了《辐射暴露补偿法案》。
- 各世界大国持续发展核武器，并在**海洋中进行试验**，对太平洋的生物群落和生态系统造成了永久性的破坏。
- 1986年，美国拥有7.03万枚服役中的核武器。
- 1996年，184个国家签署了《全面禁止核试验条约》（CTBT），其中164个国家正式批准。

遗产

- 2018年，世界上大约有**3750枚现役核弹头**，**14485枚核武器**。
- **美国和俄罗斯**拥有世界上**90%以上的核武器**。

标准模型

标准模型描述了我们目前对构成物质现实的基本粒子的理解,是对物质的深层描述。

不是由其他亚原子粒子构成的基本粒子

- 由其他**亚原子粒子**构成的粒子称为**强子**。质子和中子不是**基本粒子**,因为它们是由**夸克**和**胶子**结合在一起构成的,是强子。
- **电子**是一种基本粒子,因为它不是由其他更小的粒子构成的。
- 电子是**费米子**。
- 基本粒子可分为两类:玻色子和费米子。

费米子

费米子的自旋为半整数。**电子**是费米子。**费米子**分为两类:**轻子**和**夸克**。费米子可分成三种不同的"代":**电子代、μ子代和τ子代**。

基本粒子的标准模型

物质的三代(费米子):

质量 电荷 自旋	~2.2 MeV/c² 2/3 1/2 **U** 上夸克	~12.8 GeV/c² 2/3 1/2 **c** 粲夸克	~173.1 GeV/c² 2/3 1/2 **t** 顶夸克
夸克	~4.7 MeV/c² -1/3 1/2 **d** 下夸克	~96 GeV/c² -1/3 1/2 **s** 奇夸克	~4.18 GeV/c² -1/3 1/2 **b** 底夸克
	~0.511 MeV/c² -1 1/2 **e** 电子	~105.66 GeV/c² -1 1/2 **μ** μ子	~1.7768 GeV/c² -1 1/2 **τ** τ子
轻子	<2.2 eV/c² 0 1/2 **νe** 电子中微子	<1.7 MeV/c² 0 1/2 **νμ** μ子中微子	<15.5 MeV/c² 0 1/2 **ντ** τ子中微子

相互作用/力的载体(玻色子):

0 0 1 **g** 胶子	~125.09 GeV/c² 0 0 **H** 希格斯玻色子 (标量玻色子)
0 0 1 **γ** 光子	
~91.19 GeV/c² 0 1 **Z** Z玻色子	
~91.19 GeV/c² ±1 1 **W** W玻色子	

(规范玻色子/矢量玻色子)

轻子

由于轻子不参与**"强相互作用"**,因此不参与胶子交换:

- **带电轻子**的电荷为+1或-1。
- **中微子**的电荷为零,质量很小。

夸克

夸克结合在一起形成**强子**,如**质子**和**中子**。

- **上型夸克**(包括上夸克、粲夸克和顶夸克)的电荷为$+\frac{2}{3}$。
- **下型夸克**(包括下夸克、奇夸克和底夸克)的电荷为$-\frac{1}{3}$。

玻色子

- 玻色子负责承载**自然界的基本力**,如光子承载电磁力。
- **规范玻色子**在粒子相互作用中的"交换"力,自旋为1(有关自旋的更多信息,参见"电子构型、量子数",第58页)。
- **电磁力**产生于**光子**的交换。
- **强核力**是将核子结合成原子核的力,来自**胶子**的交换。
- **弱核力**意味着原子可以发生**核聚变**,来自**W和Z玻色子**的交换。

吴氏实验

吴建雄以她的吴氏实验而闻名。吴氏实验证明了粒子物理中的弱相互作用不符合宇称守恒定律。

吴建雄（1912—1997）是一位中国核物理学家，她出生于**中国江苏省**的一个小镇。1936年，吴建雄移居美国。不幸的是，她曾在工作中经历了**种族歧视**和**性别歧视**。她参与了**曼哈顿计划**，主要研究 β 衰变。

弱相互作用

中国物理学家**李政道**和**杨振宁**的理论认为，**在弱相互作用中，宇称不守恒**。1956年，他们与**吴建雄**合作完成了著名的吴氏实验。实验证明，弱核力挑战了我们关于**对称性**的认识。这项研究为李政道和杨振宁赢得了**1957年的诺贝尔奖**。许多人认为，诺贝尔奖没有颁给吴建雄是一个巨大的不公，因为她的实验从根本上改变了我们对粒子物理的理解。

宇称

- **宇称对称性**：**宇称转换**关注的是**自旋空间方向**的变化。
- 如果宇称具有对称性，那么无论粒子以何种方式自旋，我们都应该能观察到**同样的结果**，而且粒子的镜像粒子（自旋相反）应该以与它相同的方式运动。例如，**衰变发射的粒子应该与原子核的自旋方向相同**。

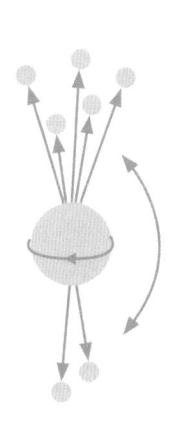

吴氏实验

吴建雄用一个很强的磁铁来排列钴-60原子（^{60}Co）的自旋，从而测量它们是如何衰变的。她观察到：

- 衰变粒子的方向取决于钴-60原子的自旋方向。
- 弱核力只作用于左手物质粒子和右手反物质粒子。
- 弱核力对物质和反物质的作用不同。
- 在弱相互作用中，自旋（宇称）不会被保留，从而破坏了宇称对称性。

中微子振荡

中微子是轻子，属于基本粒子。它们的质量极小，具体是多少目前还不得而知。中微子只通过弱核力相互作用。

幽灵粒子

中微子只参与非常微弱的**弱相互作用和引力相互作用**。它们可以**直接穿过地球和行星**。每一秒钟都有数十亿的中微子穿过我们的身体和地球。中微子可以**像光子穿过空气一样，轻松地穿过一英里的铅层**。因此，中微子**很难被探测到**。

探测中微子

中微子偶尔会通过弱相互作用碰撞到**氯原子**。它们用一个**下夸克**交换一个 W^+ **玻色子**，把一个中子变成一个质子，把**氯**变成**氩**。中微子也可以与**锗**和**镓**发生这样的作用。

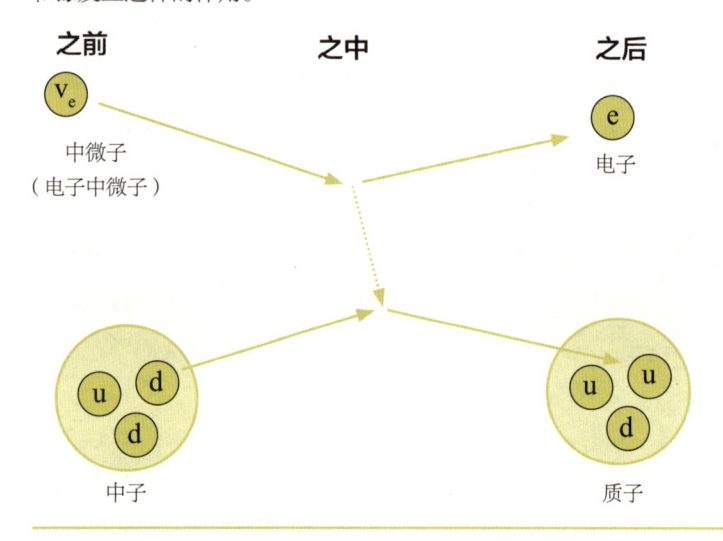

之前　　之中　　之后

v_e 中微子（电子中微子）

e 电子

u d d 中子

u u d 质子

超新星 SN 1987A

1987年，有三个中微子天文台探测到了**中微子的闪光**。这些中微子是一次**超新星爆发**发射出来的，经过68000年最终到达了地球。

中微子振荡

中微子有三种类型：**电子中微子、μ中微子和τ中微子**。当中微子在宇宙中穿行时，**它可以振荡成其他类型的中微子**。

中微子	电子中微子	μ中微子	τ中微子
	v_e	v_μ	v_τ

契伦科夫辐射

在**真空**中，没有什么速度比**光速**更快。然而，**中微子在水中的传播速度比光子快**。当中微子撞击水分子时，会产生一种被称为**契伦科夫辐射**的蓝色的光。日本"超级神冈"中微子天文台和**加拿大萨德伯里中微子天文台**（SNO）的科学家们使用了大量**超高纯"重水"**（**氘化水**，由含一个中子的氢同位素组成的水）作为减速剂和冷却剂。

契伦科夫震波

在探测介质中，电子的速度比光子快

契伦科夫震波

中微子探测器产生的电子可以释放出一种被称为契伦科夫辐射的蓝色的光

希格斯玻色子

希格斯玻色子赋予物质质量。质量是物质固有的性质。一个粒子与希格斯场的相互作用越多,它的质量就越大。

力场和玻色子

- 四种基本力是**电磁力**、**引力**、**强核力**和**弱核力**。
- **量子力学**表明,力的强度是**粒子的分布:粒子分布越密集,力的强度越大**。
- **场=玻色子交换**的总体效应。
- 20世纪60年代,人们发现了**电磁力与弱核力相关联**的证据,它们共同形成了**弱电相互作用**。希格斯玻色子解释了为什么电磁力与弱核力**有差异但又相关联**。

希格斯玻色子

希格斯玻色子是**希格斯场中的一种振动,就像光子是电磁场的一种激发一样**。

希格斯玻色子衰变检测

- 希格斯玻色子可以衰变为 W 和 Z 玻色子、伽马射线光子和夸克(费米子)。这些**衰变模式**证明了希格斯玻色子的存在。
- 电子夸克、介子夸克和 τ 夸克与希格斯场的相互作用**略有不同**。

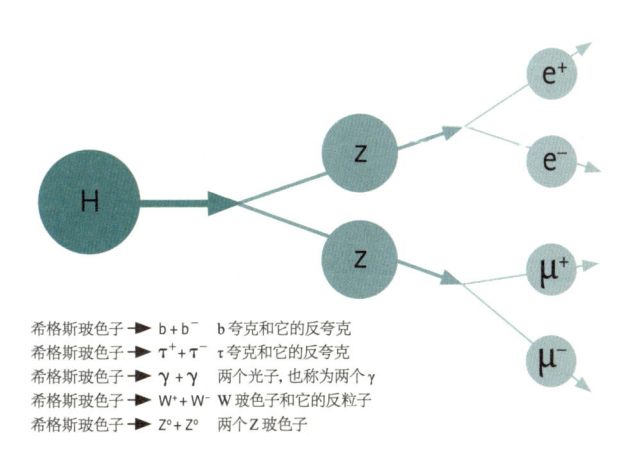

希格斯玻色子 ➡ b + b⁻ b 夸克和它的反夸克
希格斯玻色子 ➡ τ⁺ + τ⁻ τ 夸克和它的反夸克
希格斯玻色子 ➡ γ + γ 两个光子,也称为两个 γ
希格斯玻色子 ➡ W⁺ + W⁻ W 玻色子和它的反粒子
希格斯玻色子 ➡ Z⁰ + Z⁰ 两个 Z 玻色子

质量

质量是**物体对抗运动的程度**。

希格斯场

希格斯场存在于整个宇宙中。一个粒子与希格斯场的相互作用越大,粒子的**质量就越大,就越能对抗运动**。光子不与希格斯场相互作用,光子**没有质量且以最快的速度运动**。

彼得·希格斯(生于1929年)和**弗朗索瓦·恩格勒**(生于1932年)在20世纪60年代首次提出了希格斯玻色子,并因此获得了2013年的**诺贝尔奖**。来自38个国家、174个机构的3000多名科学家参与了超环面仪器(ATLAS)实验,约5000名活跃人士(物理学家、工程师、技术人员、管理人员、学生等)参与了欧洲核子研究组织(CERN)的紧凑渺子线圈(CMS)探测器的工作。该探测器于2012年发现了希格斯玻色子。

量子电动力学（QED）

量子电动力学是电磁力的量子场论，描述了带电粒子的行为。

场

- 当力发挥作用时，**粒子之间会发生玻色子交换**。场的概念是玻色子交换的整体效应。
- **电子**是粒子，粒子像波一样运动。
- 电子是**电磁场的激发**，存在于整个宇宙中。

虚粒子

虚粒子是**瞬时**存在的粒子，**忽而存在**，**忽而消失**。根据**不确定性原理**，粒子可以在**普朗克尺度**上做到这一点。在**量子电动力学**中，带电粒子间会交换一个**虚光子**。

电子的散射（排斥）

与同种电荷相互排斥类似，一个电子会排斥另一个靠近的电子。**这就是为什么组成我们的物质不会向原子内部的真空空间坍缩。** 在量子层面上的现象：
- 两个电子接近彼此。
- 它们交换一个虚光子（一个电子发射，一个电子吸收）。
- 两个电子彼此退开。

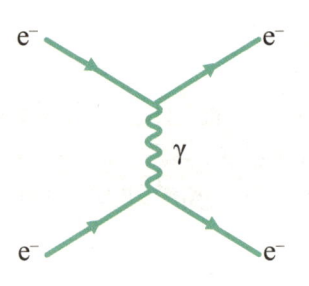

场的强度

电磁场和引力类似：都具有无限的范围，并且符合平方反比定律，这意味着它们的**强度随着距离的平方的增加而减弱**（如果距离翻倍，力就会分散在四倍的面积上）。

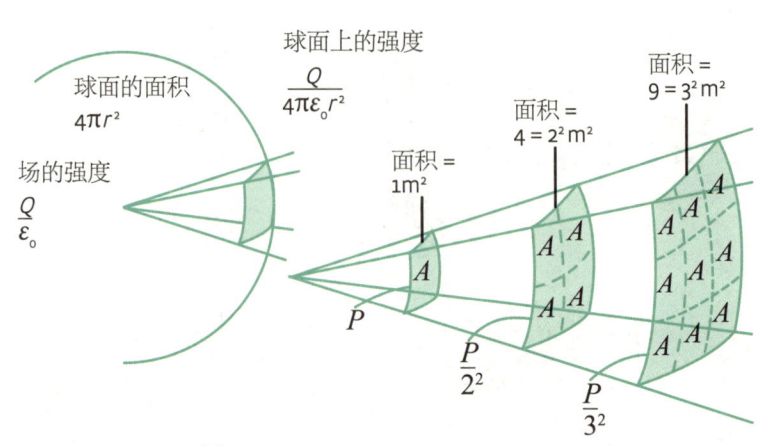

量子电动力学（QED）

量子电动力学是一种相对论的量子理论，它描述了**电磁场中虚光子的离散量子交换**，并且与所有的电磁现象相关联，从**磁性**到**闪电**、**电子学**、**正电子–电子湮灭**。量子电动力学由**理查德·费曼**（1918—1988）、**朝永振一郎**（1906—1979）和**朱利安·施温格**（1918—1994）创立和发展，他们也因此获得了1965年的诺贝尔物理学奖。

球面的面积 $4\pi r^2$

球面上的强度 $\dfrac{Q}{4\pi\varepsilon_0 r^2}$

场的强度 $\dfrac{Q}{\varepsilon_0}$

面积 = $1 m^2$

面积 = $4 = 2^2 m^2$

面积 = $9 = 3^2 m^2$

P, $\dfrac{P}{2^2}$, $\dfrac{P}{3^2}$

量子色动力学（QCD）

质子和中子是核子。核子是由夸克构成的。夸克因胶子介导的强核力（正如电磁力是由光子介导的）结合在一起。当夸克相互作用时，夸克交换一个胶子。

量子色

夸克带的不是电荷（如电子带电荷），而是"**强核力荷**"，也称为"**色荷**"。

"**量子色**"与我们日常看到的实际颜色无关。这些"颜色"是用来描述**夸克和胶子间的相互作用**的。**胶子也带有色荷**。

强核力作用的距离很短

强核力使得**恒星的核聚**成为可能。当质子的**速度使它们彼此足够接近**，足以克服它们所带的**正电荷产生的斥力时**，强核力会**将质子结合在一起**。这时，**强核力**会在 10^{-15} m 的微小范围内发生作用。要**把一个夸克从核子中撞出**，需要巨大的**能量**。这样的能量可以**将物质转化为反物质**，形成一个夸克（物质和反物质的喷射）。

核子的组成成分

- **质子**：由两个上夸克（一个带蓝色荷，一个带红色荷）和一个下夸克（带绿色荷）组成。
- **中子**：由两个下夸克（一个带绿色荷，一个带红色荷）和一个上夸克（带蓝色荷）组成。

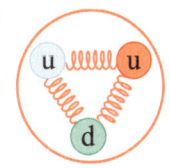

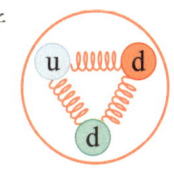

夸克的味和代

- 夸克的**味**：上、下；粲、奇；顶、底；以及它们对应的**反物质**（具有不同的**自旋和量子数**）。
- 夸克的**代**：第一代（**电子代**）、第二代（**μ子代**）和第三代（**τ代**）。代告诉我们**夸克的大小**。

反夸克也带有色荷：青色、红色和黄色

- **反质子**：由反上夸克（带黄色荷）、反上夸克（带青色荷）和反下夸克（带红色荷）组成。
- **反中子**：由反上夸克（带青色荷）、奇夸克（带绿色荷）和下夸克（带红色荷）组成。

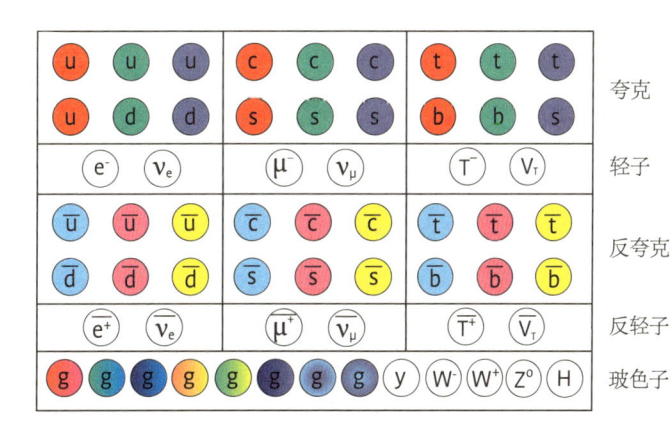

u u / u d	c c / c s	t t / t b	夸克
e^- ν_e	μ^- ν_μ	τ^- ν_τ	轻子
ū ū / d̄ d̄	c̄ c̄ / s̄ s̄	t̄ t̄ / b̄ b̄	反夸克
e^+ $\bar{\nu}_e$	μ^+ $\bar{\nu}_\mu$	τ^+ $\bar{\nu}_\tau$	反轻子
g g g g	g g g y	W⁻ W⁺ Z⁰ H	玻色子

核裂变反应堆

核裂变（分裂原子）可以发生在自然的放射性衰变中，也可以发生在人为制造的链式反应中。放射性衰变由弱核力产生。

弱核力

弱核力发生于**夸克**和**轻子**（电子和中微子）之间，涉及**玻色子交换**：W和Z玻色子。

- 弱核力可以**改变粒子的性质**，将它们从质子变成中子。
- W玻色子可以是**正**的，也可以是**负**的；Z玻色子是中性的，它们都非常大。
- 弱核力是1983年由**欧洲核子研究组织（CERN）**发现的。

弱核力的作用

- **中子**由**两个下夸克和一个上夸克**组成：d + d + u。
- **质子**由**两个上夸克和一个下夸克**组成：u + u + d。

以下的费曼图表示：

- **β⁻衰变：**一个中子（udd）交换一个W⁻**玻色子**，衰变为一个**质子**（udu）、一个**电子**和一个**中微子**。W⁻玻色子带走了**相互作用中的负电荷**。
- **β⁺（正电子）衰变：**一个质子（udu）交换一个W⁺**玻色子**，并产生一个正电子和一个电子中微子，衰变为一个**中子**（udd）。

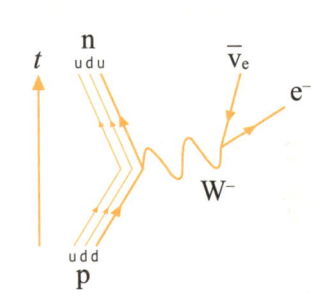

在**核裂变**中，会发生五种**放射性衰变**，衰变时会发射具有**放射性的高能粒子**，并将一种元素转化为另一种元素。

- α衰变。
- β⁻衰变。
- 正电子发射（也称为β⁺衰变）。
- γ衰变。
- 电子俘获。

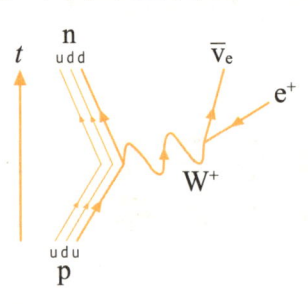

放射性同位素的嬗变链

原子武器使用**放射性同位素**铀和钚。当铀-235吸收一个中子时，会裂变成**两个新的原子**，释放出三个新的中子和能量。

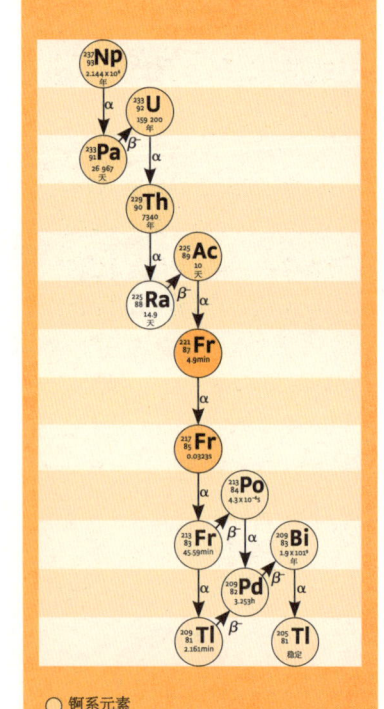

○ 锕系元素
○ 碱金属
○ 碱土金属
○ 类金属
○ 过渡后金属

粒子加速器

粒子在太空中、恒星内和地球的平流层中以极高的速度不断地相互碰撞。科学家可以利用磁铁和粒子束在高真空环境中"复制"这些事件，并对其进行研究。粒子探测器有时也称粒子为加速器。

云室

1932年，卡尔·安德森和他的同事发明了云室，用来发现正电子（反电子）。**云室是一个含有水蒸气或酒精蒸气的密封容器。** 如果一个粒子穿过这个容器，它就会把电了从分子中撞出来，从而留下**被电离的气体粒子的径迹**。该径迹看起来像一条雾状的轨迹。你可以在家里自制一个简易的云室来观察宇宙射线。

粒子加速器的类型

单光束加速器

- 回旋加速器。
- 直线加速器。
- 同步加速器。
- 固定靶加速器。
- 高强度强子加速器（介子和中子源）。
- 电子和低强度强子加速器。

双光束加速器

- 对撞机。
- 正负电子对撞机。
- 强子对撞机。
- 电子-质子对撞机。
- 光源。

欧洲核子研究组织（CERN）

CERN是欧洲核子研究组织的缩写。它是目前**世界上最大的粒子研究机构**。它的重要发现是希格斯玻色子；重要发明是互联网。

世界各地的粒子加速器

粒子（如电子）可以被**电磁场**加速。在粒子加速器中，可以使用磁铁和高真空环境来实现这一点。全世界共有3万多个粒子加速器在运行，部分如下。

- 印度高技术中心。
- 西班牙同步辐射光源（ALBA）。
- 欧洲同步加速器辐射源研究中心（ESRF），位于法国。
- 巴里洛切原子能中心（LINAC），位于阿根廷。
- 离子束应用研究中心（CIBA），位于新加坡。
- 高能加速器研究组织（KEK），位于日本。
- 钻石光源和ISIS中子和介子源，位于英国。
- 环形正负电子对撞机（CEPC），目前正在建设中。

恒星、太阳和放射性

恒星的形成和演化受量子力学和引力的支配。

恒星的形成

- 恒星始于**星云**。
- **质子**（氢原子核）之间受到**引力吸引**，但是它们的正电荷相斥。
- 恒星的形成过程增加了**动能**。
- 恒星的**质量会吸引**更多的氢原子核。
- **温度达到** 1 亿 K。
- **强核力引**起氢原子核之间的碰撞，从而**导致聚变**。
- 氢原子核聚变成**氘**，发射一个**正电子**、γ **射线**和一个**中微子**，这就是**核聚变**，始于**质子-质子链反应**。

恒星中的质子-质子循环

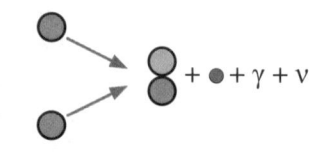

两个质子相撞形成一个氘原子核、一个正电子、伽马射线和一个中微子。

恒星内部的力

- 恒星达到**流体静力学平衡**：向内拉的引力 = 聚变向外推的力。
- 许多**聚变反应**发生，直到生成**铁**（Fe）元素。质量大于铁的原子会分裂。
- 当所有氢原子核全部用完时，**流体静力学平衡**发生改变，恒星膨胀、冷却，然后变成一颗红巨星。
- 一颗红巨星的**表面温度**约为 5000K。

主序

- 普通恒星（如太阳）是稳态恒星，或者称为主序恒星。
- 经过红巨星阶段之后，稳态恒星物质丢失，变成白矮星。
- 然后白矮星会冷却下来，变成褐矮星。

大质量恒星

- 当氢燃烧停止时，质量坍缩。
- 质量向核心坍缩，导致超新星爆发，其能量强度足以产生比铁质量更大的原子。
- 超新星爆发会产生中子星。
- 大质量恒星的坍缩会持续下去，形成黑洞。

质子-质子链反应

ν 中微子
γ γ 射线
● 质子
● 中子
○ 正电子

然后

- 大型恒星燃烧氢的速度非常快。
- 较小的恒星燃烧氢的速度较慢。

恒星系

恒星系包含恒星、围绕恒星运行的行星及其他天体。在有些恒星系中，气态巨行星的运行轨道距离恒星非常近，速度也非常快。有两个恒星的恒星系称为双星系统。

地球平均以 66000 英里/时的速度**绕太阳公转**。太阳以超过 130 英里/秒的速度绕银河系中心运行，我们的太阳系也是如此。行星**因引力作用**围绕太阳运行。引力导致这些行星在它们的**轨道平面上运行**。

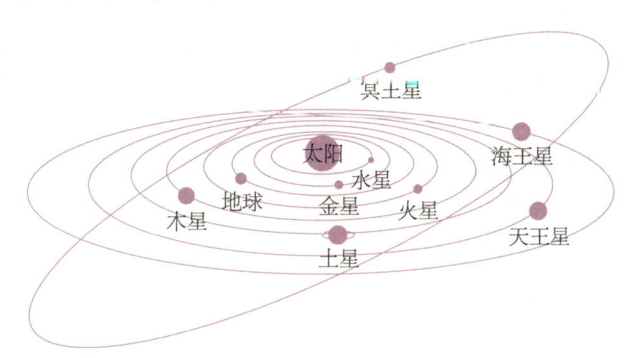

什么是行星

行星的定义存在争议，但一些专家认为，行星必须符合以下几点。

- 围绕恒星或恒星遗迹运行。
- **质量足够大**，可以因**自身**的重力形成球形。
- 未发生**热核聚变**。
- 可以**清理它自己的轨道**。

太阳系中的天体

靠近太阳的天体体积较小，由尘埃和岩石构成；离太阳较远的天体主要由气体和冰构成。柯伊伯带在太阳系外侧，是由冰冷的矮行星组成的环。

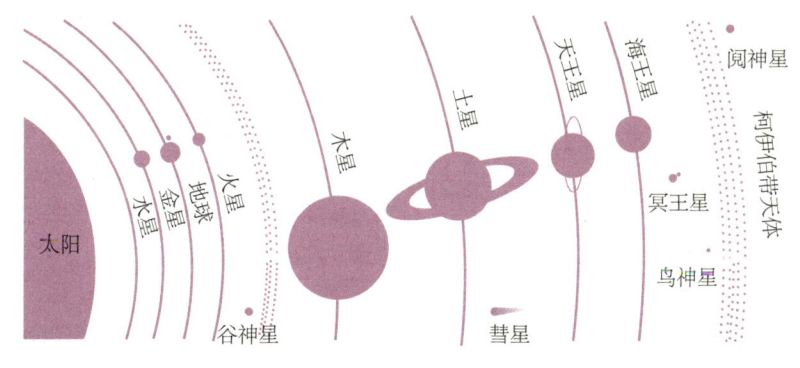

恒星系的形成

所有恒星系都是从**尘埃**开始形成的。太阳系是由**恒星爆炸**遗留下来的**星云碎片**形成的（像**铁**这样的**重元素**只能通过恒星的**核聚变**形成）。恒星系的形成过程如下。

1. 在引力作用下，星云坍缩。
2. 致密的星云会旋转、变平，从中心开始变热。
3. 碎片聚集在一起形成旋转的星子。
4. 最大的星子开始生长，不断增加的引力会吸引更多的物质。
5. 小的星子发生碰撞，形成行星。
6. 核裂变从星云的中心开始，释放出的能量将尘埃吹走，只留下一个恒星系。

太阳系的未来

随着**熵**的增加，可利用的**能量**减少，这就是**热力学第二定律**。大约 50 亿年之后，太阳将耗尽它的**氢**，变成一颗**红巨星**，然后吞噬它的**内行星**，最后**燃烧殆尽**。

空间天文台

人类肉眼只能看到电磁（EM）光谱中极小的一部分，宇宙中发生的大多数事情是我们肉眼不可见的。天体物理学家常测量和探测电磁波谱中不可见光的光子，如X射线、紫外线和微波。

空间探测目标

- γ射线。
- X射线。
- 紫外线。
- 可见光。
- 红外和亚毫米波。
- 微波。
- 无线电。
- 粒子探测。
- 引力波。

伽马射线（γ射线）产生于**超新星爆发**，由**中子星、脉冲星和黑洞**发射。γ射线会被地球大气层吸收，要探测它们，需要用到高空气球和太空项目。

哈勃空间望远镜（HST）发射于1990年，是以美国天文学家**爱德文·哈勃**（1889—1953）命名的。它有四个主要的仪器，可以探测**紫外线、可见光和近红外辐射**。

Astrosat空间天文台是**印度首个多波长空间天文台**，由印度空间研究组织（ISRO）于2015年发射。

中国科学院（CAS）于2015年发射了**暗物质粒子探测卫星**（DAMPE），用于探测**高能γ射线、电子和宇宙射线离子**，以寻找暗物质。

来自太空（如**黑洞、银河系中心**）的**X射线**会被地球的大气层吸收，只能在大气层极高处或太空中被探测到。**超新星、主序星、双星和中子星**也会发射X射线。

钱德拉X射线天文台于1999年由**美国国家航空航天局**发射升空。

除太阳以外，**恒星和银河系**也会发射**紫外线**。通过详细的紫外线观测，科学家们对太阳有了更深的了解。

红外（IR）光子的能量比可见光低。许多发射红外线的源**温度很低或离我们很远**，如**褐矮星、恒星星云和红移的银河系**。

微波探测望远镜测量的是**宇宙微波背景辐射**和我们所处的**银河系**尘埃发射的能量。

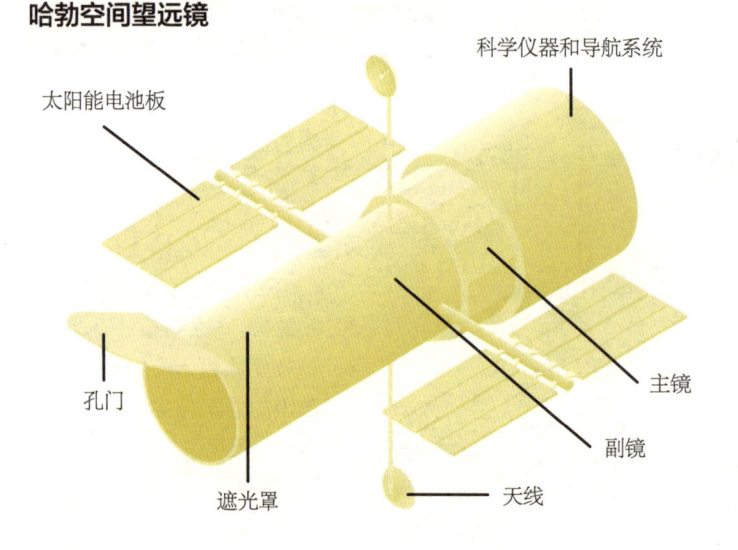

哈勃空间望远镜

- 太阳能电池板
- 科学仪器和导航系统
- 孔门
- 主镜
- 副镜
- 遮光罩
- 天线

星 系

星系是由数百万乃至数十亿颗恒星、分子云和尘埃组成的系统，这些恒星、分子云和尘埃被引力束缚在一起。大质量星系的中心是一个超大质量的黑洞。

星系

地球上不同观察点处的星系的方向也不同。有时候我们只能看到一个星系的一部分结构。

分类方法

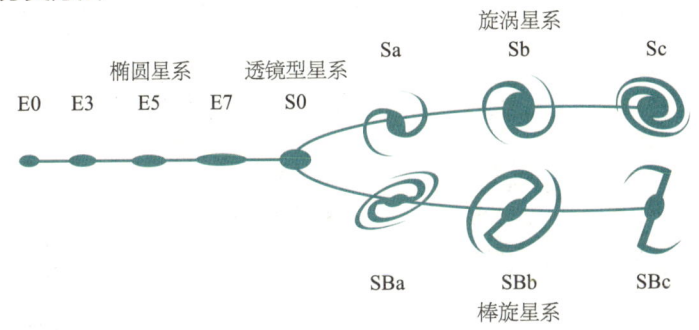

椭圆星系　E0　E3　E5　E7
透镜型星系　S0
旋涡星系　Sa　Sb　Sc
棒旋星系　SBa　SBb　SBc

旋涡星系

- 宽而平的**螺旋形圆盘**。
- 从侧面看是细长的，从正面看可以看到**旋臂**。
- 包含**年老的和年轻的恒星**。
- 有些有一个大的**中央隆起**。
- 周围笼罩着由**年老的恒星和气体**组成的**星系晕**。

椭圆星系

- **椭球形**。

哈勃序列

1926年，**爱德文·哈勃**发明了一种对星系结构进行分类的方法（见下图）。

- 由少量的**尘埃**、**气体**和许多**年老的恒星**组成。

不规则星系

- 结构不规则。
- 包含**矮星**、**年轻的恒星和尘埃云**。
- 一些不规则星系是由于星系太小，没有足够的**引力**形成的。
- 一些不规则星系是**整个星系碰撞**的结果。

我们的星系——银河系

- 年龄为135.1亿年。
- 有**两条主要旋臂**的**盘状旋涡星系**。
- 包含**数千亿颗恒星**。
- 太阳距离**银河系中心2.6万光年**。
- 直径**10万光年**，厚度几千光年。
- **中心成棒状**，充满了**年老的红色恒星**。
- 中心有一个超大质量的黑洞。

形成

- 星系**一开始很小**。
- 随着时间的推移，**引力**会吸引更多物质。
- 引力克服了**宇宙膨胀**的影响。
- 原子在引力作用下形成**巨分子云**。
- **自转**导致分子云形成**扁平且薄的圆盘**形状。
- **自转被干扰**会导致分子云形成**椭圆**形状。
- **大型并合**：同等质量的星系相撞。
- **小型并合**：在相撞的星系中，一个的质量比另一个的质量小。
- 星系的生成伴随着**纤维状结构**、**超星系团**、**星团和星系群**的生成。

与仙女座碰撞/合并

大约40亿年后，银河系将与**仙女星系**相撞。

光谱测定法

在科学和医学领域,电磁光谱可以用来分析材料。光是电磁能量,其波长越短,能量越高。

宇宙中存在的大多数物质都是我们**无法用肉眼看到的**,如**分子、原子和电磁光谱中可见光以外的部分**。围绕在原子周围的电子占据特定的能级(与原子核的距离)。当电子吸收特定波长的能量时,它们可以**被激发到不同的能级**。元素周围的电子(如**氢、氦、铁**)需要特定的频率才能激发到不同的能级。通过分析遥远的行星和恒星发出的光,我们可以确定它们是由什么构成的。元素和分子**吸收的光子的能量等于原子中两个能级的差**。

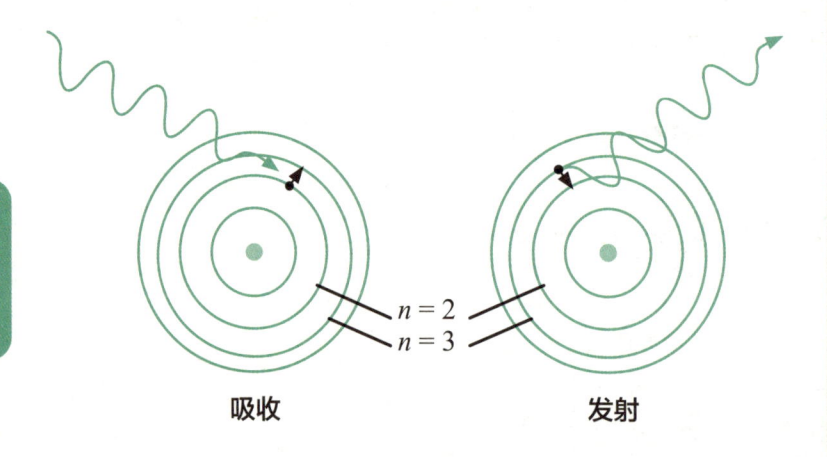

发射光谱

入射光的能量**不能使电子长时间保持在较高的能级上**。当电子跃迁到吸收光子之前的能级时,它将再次发射光子。

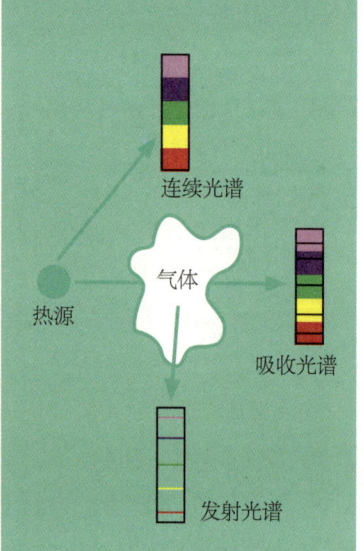

$n = 2$
$n = 3$

吸收　　　发射

连续光谱

热源　气体　吸收光谱

发射光谱

能级变化的计算

两个能级之间的能量差　　发出的光的频率

$$\Delta E = + h\nu$$

普朗克常量

吸收光谱

当一个原子**吸收**的能量等于两个能级之差的**光子**时,产生的反射光谱包含**吸收线**。

部分应用

光谱测定法可以用于分析天文距离、恒星的组成、其他行星的大气组成、地球的大气组成、生物医学光谱测定和组织分析、医学成像和化学分析。

系外行星

系外行星是指在其他恒星系中围绕恒星运行的行星。人们已经发现了数千颗围绕遥远的恒星运行的系外行星，还有数百万颗系外行星被认为存在。

已经发现的系外行星有些**与地球非常相似**，有些则是类似**木星**的**气态巨行星**。2004 年，人们发现了一颗名为"**巨蟹座 55**"的系外行星。它的**温度非常高**，表层是**石墨**，内部则是厚厚的一层**钻石**。

寻找系外行星的方法

凌日法

凌日法即通过观测**恒星发出的光的周期性变化**来**确定系外行星**。如果**亮度**有规律地下降，那么说明有一颗巨大的系外行星围绕恒星运行。

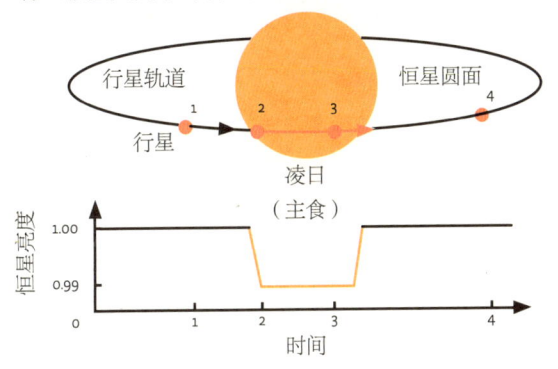

多普勒效应法

大多数引力系统的**重心**不一定在恒星的中心。如果与其围绕的恒星相比，行星的**质量**很大，那么会抵消重心，导致恒星波动。这样，我们就可以观察到恒星发出的光产生**多普勒频移**。（了解更多关于多普勒频移的信息，参见"**声音与声学**"，第 36 页。）

直接成像法

直接成像法即通过**望远镜**和**照相器材**直接观测系外行星。这种方法只能发现相对**较近的系外行星**，并且容易受到恒星的耀眼光芒的影响，因为恒星的强光会掩盖暗淡的行星发出的光。

微引力透镜法

要寻找较小的系外行星，需要使用**微引力透镜法**。这种方法基于**爱因斯坦的广义相对论**，该理论认为，天体会**弯曲时空**，因此也会弯曲光子前进的路径。微引力透镜法通过测量时空的弯曲来测量遥远的恒星周围的物体。

流星、小行星和彗星

太阳系中的小型天体，如彗星、小行星和流星，它们所含有的物质能为我们提供关于早期宇宙的信息。

流星

流星是来自**外层空间**的小而坚固的**宇宙碎片**，通常是彗星遗留下来的。当这些碎片进入**地球**等行星的大气层时，会因**摩擦**，**炽热发光**，呈现出一道明亮的光带。

小行星

小行星是**围绕太阳运行**的各种形状和大小的**岩石天体**。它们存在于**火星和木星**的轨道之间，在太阳系中呈偏心（椭圆形）轨道运行。大多数已知的小行星在**火星**和**木星**之间的**小行星带**内运行，但它们分布极广。据我们所知，直径大于 0.6 英里的小行星有 110 万 ~ 190 万颗，还有数百万颗更小的小行星。

柯伊伯带

柯伊伯带是一个环绕恒星的圆盘，这意味着它围绕一颗恒星（太阳）运行。它位于太阳系的外围，范围是从**海王星**的位置到距离太阳 **50 个天文单位（AU）**处。一个天文单位是 9300 万英里。虽然柯伊伯带与**火星和木星之间的小行星带**相似，但柯伊伯带的宽度是后者的 20 倍，质量是后者的 20 ~ 200 倍。

彗星

彗星是在**偏心轨道**上运行的天体，由**冰**和**尘埃**构成。当它们靠近**太阳**时，就会变热，释放出由**气体和尘埃粒子**组成的**"彗尾"**，并朝着与太阳相反的方向喷射。

大彗星

天文学家**约翰尼斯·开普勒**于 1557 年发现了**大彗星**，当时他还是个小孩子。

哈雷彗星

哈雷彗星是**周期性的**，大约每 75 年返回地球一次。它的下一次回归将在 2061 年。它有一个**偏心轨道**，如下图所示。

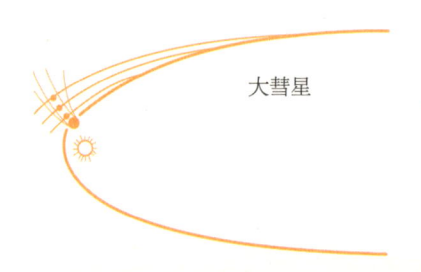

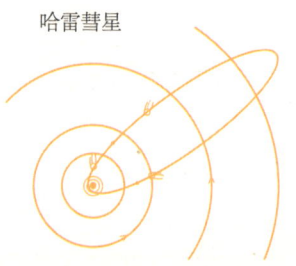

大彗星

哈雷彗星

"罗塞塔"计划

欧洲航天局（ESA）组织了非凡的**"罗塞塔"计划**。在 2014 年，他们将一艘宇宙飞船降落在 **67P 彗星（楚留莫夫–格拉希门克彗星）**上。该计划于 2004 年 3 月 2 日启动，其中包括一个名为**"菲莱"**的用于在彗星表面进行探测的着陆器模块。罗塞塔探测器和菲莱着陆器利用**摄谱仪**收集有关彗星性质的重要数据。

接近　接力　测绘　近距离观测　送达

脉冲星和约瑟琳·贝尔·伯奈尔

约瑟琳·贝尔·伯奈尔（以下简称贝尔·伯奈尔）是一名天体物理学家，她发现了脉冲星。

贝尔·伯奈尔的射电望远镜阵列

1965年，贝尔·伯奈尔开始在剑桥大学攻读博士学位，导师是**安东尼·休伊什**。导师帮助贝尔在城市附近建造了一个用于观测**类星体的射电望远镜阵列**。

类星体

类星体（**类似恒星的天体**）巨大且遥远。它们从两极发射出大量的**射频能量**。

脉冲星

脉冲星是高度磁化的、旋转的**中子星**。脉冲星的旋转速度非常快，在**无线电频段**发射有规律的**电磁辐射**脉冲。只有当脉冲星朝向地球上有利于观察的位置的方向时，我们才能探测到无线电脉冲。

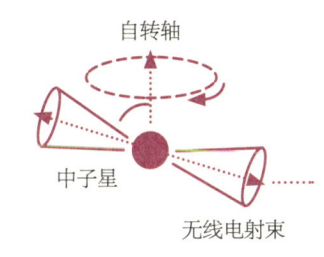

来自脉冲星PSR B1919+21的数据

贝尔·伯奈尔注意到，在她的数据中，每1.337s就会出现一个**不寻常的峰值**。但安东尼·休伊什认为它们来源于"人造"射电源并予以驳回。贝尔·伯奈尔很快就排除了这种可能，并推导出**一种新的天体**。

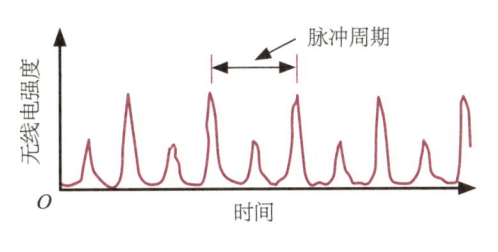

诺贝尔奖的争议

1974年，诺贝尔物理学奖颁发给了脉冲星的发现者。但因这一成就而被认可的科学家中并没有贝尔·伯奈尔的名字，只有她的博士导师安东尼·休伊什与**另一位男性科学家**。许多著名的天文学家批评诺贝尔奖遗漏了贝尔·伯奈尔，他们指出，**尽管她还是一名学生，但她是第一个观察到脉冲星**并对其不寻常的数据进行分析的人。

"快乐小分队"乐队的专辑——《未知的快乐》

设计师**彼得·萨维尔**将贝尔·伯奈尔的数据连续层层叠加，制成了艺术作品，作为英国乐队**"快乐小分队"** 1979年的专辑《未知的快乐》的封面。

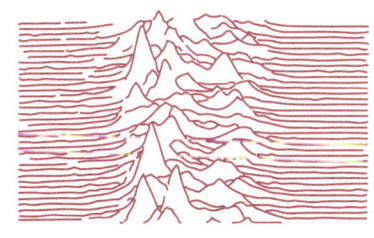

贝尔·伯奈尔近期的荣誉

- 2002年4月，英国皇家天文学会主席。
- 2008年10月，英国物理学会会长。
- 2018年获得基础物理学突破奖。她将230万英镑奖金全额捐出，以帮助女性、少数族裔及难民学生成为物理学家。

测量宇宙

天文学家如何测量宇宙?我们如何知道宇宙在膨胀?

天文单位

天文单位代表**地球和太阳之间的平均距离**。天文学家使用它来测量很远的距离。一个天文单位等于9300万英里。

视差

当从不同的位置观察附近的物体和远处的物体时,会产生视差。

当你在位置B观察树时,树看起来在箭头所指的这座山的前面

当你在位置A观察树时,树看起来在箭头所指的另一座山的前面

位置A　位置B

通过测量从**地球轨道的两端**(相隔6个月,1.86亿英里)观察到的恒星的方向差异,我们可以用视差来确定**恒星与地球间的距离**。一颗距离地球3.26光年的恒星的"**视差角度**"为(1/3600)°,实际上,恒星的视差甚至比该值还要小。

造父变星和标准烛光

造父变星是**发出的光有规律地脉动的恒星**。它们**比太阳还要亮,可以用来测量距离**。

美国天文学家**亨丽爱塔·斯万·勒维特**(1868—1912)分类记录了**小麦哲伦云**(一个围绕**银河系**运行的**星云**)中的25个**造父变星**。因为这些造父变星与地球的距离大致相同,所以她发现了如下关系:**造父变星的光越亮,造父变星的脉动周期就越长**。这使得爱德文·哈勃能够将造父变星发出的光当作标准烛光(光度已知的天体)来测量天体的距离。

哈勃定律

爱德文·哈勃观察到,**星系远离地球的距离和其远离地球的速度之间有这样的关系**:星系距离地球越远,速度就越快。他计算出了**宇宙膨胀的速率**,这是一个常数,称为**哈勃常数**。

膨胀的宇宙

从地球上观察,宇宙在膨胀,从宇宙中的每一处观察,其结果都是如此,因为**空间本身在膨胀**。

多普勒频移

来自遥远恒星的**光子**会发生多普勒频移。通过测量**多普勒频移**,可以观察到:

- 来自天体的**光频率降低**。"**红移**"表明遥远的恒星和星系正在**远离地球和彼此**。
- **星系距离越远,频率降低**越多。

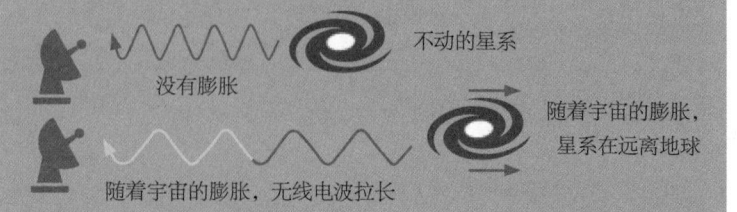

不动的星系

没有膨胀

随着宇宙的膨胀,星系在远离地球

随着宇宙的膨胀,无线电波拉长

科学素养成计划

黑 洞

在抵达视界之前,黑洞的表现就像其他有质量的物体一样。银河系的中心就存在一个超大质量的黑洞。物体围绕黑洞运行是可能的。

恒星演化

- 如果一颗恒星的**质量**小于太阳质量的1.4倍,那么它会变成**白矮星**。
- 如果一颗恒星的质量是太阳质量的1.4~2.8倍,那么它会坍缩成直径只有13英里的**中子星**。
- 如果一颗恒星的质量超过太阳质量的2.8倍,那么它会坍缩成一个**黑洞**。

黑洞的形成

- **核聚变停止**。
- 恒星因为**重力**而收缩,在这一阶段,恒星**仍在发光**。
- 当**质量坍缩**时,**重力增加**,时空扭曲变得极其剧烈,以至于**光再也无法逃脱**。
- **视界**是光无法逃脱的边界。
- 在黑洞的视界内,**所有的质量和光都坍缩成一个体积为零的奇点**。
- **粒子相互作用**发生在黑洞的视界上。

史瓦西半径

当一个**有质量的**物体的半径被压缩到**史瓦西半径**时,会发生**引力塌缩**。

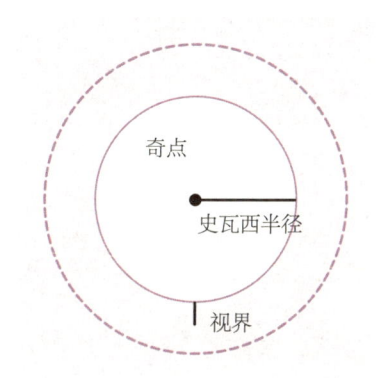

奇点

史瓦西半径

视界

逃逸速度

逃逸速度是脱离大质量物体的引力束缚所需的速度。黑洞的逃逸速度是光速。

观察黑洞

天鹅座X-1是一颗明亮的恒星,质量是太阳的23倍。我们可以观察到,它围绕一个黑洞的视界运行。

时空扭曲

所有有质量的物体都会**扭曲时空**。黑洞的巨大质量会引起时空的剧烈扭曲。**在视界上,时间会变慢**。

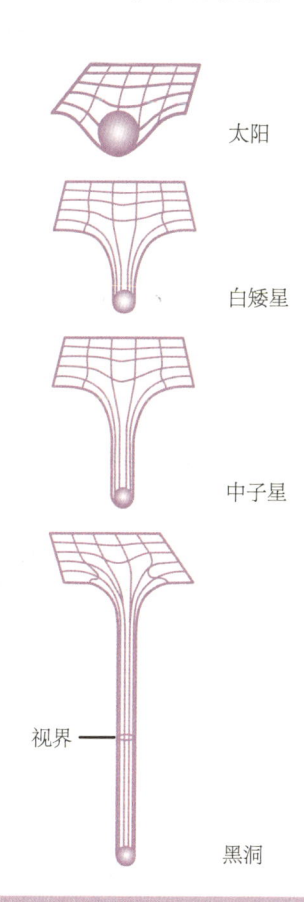

太阳

白矮星

中子星

视界

黑洞

斯蒂芬·霍金

英国宇宙学家斯蒂芬·霍金(1942—2018)将**量子力学**、**广义相对论**和**热力学**结合,对黑洞的描述做出了很大贡献。

时间膨胀

由于光速在所有参照系中都是恒定的，因此会发生时间膨胀。这是一个可测量的现象，物体的速度越接近光速，时间就变得越慢。

- 想象一下，一艘在月球上以100英里/时的速度飞行的宇宙飞船，发射出一枚初速度为200英里/时的火箭。坐在月球上的观察者将会看到，火箭以300英里/时的速度飞行（两个速度加在一起）。
- 但是，如果这艘宇宙飞船以光速 c 发射一束激光，观察者可能会期待激光的速度是（$c+100$）英里/时，但事实并不是这样。**光总是以光速传播**，不管它在哪个参照系中。

想象在一个参照系中，有两个平行的镜子A和B。

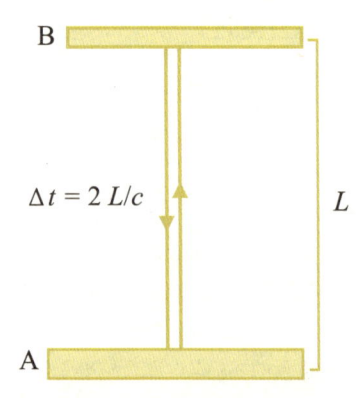

$\Delta t = 2L/c$

一个处于静止状态的观察者看到光束从镜子A出发，在镜子B处被反射回来，回到镜子A。光束走过的距离为$2L$，时间的变化为$\Delta t=2L/c$。

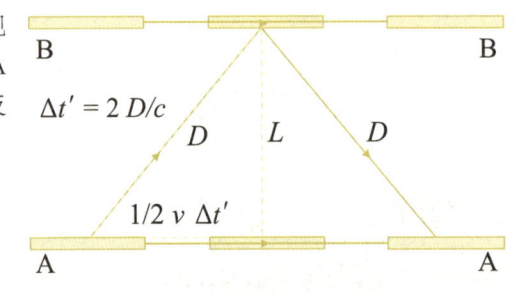

$\Delta t' = 2D/c$

当一个观察者从右向左移动时，光束从镜子A出发的时间为$t'=0$，到达镜子B的时间为$t'=D/c$，然后反射回镜子A的时间为$t'=2D/c$（t'代表与之前的实验不同的时间）。光在移动的参照系中走得更远，发生了**时间膨胀**，因为真空中的光速总是相同的。**速度越接近光速，时间就越慢**。物理常数控制着它们周围发生的事情。

时间膨胀

$$T_0 = T\sqrt{1-\frac{v^2}{c^2}}$$

长度收缩

$$L = L_0\sqrt{1-\frac{v^2}{c^2}}$$

相对论性质量增加

$$m(v) = m_0\sqrt{1-\frac{v^2}{c^2}}$$

爱因斯坦的时间膨胀方程

$$t' = \frac{t}{\sqrt{1-\frac{v^2}{c^2}}}$$

- t' = 时间的变化。
- t = 静止时的时间。
- v = 速度。
- c = 光速。

双生子佯谬

有一对双胞胎甲和乙。甲乘坐高速火箭旅行，乙留在地球上。甲以接近光速的速度旅行，然后返回地球。按照**相对论对空间和时间的描述**，现在甲会比留在地球上的乙**更年轻**。

宇宙微波背景辐射

温度在绝对零度以上的任何物体会以热能的形式辐射电磁波。宇宙的温度略高于绝对零度（约为2.7K），这意味着宇宙在辐射热能。这就是宇宙微波背景辐射（CMB）。

- 1927年，比利时天文学家**乔治·勒梅特**提出，早期的宇宙温度高、密度大，它是**在演化过程中逐渐冷却**下来的。
- 1964年，人们探测到，**宇宙中弥漫着微波辐射**。宇宙微波背景辐射是**宇宙大爆炸残留下来的辐射**。

宇宙背景探测器（COBE）

1989年发射的**宇宙背景探测器**对**宇宙微波背景辐射**进行了测量。1992年，人们发现宇宙微波背景辐射的温度有微小的变化。这些微小的变化，或者说这些宇宙微波背景辐射中的"团块"代表了"**量子涨落**"（真空空间中的虚粒子）。

威尔金森微波各向异性探测器（WMAP）

2001年，**美国国家航空航天局**发射了**威尔金森微波各向异性探测器（WMAP）**，用来探测**宇宙微波背景辐射和宇宙组成的变化**。经探测，发现宇宙的组成包括：

- 5%的原子。
- 27%的物质有引力但不发光（**暗物质**）。
- 68%的未知物质（**暗能量**）正在**使宇宙膨胀**。

古老的光

我们从遥远的恒星和星系观察到的光非常古老，并且**传播了极远的距离**。因此，我们无法观察到遥远的空间中"**现在**"正在发生的事情，我们能观察到的只是过去的、光发出时的事情。来自**仙女星系**的光到达地球经过了250万年。宇宙微波背景辐射是在137亿年前首次发出的，**在任何恒星或星系形成之前**。

电视上的宇宙微波背景辐射

宇宙微波背景辐射是宇宙大爆炸的余热。我们用老式电视机可以探测到宇宙微波背景辐射的频率，即在老式电视机的"两个频道之间"看到的"雪花屏"，大气源也会导致"雪花屏"。

宇宙泡沫

2012年，哈勃空间望远镜和斯皮策空间望远镜探测到了一个名为MACS0647-JD的星系，这都要归功于超星系团（由数十亿个星系组成的超大结构）产生的引力透镜效应，天文学家对其进行了观测。

- MACS0647-JD是我们**目前观测到的最遥远的星系**：距离地球133亿光年。
- 它看起来**非常年轻**，**非常小**，因为**它**的光非常古老。
- **这个星系中的恒星已经耗尽了它们的燃料。**
- 超星系团产生的引力透镜效应显示了由**星系群**形成的**纤维状结构**。

宇宙网

宇宙网表示**宇宙的大尺度结构**。人们认为是**暗物质**造成了这种结构。**尘埃云、粒子、超新星遗迹和恒星**形成的**纤维物质**，将宇宙中的**星系连接起**来，这个结构被称为宇宙网，其包含数十亿个星系。

宇宙视界

- 从地球上看到的**可观测宇宙的边界**。
- 这个边界上的恒星和星系是**遥不可及的**。
- 这个边界之外的光永远不可能到达地球。

引力波

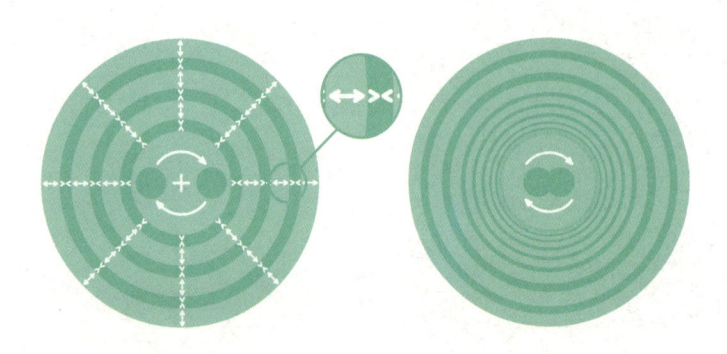

宇宙泡沫

量子力学告诉我们，通过**卡西米尔效应**，**虚粒子**可以以**波动**的形式短暂存在于**时空中**。**真空中一直有虚粒子在波动**。

探测引力波

1916年，**爱因斯坦**最早预言了引力波的存在。引力波是指由**移动的大质量物体**引起的**时空中的涟漪**。激光干涉引力波天文台（LIGO）通过测量黑洞合并产生的涟漪来探测**宇宙中的引力波**。LIGO团队因此获得了2017年的诺贝尔奖。

LIGO通过测量干涉仪中用来反射光子的镜子位置的微小变化来**探测时空扭曲**。

宇宙大爆炸

宇宙大爆炸发生在138亿年前。

膨胀的宇宙

球体的表面没有中心。同样，**宇宙也没有中心，所有的点都在相互远离**。这对我们来说可能很难理解，因为我们是从地球上的固定观察点来想象和测量宇宙的。

宇宙学时期

时期	时间	温度/K	环境
普朗克时期	宇宙大爆炸后的 10^{-43}s	—	电磁力、引力、弱核力和强核力结合在一起
大统一理论（GUT）时期	宇宙大爆炸后的 $10^{-43}\sim10^{-38}$s	—	引力变得不同于其他力；大量能量被释放；空间本身从原子大小膨胀到太阳系大小
弱电时期	宇宙大爆炸后的 10^{-10}s	—	胶子和夸克之间的强相互作用变得明显；电磁力和核力相结合；亚原子粒子形成，光子出现
粒子时期	0.001s（1ms）	宇宙膨胀并冷却到 10^{12}K	粒子形成，四种基本力各自独立；物质和反物质由光子形成，再湮灭变回光子
核合成时期	0.001s~3min	10^9K	核聚变可能形成了原子；较重的元素开始形成：75%的氢，25%的氦；中微子，质子，中子，电子；反物质非常稀少
原子核时期	3秒~50万年	冷却到3000K	宇宙是由带自由电子的粒子组成的等离子体；光子脱离物质，光弥漫整个空间；这些光就是宇宙微波背景辐射
原子时期	50万年~10亿年	从3000K冷却到2.73K	恒星首先形成，电子与原子核结合形成了原子
星系时期	至今	2.73K	形成更多结构，星系开始形成并演化

宇称不守恒定律

宇称不守恒定律是对 CP 对称性的破坏，其中 C 对称指的是电荷共轭对称，P 对称指的是宇称（自旋）对称。由于宇宙中的物质多于反物质，所以产生了这样的破坏。

粒子与反粒子

每个粒子都有它的反粒子。有些粒子（如**光子**和**希格斯玻色子**）是它们自己的反粒子。一切都是**由物质构成的。**宇宙学家们非常好奇，为什么一种物质的种类比另一种物质的种类多。反物质就是**与物质相反的物质**，有时也称为物质的镜像。粒子和反粒子**质量相同，但电荷和自旋方向相反。物理定律**规定，以下**这些性质应该守恒。**

- **电荷共轭对称：**人们观察到，**物质和反物质的**相互作用看起来是一样的，即使它们电荷相反。
- **宇称对称：**人们观察到，物质和反物质的相互作用**不受粒子"手性"（自旋方向）影响。**
- **时间反演对称：**无论时间的方向如何，**相互作用**看起来都是一样的。

宇称不守恒定律

宇宙中的**物质多于反物质**，这一事实代表了**物质和反物质之间有一种微妙的、未知的不对称性。**

CPT 和 CP 对称

当一对夸克被强核力结合在一起时，它们可以通过**弱相互作用**（β 衰变），在**红色荷和蓝色荷之间振荡**。从蓝色荷振荡到红色荷比从红色荷振荡到蓝色荷需要更长的时间，这就破坏了时间反演对称。同样，**时间是向前的，不能向后。**

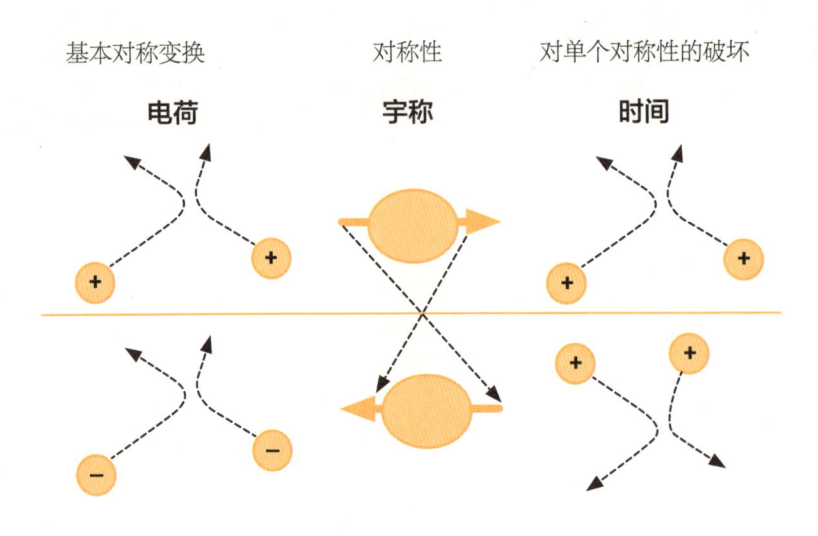

基本对称变换	对称性	对单个对称性的破坏
电荷	**宇称**	**时间**

暗能量和暗物质

对宇宙的测量显示，只有5%的宇宙是由我们能够探测到的原子和物质构成的，也就是所谓的重子物质；其余部分是由一种我们还不理解的神秘物质和能量构成的，它不与光子和物质发生作用，但会受到引力的影响。

- 27%有引力的物质**不发光**（暗物质）。
- 68%的宇宙是由某种**使其膨胀**的东西（暗能量）构成的。

引力

通过对星系和星系团进行观测计算，我们发现**它们的质量和引力不足以形成星系结构**。这说明有某种东西提供了额外的引力。

暗物质

暗物质**解释了**形成星系结构所需要的**额外引力**。我们**不能直接观察到**暗物质，但我们可以通过**引力透镜法**（质量扭曲空间）**观察到它对空间的影响**。

暗能量

暗能量是**导致宇宙膨胀**的一种**未知的力**，有时被称为"**反引力**"。

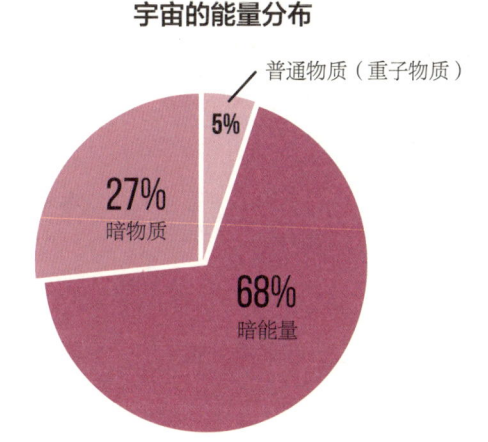

膨胀的宇宙

- 宇宙中的星系正在**加速远离彼此**。
- **星系距离越远，红移越大。**
- **星系距离越远，加速越大。**
- 天文学家认为，**暗物质和暗能量**是导致**宇宙大爆炸**、宇宙结构和宇宙膨胀的原因。

宇宙的能量分布

普通物质（重子物质） 5%
27% 暗物质
68% 暗能量

暗物质的候选者

- 暗物质不是**反物质**，也不是**黑洞**。
- 暗物质均匀地分布于整个宇宙中，而且数量极多。
- 人们假设了一种被称为**弱相互作用大质量粒子**（WIMPS）的粒子，它可能是暗物质的候选者之一。它们彼此之间及它们和**重子物质**之间有很弱的相互作用。如果它们**存在**，那么它们的**质量应该很大**。
- 理论上，它们出现于试图统一**量子力学**和引力的其他理论中。

未解之谜（多重宇宙、超对称性和弦理论）

关于宇宙，还有许多未解之谜。

超对称性

超对称性是一种理论的性质，在这种理论中，**力和物质在方程中是等价的**。**标准模型**对其进行了很多解释，但**目前仍不完善**。超对称性可能是标准模型的一个特性。

GUT： 大统一理论的英文缩写。

TOE： 万有理论的英文缩写。

力的统一

- **当能量极高时**，基本力会统一成一种力。
- **希格斯玻色子**的发现告诉我们，**电磁力和弱核力其实是弱电力的两种不同的表现形式**。
- 一个**大统一理论**必须描述**弱电力和强核力是如何统一的**。
- 也许自然界的四种基本力是**一种包罗万象的力的不同表现形式**。

量子引力

目前，引力是关于**空间的几何理论**。在**量子尺度**上，引力和它的作用原理还没有被纳入标准模型。人们假设引力的载体是引力子，到目前为止，还没有证明引力子存在的证据。

GUT 和 TOE 的能量外推

过去的宇宙更热（能量更高）。当能量更高时，基本力会统一成一种力。

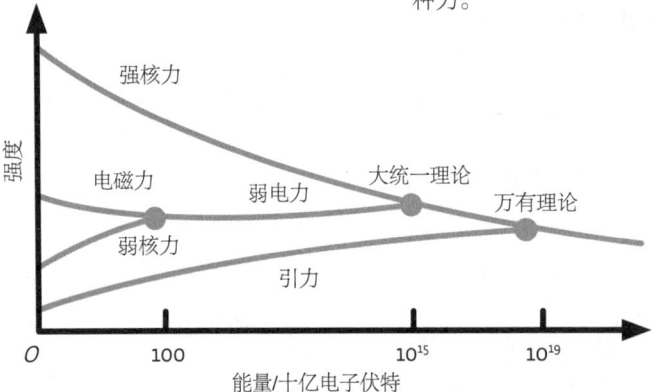

强度 / 能量·十亿电子伏特

强核力、电磁力、弱核力、弱电力、引力、大统一理论、万有理论

0，100，10^{15}，10^{19}

修正引力理论

爱因斯坦的理论非常准确地解释了宇宙现象，但**宇宙的膨胀和暗能量还是未解之谜**。一些天文学家认为，**应该对广义相对论进行一些细微的修正**。

多重宇宙

量子力学的"多世界诠释"认为，在波函数坍缩时，会形成多重现实。

弦理论

弦理论是无法被证明的，但它**试图统一所有基本力**。该理论指出，**现实是由振动构成的**，这种振动可以被比喻为弦。

元素周期表

元素周期表列出了目前已知的所有化学元素的原子序数、电子构型和化学性质。

- **原子序数**是**原子核中的质子数**。
- 原子序数告诉了我们一个**原子中电子的数量**，因为它与质子的数量相等。
- **原子质量**是**质子和中子质量的总和**。
- 元素由**原子符号**表示。

电子轨道

电子按**不同的轨道**或**壳层**围绕**原子核排列**。**薛定谔的波函数**表明，**概率的数学方程**决定了**电子的位置**。波函数告诉我们电子可能的位置，以及电子如何"**聚集**"在原子核周围。把电子想象成"**驻波**"更有助于理解（参见"声音与声学"，第36页）。

构造原理

电子排列的**轨道**分别被命名为s、p、d和f。构造原理说明了**电子填满轨道的顺序**，从1s开始（1s只能容纳两个电子），其后是2s、2p、3s、3p、4s……

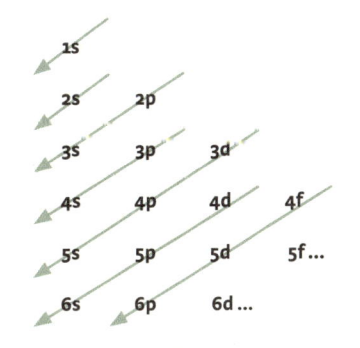

价电子是原子最外层的电子，参与化学反应。

阅读元素周期表

- 在元素周期表中，**纵向排列的族**告诉我们每个**元素有多少个价电子**。Ⅰ族有一个，Ⅱ族有两个，以此类推。
- 元素周期表描绘了**电子轨道是如何被填满的**。s轨道首先被填满，然后是P轨道，以此类推。
- 元素周期表的横行，从左到右，元素按**原子序数**递增排列。
- 0族是**稀有气体**，其**最外层有8个电子**，是填满的，所以它们是**惰性**的。

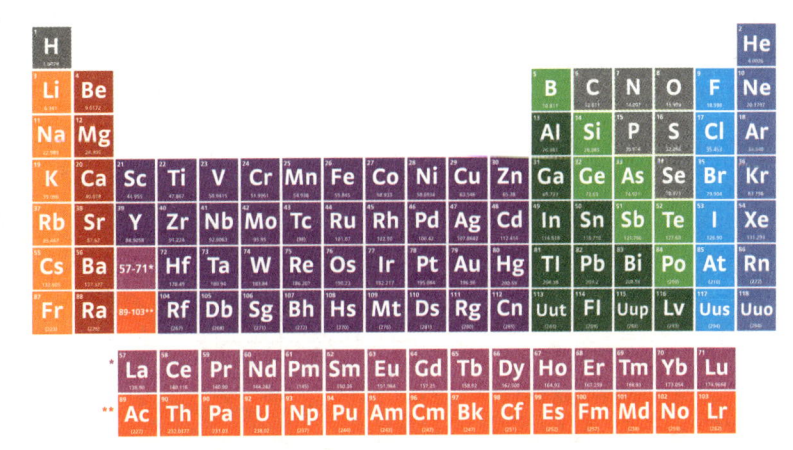

图例：非金属、碱金属、碱土金属、过渡态金属、金属、类金属、卤族元素、稀有气体、镧系元素、锕系元素

碳定年法

许多分析领域都使用碳定年法来确定某物的年龄。

当放射性核自发地发射辐射时,就会产生放射性。

同位素

有些元素的原子核中的中子数不同。属于同一种元素,但中子数不同的原子互为**同位素**。互为同位素的原子的质量不相同。通常用这些原子的质量的平均值来表示**原子质量**,这就是为什么碳的原子质量是12.011。碳可以以 C_{12}、C_{13} 和 C_{14} 的形式存在。

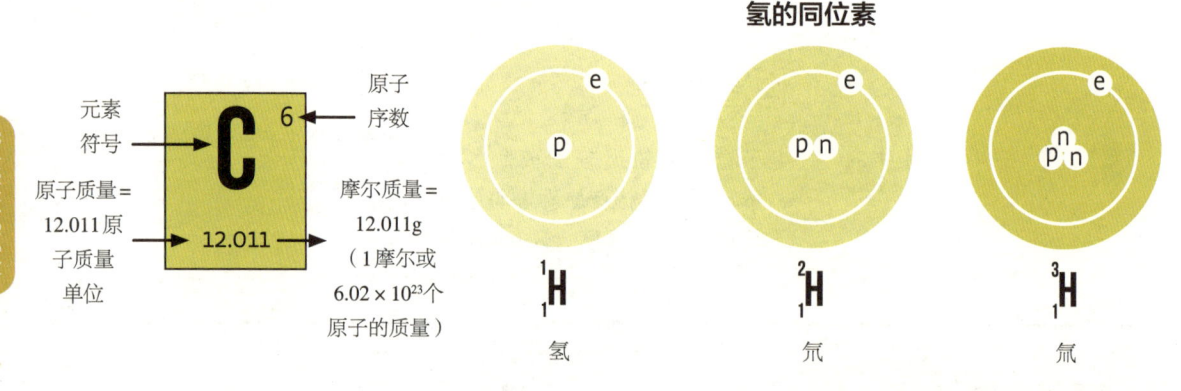

元素符号 → **C** ^{6} ← 原子序数
原子质量= → 12.011 摩尔质量=
12.011原子质量单位 　　12.011g
　　　　　　　　　　(1摩尔或 6.02×10^{23} 个原子的质量)

氢的同位素

^1_1H 氢　　^2_1H 氘　　^3_1H 氚

半衰期

放射性同位素有自己的**衰变速率**。**半衰期**是指样品中一半的放射性同位素发生衰变所需要的时间。

衰变曲线

衰变曲线表示**同位素的衰变速率**。以下图中的**氚**为例。

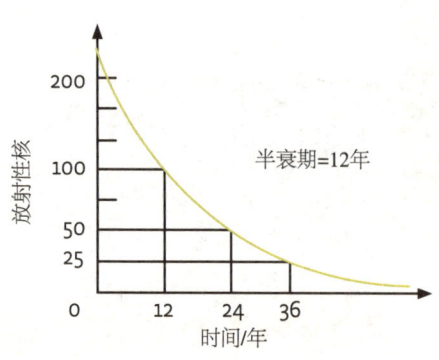

半衰期=12年

放射性核:200, 100, 50, 25
时间/年:0, 12, 24, 36

C_{14}

所有**生物**都含有微量的**放射性同位素 C_{14}**。在生物体中,C_{14} 的比例**保持不变**,因为生物体可以通过呼吸、饮食等过程不断地补充 C_{14}。当一个生物体死亡时,生物体内的 C_{14} **不再得到补充**,并且开始**衰变**。通过测量生物体体内剩余的 C_{14},科学家们可以计算出生物体的死亡时间。

分子内的键

分子内的键是使原子形成分子的力。化学键是由于电子从一个原子移动到另一个原子，或者电子轨道重叠而形成的。

> 电子是作为波函数的概率叠加而存在的量子物体。

路易斯结构是用来表示**分子内的化学键**的**结构式**。分子中的孤对电子（未成键或未共享价层的电子）以圆点来表示。氨（NH_3）的路易斯结构式如右图所示。

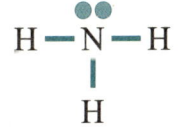

八隅体规则

在大多数情况下*，最外层有8个**价电子**的原子**更加稳定**。形成**共价键**和**离子键**的目的是形成有8个价电子的八隅体。

H_2O中的氢原子最外层的单个电子与氧原子最外层的6个电子共用（见下图），所以氢原子的s轨道上有2个电子，氧原子的p轨道上有8个电子。

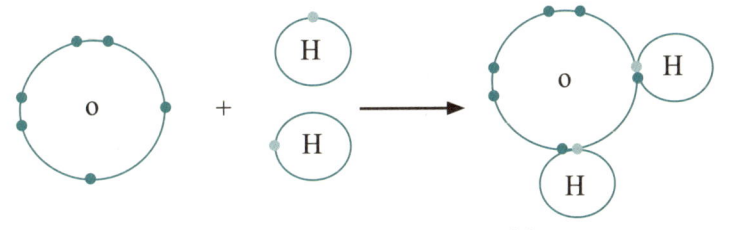

金属键是由带正电荷的金属离子和"游离"电子之间的静电吸引力形成的，这些电子在**电位差**的影响下可以自由移动。

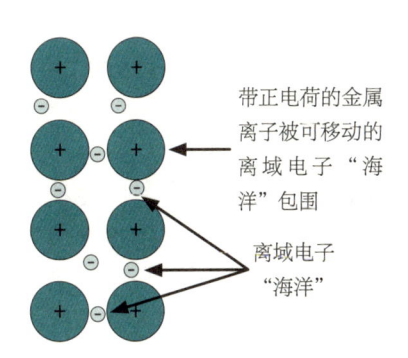

带正电荷的金属离子被可移动的离域电子"海洋"包围

离域电子"海洋"

*s轨道需要2个电子达到稳定，p、d、f轨道需要8个电子达到稳定。

共价键是由**电子壳层**的重叠形成的，通常被描述为电子的共享。

共价键：共享的电子

当**带正电荷**和**带负电荷**的"离子"之间的静电力使它们结合在一起时，就形成了**离子键**。在离子键中，**电子**从一个原子**移动**到另一个原子。

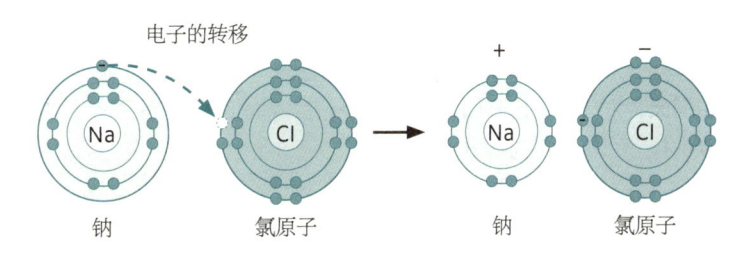

电子的转移

钠　　氯原子　　　钠　　氯原子

89

分子间的键

分子间的键（或分子间作用力）是作用于分子之间的力，包括吸引力和排斥力，主要有三种类型。

1. 氢键
2. 取向力
3. 范德瓦尔斯力

氢键

氢是一种微小的原子，由于**电子在分子周围的不对称分布**，氢原子可以带微弱的正电荷，并对其他极性分子的电子产生吸引力。**氢键是许多物质能溶于水的原因**，它也使得具有固体结构的冰的密度比水小，从而可以**漂浮**在水中。

取向力

电子在分子中的不对称分布形成了取向力，它包括吸引力和排斥力。

- 在**氯化氢（HCl）**分子中，H 原子周围带微弱的正电荷。因为 Cl 原子有**更多的质子**，所以分子中的共享电子会**聚集**在 Cl 原子周围。
- HCl 分子的 H 原子一侧带微弱的正电荷，Cl 原子一侧带微弱的负电荷。一个 HCl 分子的 H 原子一侧和另一个 HCl 分子的 Cl 原子一侧会相互吸引，这种**相互作用**就是**偶极矩**。

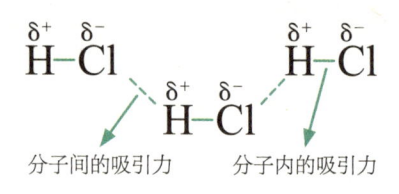

范德瓦尔斯力

范德瓦尔斯力是原子或分子之间由**分子极化**引起的与距离相关的相互作用。范德瓦尔斯力是一种偶极矩，**很容易断裂**。

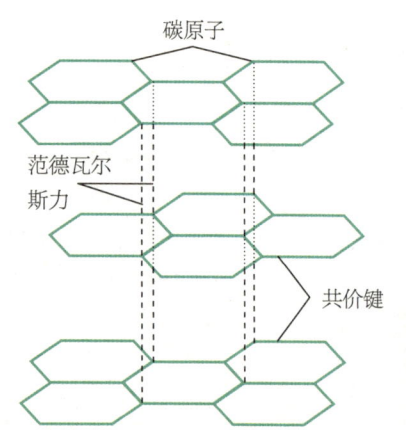

同素异形体

当**元素以两种或两种以上不同的结构形式存在时**，会出现同素异形现象（**同素异形体**）。这是因为某些元素的原子可以以**不同的方式结合**在一起。碳有许多同素异形体，如右图所示。

碳的同素异形体

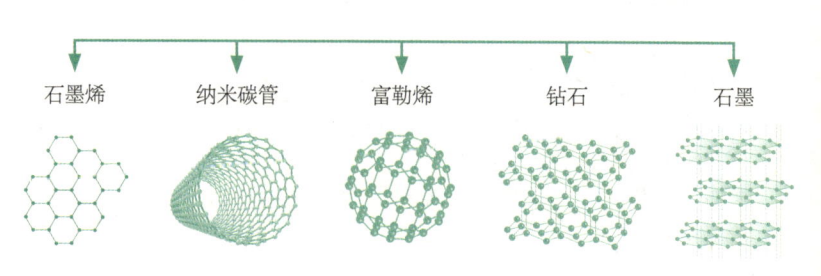

石墨烯　纳米碳管　富勒烯　钻石　石墨

化学反应

没有化学反应，我们就不可能存在。当原子间的键被打破或重组时，就会发生化学反应。

化学方程式的书写

化学方程式表示的是**化学反应**。书写化学方程式时要注意以下四点。

1. **反应物**是指**反应开始时的物质**，**生成物**是指**反应结束后产生的物质**。先把它们写成简单公式的形式：氢气+氧气→水。
2. **把简单公式替换成**反应物和生成物的**化学式**：$H_2+O_2 \rightarrow H_2O$。
3. **配平方程式**。方程式两边，反应物和生成物的原子数**必须相等**：$2H_2+O_2 \rightarrow 2H_2O$。
4. 注明反应物和生成物的**物理状态**：$2H_2(g)+O_2(g) \rightarrow 2H_2O(l)$。

物理状态

- 气体（g）。
- 液体（l）。
- 固体（s）。
- 溶液（aq）。

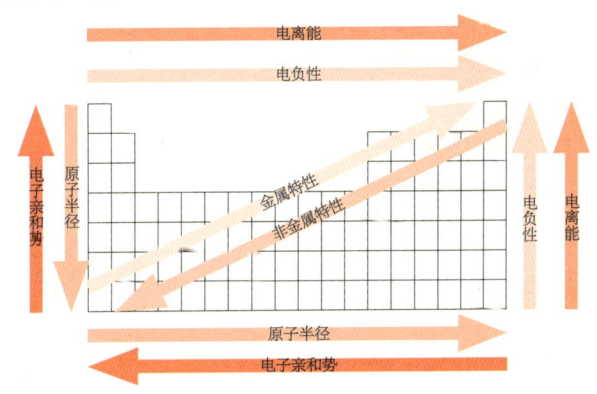

化学反应索引

- **加成反应**：两个或两个以上的原子或分子发生反应，形成单一的分子。
- **催化作用**：催化剂可以提高反应速率，但其本身的质量和化学性质在化学反应前后都不发生改变。
- **脱水反应**：去除水分。
- **置换（或取代）反应**：一个原子/分子取代另一个原子/分子。
- **电解反应**：电流通过电解质溶液或熔融态电解质（又称电解液），在阴极或阳极上引起氧化还原反应。
- **吸热反应**：吸收热量。
- **酯化**：醇类和有机酸之间发生反应，形成酯类。
- **放热反应**：放出热量。
- **发酵**：糖类分解成乙醇和二氧化碳。
- **水解**：化合物在水中"分解"。
- **离子缔合**：带相反电荷的离子结合并沉淀。
- **电离**：产生带电离子。
- **氧化反应**：反应物得到氧。
- **聚合反应**：小分子结合在一起形成长链分子。
- **沉淀**：液体反应物形成固体生成物。
- **氧化还原反应**：发生氧化和还原。
- **还原反应**：反应物失去氧。
- **可逆反应**：反应物可形成生成物，生成物也可重新形成反应物。
- **热分解**：通过加热的方式，使化合物发生不可逆的分解。
- **热解离**：通过加热的方式，使化合物发生可逆的分解。

有机化学

有机化学是研究和发展碳基（有机）分子的几何结构、反应性和物理化学性质的学科。

生命

碳化学是我们所知的**所有生命的基础**。

碳氢化合物

在碳氢化合物中，一个碳原子有四个**价电子**，为半满状态，因为在理想情况下，它应该有八个价电子。如下结构式是**甲烷**，一个**碳原子**和**四个氢原子**形成了共价键。

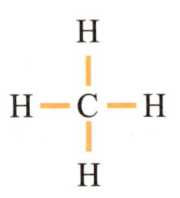

一个碳原子除了可以结合四个氢原子，也可以**和其他碳原子结合**在一起。这些碳原子之间可以形成**单键**、**双键**和**三键**。

单键

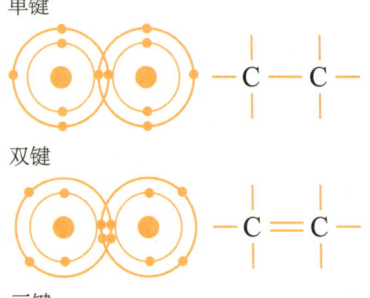

双键

三键

聚合物

在**聚合反应**中，碳很容易形成**碳−碳键**，并形成**长分子链**。反应形成的长分子称为**聚合物**，聚合物链中的每个单元称为**单体**。

碳氢化合物的命名

碳氢化合物非常复杂，所以它们的命名需要表示出它含有多少个碳原子，以及它们属于哪个官能团。

所含碳原子数	前缀	分子式	名称
1	甲	CH_4	甲烷
2	乙	C_2H_6	乙烷
3	丙	C_3H_8	丙烷
4	丁	C_4H_{10}	丁烷
5	戊	C_5H_{12}	戊烷
6	己	C_6H_{14}	己烷
7	庚	C_7H_{16}	庚烷
8	辛	C_8H_{18}	辛烷

官能团

官能团包含相似的原子，可以**帮助研究人员对碳氢化合物的结构进行分类并预测它们的性质**。**醇**是一个官能团，含有一个C−O−H基团。

结构式

C_2H_5OH 分子式

以下是一些官能团，如**烯烃**（含有双键）、**炔烃**（含有三键）、**胺**（含有一个C−NH_2官能团）等。

烷烃 烯烃 炔烃 胺 醇 醚

醛 酮 羧酸 酯 酰胺

无机化学

无机化学是研究除有机化合物（碳氢化合物及其衍生物）以外，其他化学元素和化合物的结构、性质和反应的科学。

电离能

电离能（E）是一个气态原子或分子失去一个价电子所需的最小能量。

化合价或氧化数

化合价或氧化数是指一个原子或分子中可以参考化学反应的电子数。

- ⅠA族：碱金属，+1价。
- ⅡA族：碱土金属，+2价。
- ⅠB~ⅦB及Ⅷ族：过渡金属，有多个氧化数。
- ⅦA族：卤族元素，-1价。

碱金属

- 带+1电荷的金属离子。
- 与水反应生成金属氢氧根离子，如 $M \rightarrow M^+ + e^-$。
- 在族中排列越靠下的元素，反应性越强，因为**价电子离原子核越远越容易失去**。
- 与水和空气的反应性很强，反应中会发出**光和热**。
- 非常**软**，容易**切割**。

碱土金属

- 带+2电荷的金属离子。
- **与水反应生成氢氧根离子（铍除外）**，如离子方程式： $Mg \rightarrow Mg^{2+} + 2e^-$。
- 化学方程式：$Ca + 2H_2O(l) \rightarrow Ca(OH)_2 + H_2$
- 在族中排列越靠下的元素，反应性越强，因为**价电子离原子核越远越容易失去**。
- 与**卤族元素**反应生成金属**卤化物**。
- 在族中排列越靠下，**金属硫酸盐的反应性**越弱。
- 在族中排列越靠上，**氢氧根离子的反应性越强**。
- 很**软**。

硫酸盐的反应性减弱
BeSO$_4$
CaSO$_4$
BaSO$_4$

Be(OH)$_2$
Ca(OH)$_2$
Ba(OH)$_2$
氢氧根的反应性增强

过渡金属

- 单个元素有**多个化合价**。
- 按照元素周期表的排列顺序，从左向右**反应性逐渐降低**。
- 可以形成**色彩鲜亮的溶液**。
- **熔点和沸点很高**。
- 常温下为**固体，汞（Hg）除外**。
- **致密而坚硬**。

| Sc | Ti | V | Cr | Mn | Fe | Co | Ni | Cu | Zn |

一般反应性降低 →

卤族元素

- 第ⅦA族，非金属元素。
- 在族中排列越靠下，**反应性越弱**。
- 卤族元素**电离成-1价的离子**。
- **电离**的卤族元素的单词会加"-ide"的后缀。
- **卤族元素的单质**（仅由卤族元素构成的物质），如**氯气**和**氟气**，以"双原子"分子形式存在。

氢离子浓度指数

氢离子浓度指数（PH值）指的是溶液中氢离子（H⁺）的浓度。

酸

酸是指**含有氢离子（H⁺）的物质**。在化学反应中，酸是**质子的供体**。

- 酸在水中形成**酸性溶液**。
- 酸是**氢离子（H⁺）**的来源。
- 例如，盐酸产生氢离子：$HCl(aq) \rightarrow H^+(aq) + Cl^-(aq)$。
- 酸性溶液的**pH值小于7**。

碱

碱是指含有氢氧根离子（OH⁻）的物质，**与酸反应生成盐**，是质子的受体。

- 碱在水中形成**碱性溶液**。
- 碱是**氢氧根离子（OH⁻）**的来源。
- 例如，氢氧化钠会产生氢氧根离子：$NaOH(aq) \rightarrow Na^+(aq) + OH^-(aq)$。
- 碱性溶液的**pH值大于7**。

酸反应

酸+金属 → 盐+氢气
例如：盐酸+镁 → 氯化镁+氢气
$2HCl(aq) + Mg(s) \rightarrow MgCl_2(aq) + H_2(g)$

酸+金属氧化物 → 盐+水
例如：硫酸+氧化铜 → 硫酸铜+水
$H_2SO_4(aq) + CuO(s) \rightarrow CuSO_4(aq) + H_2O(l)$

酸+碳酸盐 → 盐+水+二氧化碳
例如：盐酸+碳酸铜 → 氯化铜+水+二氧化碳
$2HCl(aq) + CuCO_3(s) \rightarrow CuCl_2(aq) + H_2O(l) + CO_2(g)$

碱反应

例如：钠+水 → 氢氧化钠+氢气
$2Na(s) + 2H_2O(l) \rightarrow 2NaOH(aq) + H_2(g)$

中和反应

酸+碱 → 盐+水
$H^+(aq) + OH^-(aq) \rightarrow H_2O(l)$

酸+金属氧化物 → 盐+水
例如：硝酸+氢氧化钠 → 硝酸钠+水
$HNO_3(aq) + NaOH(s) \rightarrow 2NaNO_3(aq) + H_2O(l)$

pH		示例
14	碱性	液体排水管清洗剂、氢氧化钠
13		漂白剂、烤箱清洁剂
12		肥皂水
11		家用氨水(11.9)
10		氧化镁乳剂(10.5)
9		牙膏(9.9)
8		小苏打(8.4)、海水、鸡蛋
7	中性	纯水(7)
6		尿液、牛奶
5	酸性	酸雨(5.6)、黑咖啡(5)
4		番茄汁(4.1)
3		葡萄柚汁、橙汁
2		柠檬汁(2.3)、醋(2.9)
1		胃黏膜分泌的盐酸(1)
0		蓄电池电解液

氢键和水

因为有水，地球上才存在生命。水占地球表面积的71%，生物体内含有60%～90%的水。

极性

极性是由分子周围**不对称的电子分布**和**电负性**导致的。必须有"**偶极矩**"，分子才会有极性。"**偶极矩**"是分子周围的电荷于正、负两侧（δ⁺和δ⁻）分开的程度。

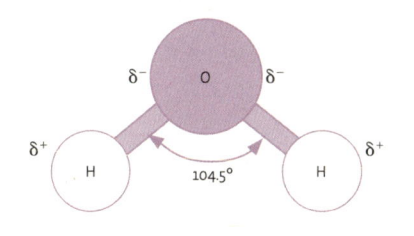

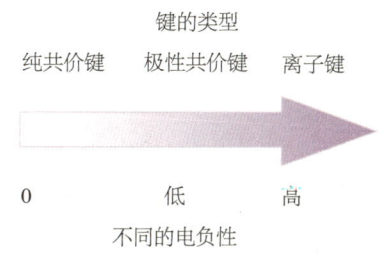

键的类型：纯共价键　极性共价键　离子键

0　　低　　高

不同的电负性

水分子的几何形状

氧原子有六个**价电子**，它需要两个**氢原子**的电子，与**氢共价键**合，才能形成八隅体。由于氧原子含有的**质子**更多，而氢原子只有一个质子，所以分子中的电子往往会**聚集在氧原子周围**，形成偶极矩。

水的极性

含有极性分子的溶剂（如水）**极易溶解溶质**。水可以溶解的化合物多于其他任何溶剂。

电负性

电负性是**原子在化合物中吸引电子的能力的标度**。

- 电负性用**鲍林标度**来表示。
- **在元素周期表中，各行元素的电负性从左到右递增。**
- 在元素周期表的每一列中，电负性从上到下**递减**，其原因是**额外的电子轨道层屏蔽了质子所带正电荷的影响**。
- **氟**是所有元素中**电负性最强**的。
- **离子键**通常比共价键的电负性更强。

宇宙水

- 2011年，天文学家发现了一个**黑洞周围的水冰层**，其含水量是地球的140万亿倍。
- **木卫二**是**木星的冰卫星之一**，其表面覆盖着一层**盐水冰层**。
- **土卫二**是**土星的卫星之一**，其表面也覆盖着一层水冰层，水冰层下面还有海洋。
- **彗星**是由岩石和水组成的。

常用术语

- **溶剂**：可以溶解固体、液体或气体的物质。溶剂可以含水，也可以不含水。
- **溶质**：被溶剂溶解的物质。
- **溶液**：溶质溶解在溶剂中形成溶液。

黏聚力

溶液中的**极性分子喜欢按照它们的电荷来排列**，分子间的偶极矩使它们**彼此结合**，这就是**水滴**是**球形**的原因。

物质的状态

物质是按照它们各自的性质来区分的。有些是感官性质，有些是化学性质，有些是物理性质。物态变化是一种物理性质。

物理性质包括：
- 密度。
- 分子几何结构。
- 比重。
- 气味。
- 颜色。
- 偶然性质，即源于其他现象，包括**纹理**、**形状**、**体积**，以及其他对于材料科学家和设计师而言很重要的感官性质。

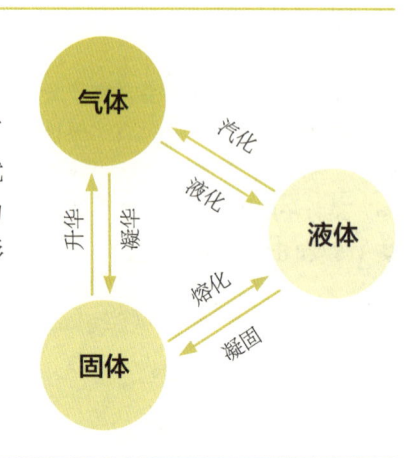

当**加热**一个系统时，会给分子和原子增加更多**动能**，使它们以更快的**速度**振荡。当向一个系统施加更多热量或能量时，**可以改变系统中物质的状态。**

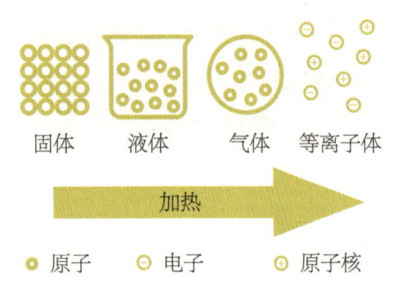

固体　液体　气体　等离子体

加热

● 原子　● 电子　● 原子核

相变

系统的**热能**为系统中的分子提供了足够的能量来**振动**。这样，它们就能**克服分子间和分子内的力（这些力使物质成为液体或固体）**，从而形成**不同的物质状态。**

气体 — 汽化 / 液化 — 液体
升华 / 凝华
固体 — 熔化 / 凝固 — 液体

布朗运动

布朗运动指**流体（液体或气体）**中的原子或分子将以一种**随机的、不稳定的方式运动**，并不断地**与其他分子碰撞**。1827年，苏格兰植物学家**罗伯特·布朗**发现了这一现象。

粒子在流体中的随机运动

布朗运动将导致粒子在流体中扩散。由于随机的碰撞，**粒子最终将在流体中均匀分布**，达到**均衡状态**。

结束点

开始点

其他状态

等离子体是物质冷却到接近绝对零度（0K，−459.67°F）的状态。此时物质表现得像单一的量子力学实体，可以用波函数来描述。

等离子体

等离子体包含很多能量。在等离子体中，**由于存在大量能量，所以电子可以摆脱带正电的原子核的束缚，形成自由流动的离子电浆**。等离子体是宇宙中存在**最多的物质状态**。恒星和超新星都处于等离子态。

手 性

手性是一些分子和离子具有的几何性质。手性分子不能与其自身的镜像重合。手性分子的化学式相同，但化学性质不同。

同分异构体：化学式相同但**原子空间排列不同**的化合物，它们的性质不同。

立体异构体：化学式相同但**原子空间排列不同**的分子。

非对映异构体：彼此**不能重叠**或互为**镜像**的立体异构体。

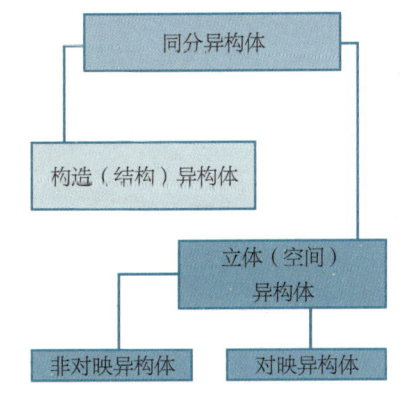

手性化合物
- 化学式相同。
- 几何结构不同。
- 化学性质不同。

顺反异构体属于立体异构体。

顺式-2-丁烯　　反式-2-丁烯

甲基在双键的同侧　　甲基在双键的两侧

S构型和R构型对映异构体

以碳原子为中心的分子的不对称性导致了有机分子的手性。**对映异构体是一对互为镜像的分子。**

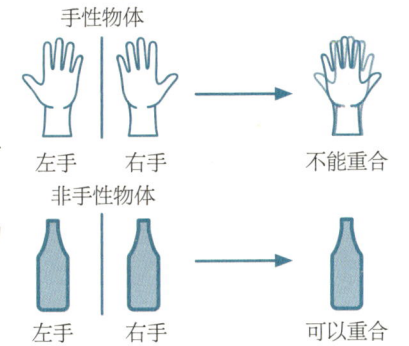

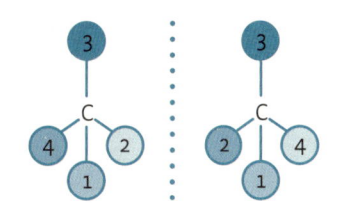

S 构型对映异构体　　R 构型对映异构体

糖的对映异构体

在生物学中，对映异构体与生物体发生的反应通常不同，因为分子经常**与体内的手性受体结合**。葡萄糖的对映异构体（D-葡萄糖和L-葡萄糖）在体内发生的反应是不同的。我们的身体可以利用D-葡萄糖，从而提供能量，却不能利用L-葡萄糖。L-葡萄糖不存在于自然界中，只能在实验室中被合成。

DNA和手性

DNA 双螺旋以顺时针方向扭转。由于构成DNA的分子本身具有**手性中心**，因此DNA分子内的化学键向特定方向**螺旋**扭转。DNA是"右手"螺旋。

大 分 子

大分子是由数千个或更多原子组成的大型分子。常见的大分子是生物聚合物和非聚合物。

分子结构

了解分子的**三维形状、几何构型和更小的亚单位**的结构，有助于理解它们的化学性质，以及它们的结构为什么是这样的。**电子轨道相互作用的方式决定了分子的几何构型。**

分子的几何构型

小分子具有不同的几何构型。

- 直线形
- V形
- 平面三角形
- 三角锥形
- T形
- 平面正方形
- 三角双锥形
- 八面体形

氨基酸

构成蛋白质的氨基酸有二十种，有时也称为R基团。不同的蛋白质有不同的性质，这取决于它们所含的氨基酸的种类。氨基酸的基本结构如右图所示。每种氨基酸之所以不同，是因为其R基团不同。

氨基酸的基本结构

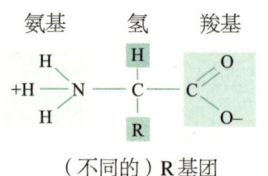

氨基　　氢　　羧基

（不同的）R基团

蛋白质

蛋白质是由**氨基酸链**构成的。蛋白质中的每个氨基酸都是从一个小分子开始形成的。**多肽**也是由氨基酸链构成的。

- **一级结构**：多肽链。
- **二级结构**：当一条**多肽链**达到一定尺寸时，就会折叠或卷曲，形成α**螺旋**和β**片层**。分子间作用力导致了这种折叠或卷曲。
- **三级结构**：由**多个二级结构堆积而成**，分子间作用力决定了它们的结构。
- **四级结构**：有些蛋白质非常复杂，是由两个或两个以上的三级结构折叠构成的。**血红蛋白**就属于四级结构。

蛋白质折叠

蛋白质的折叠**很难预测**。由不同氨基酸形成的分子间相互作用力的方式有**很多种**。从**氢键**到**疏水中心和亲水中心**，这些力都会影响蛋白质的形成。多肽链中可以形成**二硫键**，它**可以稳定三级结构**。

聚 合 物

聚合物是由单体重复连接组成的大分子。聚合是单体的化学结合,最终会生成聚合物。

分子结构

加成聚合:单体在催化剂的作用下聚合在一起,**就像把珠子串成项链一样**。

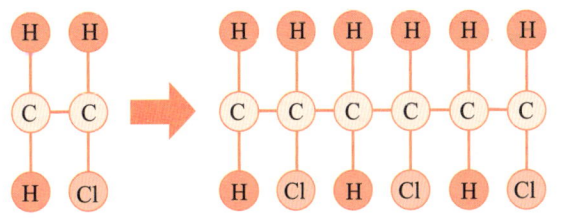

缩聚反应:单体发生聚合,并在聚合过程中产生水、二氧化碳或氨。

天然聚合物

- **多糖**——**淀粉、纤维素、糖原和果胶**等碳水化合物。
- **纤维素**——一种存在于**蔬菜、植物和树木**中的**多糖**,由**糖分子**组成,可形成**长而有弹性的纤维**,可用于**纺织**。
- **果胶**——一种具有**果冻状质地**的**多糖**。
- **蚕丝**——**蚕**(一种毛虫)结茧时产生的丝。
- **蜘蛛丝**——**蜘蛛**用**蛋白质**制成的非常**结实**的聚合物。
- **羊毛**——由一种叫作**角蛋白**的蛋白质组成。绵羊长出羊毛是为了保暖。我们可以安全地把羊毛剪下来,用于**纺织**。
- **DNA**——由**糖**和**核苷酸**构成。
- **蛋白质**——由**氨基酸链**组成。
- **胶原蛋白**——一种**纤维**聚合物,存在于**鸟类和鱼类**的肌肉和结缔组织中。

塑料

塑料可以被**加热、熔化、成型和重整**。很多塑料是从**原油**中提炼出来的。塑料是造成**污染**的主要物质之一,可以分解成**塑料微粒**,**对所有生命都有毒性**。减少一次性塑料的使用对环境是有益的。然而,医疗行业中必须使用一些一次性塑料。所有塑料都可以回收利用,它们不会被生物降解。

塑料的种类

- 聚对苯二甲酸乙二醇酯(PETE或PET)。
- 高密度聚乙烯(HDPE)。
- 聚氯乙烯(PVC)。
- 低密度聚乙烯(LDPE)。
- 聚丙烯(PP),聚苯乙烯或泡沫聚苯乙烯(PS)。

生物塑料

塑料可由**生物来源**制成,如**糖、木屑中的淀粉和食物垃圾**。生物塑料是可以被**生物降解**的,但有些生物塑料只能通过工业堆肥来降解,而工业堆肥需要160°F的环境温度。

生物塑料的种类

- 蛋白质基。
- 淀粉基。
- 纤维素基。
- 聚乳酸(PLA)。
- 酪蛋白(牛奶蛋白)。
- 脂质衍生聚合物。

亲水和疏水

亲水的意思是"爱水",疏水的意思是"怕水"。

亲水 + 低附着力 + 容易除水 − 结冰快　　亲水性表面

疏水 + 低附着力 + 结冰慢 − 呈液滴状　　疏水性表面

- **亲水性物质可溶于水**,包括**离子化合物**(如**盐类**)和**极性分子**(如**醇类**)。
- **疏水性物质不溶于水**。例如,**油和脂肪是非极性**的,它们会**排斥水**。

水和油

油会漂浮在水面上,而不会与水混合,它们**不互溶**。

- **极性溶剂**:具有**不对称的电子分布**。
- **非极性溶剂**:电子均匀分布且呈几何对称。

细胞膜

细胞膜(又称**脂双层**)因其**亲水和疏水的特性**而存在。细胞膜有两层,**亲水性头部**朝向细胞外,使其能够存在于我们的身体环境中;**疏水性尾部**则朝向细胞内。

胰岛素

胰岛素是一种**控制血糖水平的蛋白质**,它能**帮助细胞吸收(代谢)葡萄糖(能量)**。当细胞内有足够的葡萄糖时,**肝脏**会将其储存为**糖原**(防止血糖水平过低)。**胰岛素**不能直接进入它的靶细胞,因为它是**亲水的**,无法通过**疏水的脂双层内层**。胰岛素依靠**信号传送**来发挥作用。没有胰岛素,**受体**就无法判断血液中葡萄糖的含量,从而**无法进行代谢**。

氨基酸

人体需要20种氨基酸来组成**蛋白质**(见下图),这些蛋白质**构成了我们的身体**并**维持着我们身体的运行**。人体是**以水为主的环境**,需要**疏水性氨基酸和亲水性氨基酸**。

疏水性氨基酸

甘氨酸　丙氨酸　缬氨酸　脯氨酸
苯丙氨酸　酪氨酸　组氨酸
甲硫氨酸　亮氨酸　色氨酸
异亮氨酸

亲水性氨基酸

丝氨酸　天冬酰胺
半胱氨酸　苏氨酸
谷氨酰胺　天冬氨酸
谷氨酸　精氨酸　赖氨酸

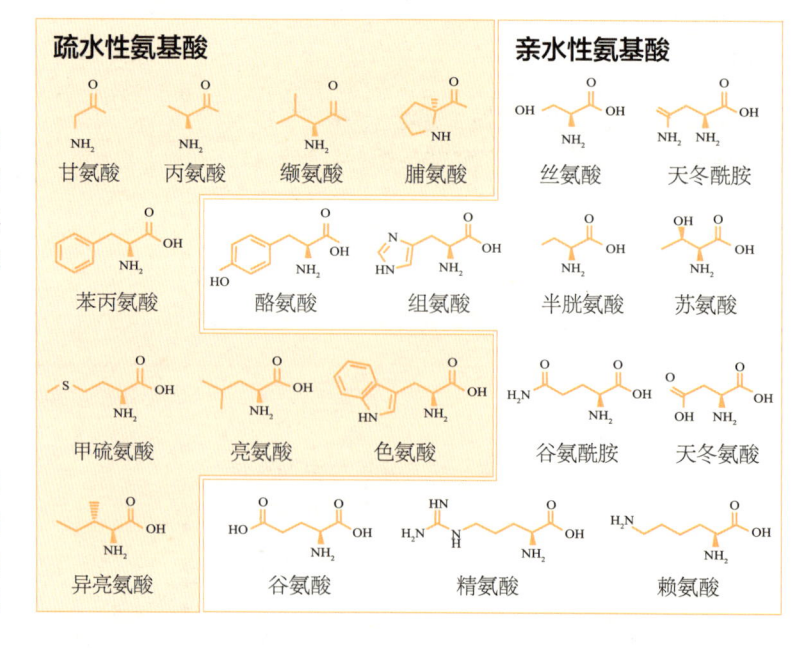

蛋白质晶体学

蛋白质晶体学用于测定晶体物质分子的原子结构，并广泛用于化学、物理和生物分子分析（如蛋白质和DNA）。

多萝西·霍奇金

英国结构生物学家**多萝西·霍奇金**（1910–1994）利用**X射线晶体学**研究了**蛋白质的结构**。她因测定了**维生素B12的结构**，获得了**1964年诺贝尔化学奖**。她开发了创新的**分子三维结构成像技术**，帮助测定了**青霉素、胰岛素和甾体**的结构。

维生素B12的复杂结构

维生素是人体必需的**分子**。大部分维生素是**人体不能自行合成的**。维生素B12是一种水溶性分子，是**维持和生成神经细胞、血细胞和DNA的必需分子**。

蛋白质结晶

蛋白质的**结构非常复杂**。我们需要测定蛋白质的结构，以了解它们在人体中的作用。了解胰岛素的形成，使我们可以**在实验室中生产胰岛素，以挽救1型糖尿病患者**的生命。这项技术有助于我们了解复杂生物分子的结构。

X射线衍射

X射线衍射是一种用于测定**晶体结构的技术**。**X射线的波长很短**，可以穿过晶体。当它们通过晶体时，会产生一个**衍射图样**。这些图样可以告诉我们**原子在晶格中的排列方式、原子之间的距离及晶格的尺度**。

晶体

晶体是固体，具有**规则的结构**，表面平坦，边缘平直。晶体由数以百万计的小粒子组成，它们以**重复的模式**排列，形成**晶格**。晶体的规则结构使我们可以更容易**对其分子结构进行几何分析**。

常见的晶体几何结构

晶体可以形成许多不同的几何形状，但较常见的四种是**立方晶系、六方晶系、单斜晶系和菱形晶系**。

| 立方晶系 | 六方晶系 | 单斜晶系 | 菱形晶系 |

DNA和51号照片

X射线晶体学是一种通过物质与短波X射线的相互作用，来研究物质内部结构的方法。20世纪50年代初，它揭示了对生命来讲至关重要的DNA的分子结构。

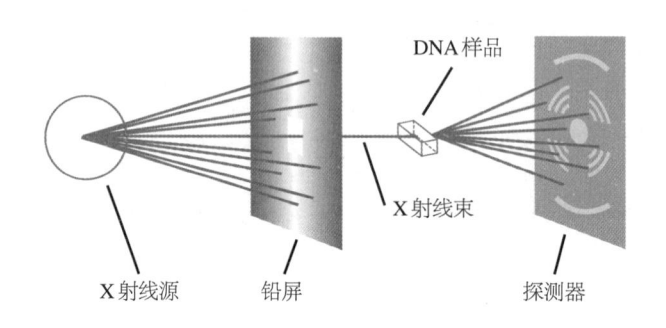

（图：X射线源、铅屏、DNA样品、X射线束、探测器）

双螺旋

虽然生物学家在很多年前就已经**发现了**DNA，并认识到了它在**存储**细胞用于复制和制造其他化学物质的遗传**信息方面**的作用，但直到20世纪50年代初，人们才开始了解DNA的原理。

罗莎琳德·富兰克林和她在伦敦国王学院的同事们进行了开创性的X射线研究，他们开始测定DNA这个巨大的分子中关键的化学结构。1953年，一张被称为"**51号照片**"的照片启发了剑桥生物学家**弗朗西斯·克里克**和**詹姆斯·沃森**，他们建立了一个模型，在这个模型中，**碱基对（核苷酸）**连接在一起，形成了一个扭转的梯子的形状，称为双螺旋。

令人遗憾的是，关于DNA的故事陷入了**争议**。因为詹姆斯·沃森在他对这一发现的描述中，试图淡化罗莎琳德·富兰克林的重要作用，而且带有**性别歧视**。此外，这两位剑桥的研究者似乎是**在罗莎琳德·富兰克林不知情的情况下，获取了她的关键研究**，其中一部分是通过他们共同的同事莫里斯·威尔金斯获得的。

我们可能永远无法了解事实的真相和相关人员的动机。1958年，罗莎琳德·富兰克林因卵巢癌去世，我们了解真相的可能性更小了。

四年后，**詹姆斯·沃森、弗朗西斯·克里克和莫里斯·威尔金斯**因这个发现被授予了诺贝尔奖。近年来，罗莎琳德·富兰克林已经从一个"**与DNA有关的被遗忘的女性**"，变成了一个**标志性人物**。

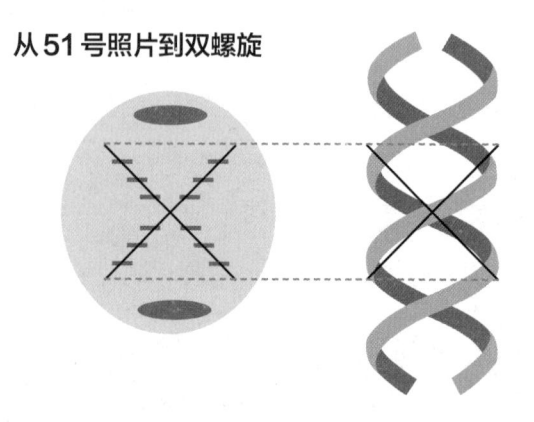

从51号照片到双螺旋

生物学的中心法则

生物学的中心法则是：DNA 制造 RNA，RNA 制造蛋白质，蛋白质制造 DNA。DNA 被紧紧地包裹在染色体中，而染色体则存在于细胞核中。

DNA

- 由核苷酸组成：腺嘌呤（A）、鸟嘌呤（G）、胸腺嘧啶（T）和胞嘧啶（C）。
- A、G、T、C 在**扭转成螺旋梯子状的**两条糖–磷酸链之间键合。

碱基对

A 与 T 键合，C 与 G 键合。DNA 通过碱基对**序列（顺序）**来**编码信息**。

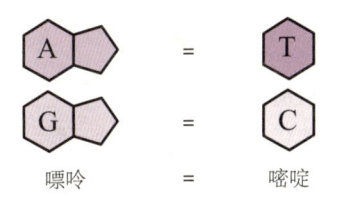

A = T
G = C
嘌呤 = 嘧啶

每个细胞中大约有 60 亿个碱基对。
- DNA：脱氧核糖核酸，双螺旋。
- RNA：核糖核酸，单螺旋，含有尿嘧啶而非胸腺嘧啶。

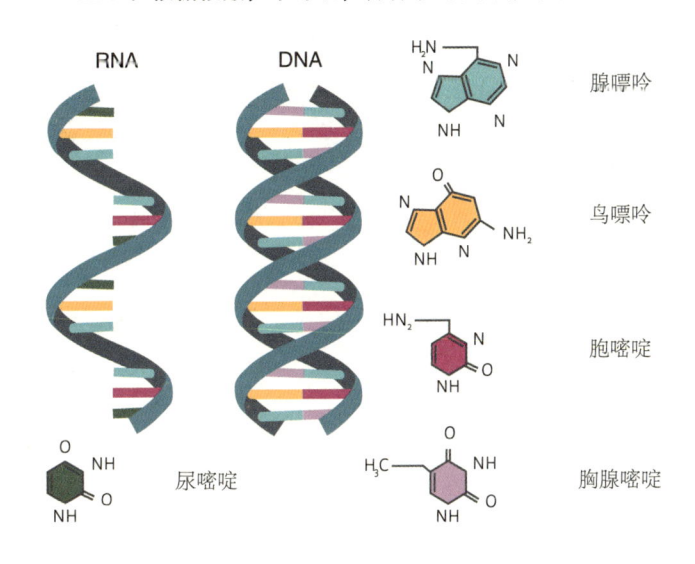

腺嘌呤
鸟嘌呤
胞嘧啶
尿嘧啶
胸腺嘧啶

复制

细胞用 DNA 的一半作为**模板**，在一生中会将 DNA 复制数万亿次。**酶是控制复制的蛋白质**。

- **解旋酶**将 DNA 解开，以创建模板。
- **RNA 引物酶**启动这一过程。
- **DNA 聚合酶**添加互补的核苷酸。
- **DNA 连接酶**结束这一过程。

每一百亿个核苷酸中就会有一个出错。DNA 聚合酶会对 DNA 进行检查，将**错误量降到最低**。

转录

基因通过合成蛋白质来进行表达。DNA 片段被复制形成**信使 RNA**（制造蛋白质的指令）。

- RNA 聚合酶解开双螺旋，复制序列。
- RNA 到达**终止信号**，然后**停止**。
- 信使 RNA（mRNA）形成。
- 信使 RNA 离开细胞核，开始合成蛋白质。

翻译

核糖体在细胞质中制造**蛋白质**。

- 信使 RNA 进入内质网。
- 核糖体包含**蛋白质**和**核糖体 RNA**（rRNA）。
- 核糖体 RNA 一次读取信使 RNA 的三个核苷酸。
- 转运 RNA 的一端是氨基酸，另一端是与信使 RNA 匹配的反密码子。
- 转运 RNA 携带的**氨基酸键合形成多肽链**（蛋白质的起点）。

细 胞

细胞是生物体最基本的组成部分。

原核细胞

原核生物是**单细胞生物**。原核细胞有**用来移动的鞭毛和用来感知周围环境的菌毛**。

真核细胞

真核细胞存在于**多细胞生物**中，内部结构更为复杂。

细胞里有什么

- **细胞膜**——包围和保护细胞；**营养物质**和**废物**可以通过细胞膜。
- **细胞核**（真核生物具有）——控制细胞，内含DNA。
- **细胞质**——成分复杂，化学反应发生在细胞质中。
- **线粒体**——进行**代谢**（呼吸）。
- **核糖体**——制造蛋白质，存在于内质网中。

植物细胞特有的

- **细胞壁**——硬质外部结构。
- **液泡**——内含**细胞液**的泡状结构。
- **叶绿体**——进行**光合作用**。

细胞结构图

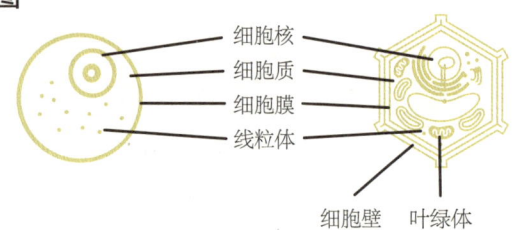

（细胞核、细胞质、细胞膜、线粒体、细胞壁、叶绿体）

细胞呼吸

细胞通过一种称为**呼吸**的化学反应来获得**能量**，碳水化合物在细胞质中被分解。

- **吸热反映**：化学键的断裂**吸收**能量。
- **放热反映**：化学键的断裂**释放**能量。

放热反应释放的能量与磷酸离子结合，形成三磷酸腺苷（ATP）。氧气（O_2）接受电子，同时释放二氧化碳（CO_2）。

在**发生光合作用的细胞**中，二氧化碳用来合成**碳水化合物**，氧气作为**废物**被释放。

糖酵解

以下是对细胞呼吸的简化描述。

- **葡萄糖**被分解为**丙酮酸**（**克雷布斯循环**的一部分）。
- 丙酮酸被分解，释放更多的**能量**，从而生成烟酰胺腺嘌呤二核苷酸（NADH）。
- 这使得电子沿着被称为"细胞色素"的酶和分子链传递（电子是能量的来源）。
- 电子通过可以**生成ATP**的膜排斥质子（H^+）（这就是**化学渗透**）。
- **糖酵解**不需要**氧气**，这个过程是**厌氧**的。
- 有些细菌和酵母只通过糖酵解来获取能量。

克雷布斯循环（柠檬酸循环）

丙酮酸分子分解成ATP、二氧化碳、烟酰胺腺嘌呤二核苷酸（NADH）和还原型黄素腺嘌呤二核苷酸（$FADH_2$，一种具有氧化还原活性的分子）。

显微镜

如果没有显微镜，我们就不会制造出脊髓灰质炎疫苗，也不可能制造出微型芯片。

光学显微镜

光学显微镜利用可见光和透镜来放大生物体。据说，1595年，荷兰眼镜商**扎卡里亚斯·詹森**设计出了**第一台显微镜**，它的**放大倍数是9倍**。

罗伯特·胡克的《显微制图》

英国科学家**罗伯特·胡克**（1635—1703）制作了一台显微镜，并在1665年出版了一本名为《**显微制图**》的书。这是有史以来第一本**以图文并茂的方式记录微观物体**的书。

安东尼·列文虎克

荷兰学者**安东尼·列文虎克**进一步发展了显微镜，可以**把物体放大270倍**。

超微显微镜

奥地利化学家**理查德·席格蒙迪**发明了**超微显微镜**。它将一束光聚焦，并通过一种**微观分散的微粒悬浮液**（称为**胶体**），该悬浮液中含有用于在实验室进行研究的粒子。超微显微镜的放大倍数**高达10万倍**。1926年，理查德·席格蒙迪获得了**诺贝尔奖**。

相差显微镜

1932年，**弗里茨·泽尔尼克**设计了相差显微镜，使**观察透明材料**成为可能。该显微镜的**分辨率接近原子级**。

电子显微镜

电子显微镜发明于1931年，它用**电子束代替光束对物体进行放大**，放大倍数可达**1000万倍**。由于电子显微镜使用了电子，所以**可以看到比光的波长更小的物体**。现代电子显微镜需要用到**计算机**和**软件**。

电子隧道显微镜（ETM）

1982年，IBM公司发明了电子隧道显微镜。它的分辨率可以达到**原子级别**，在原子尺度上显示材料的表面。电子隧道显微镜需要用到**量子隧道**、**计算机**和**软件**。

生物学与医学

19世纪光学显微镜的基本设计

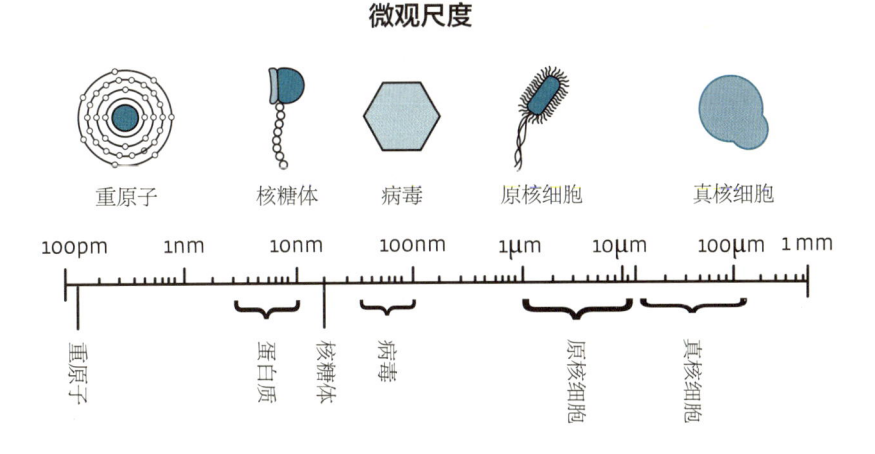

微观尺度

重原子 · 核糖体 · 病毒 · 原核细胞 · 真核细胞

100pm · 1nm · 10nm · 100nm · 1μm · 10μm · 100μm · 1mm

重原子 蛋白质 核糖体 病毒 原核细胞 真核细胞

105

微生物学

微生物学研究的对象是微生物，包括细菌、病毒、古菌、真菌和原生动物。它对医学、生物化学、生理学、细胞生物学、生态学、进化论、生物医学工程等领域的研究有着重要意义。

微生物帮助我们**消化食物、制造奶酪**，也会令我们**感冒**。对**人类**和全世界的生态系统来讲，它们**至关重要**。它们既丰富又重要，但有些微生物会导致致命的疾病。

微生物的五种类型

细菌

病毒

真菌：酵母菌和霉菌

原生动物

古菌

古菌、细菌和原生动物

古菌、细菌和原生动物是**最早出现的生物体**，其中有许多是在**极端环境**中发现的。它们中有一些存在于**我们的身体上和身体内部**，保护着我们。

微生物学和医学（1715—1929）

1715年 蒙塔古夫人给她的孩子们实施了**土耳其的人痘接种术**，使他们免受**天花**的侵害。

1796年 爱德华·詹纳发明了预防**天花**的接种疫苗法。

1838年 马蒂亚斯·雅各布·施莱登发现了**植物是由细胞构成的**。

1840年代 伊格纳兹·塞麦尔维斯发现**洗手**可以减少疾病的传播，可惜当时没有几个人相信他。

1850年代 鲁道夫·菲尔绍发现每个细胞都来自另一个细胞——它们通过繁殖来产生新的细胞。

1854年 约翰·史密斯发现伦敦苏荷区爆发的霍乱与公共水泵有关。

1864年 路易斯·巴斯德发明了巴氏消毒法，并提出了**细菌理论**：传染病是由细菌引起并**由人传播**的。

1876年 罗伯特·科赫创立了**细菌学**，提出了不同的微生物会引起不同的疾病。

1882年 弗兰尼·黑塞发明了琼脂平板。

1860年 约瑟夫·李斯特发明了可以减少疾病传播的**抗菌剂**。

1905年 弗洛伦斯·南丁格尔发现了清洁对于**病人护理**和减少传染病的重要性。

1928年 亚历山大·弗莱明发现了**青霉素**——人类由此发明了**抗生素**。

巴氏消毒法

法国化学家路易斯·巴斯德（1822-1895）发现了接种疫苗可以预防疾病的原理，以及微生物发酵的原理，并且发明了巴氏消毒法。他的突破性成果拯救了无数人的生命。

科学发现需要**积累**和**协作**。路易斯·巴斯德的成果需要感谢前人的努力和工作。

发酵

路易斯·巴斯德的早期研究表明，**发酵**是**活的微生物活动**的结果。在酿酒发酵的过程中，**糖**转化成**乙醇**和**二氧化碳**，从而酿成葡萄酒和啤酒。

疾病的细菌理论

路易斯·巴斯德提出了**疾病的细菌理论**：传染病是由细菌引起并由人传播的。

当时的**医学界不愿意接受路易斯·巴斯德的细菌理论**。他们看不起路易斯·巴斯德，因为他是一个**化学家**。尽管如此，路易斯·巴斯德还是发展了**疫苗接种**技术，为**免疫学**做出了贡献。

疫苗接种

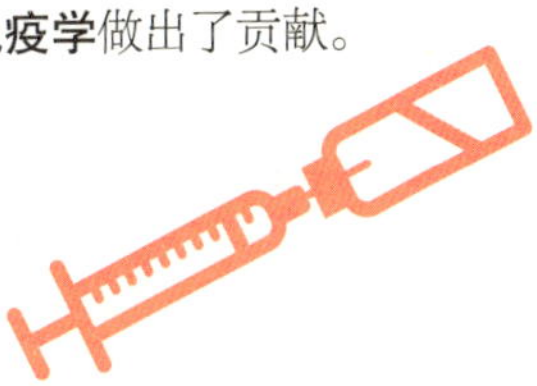

路易斯·巴斯德研发了**狂犬病**、**炭疽**和**鸡霍乱**疫苗。

巴氏消毒法

路易斯·巴斯德在一项实验中证明，将**牛奶**煮到140～212°F，然后**将它灌入鹅颈烧瓶中冷却**，烧瓶内的物质并不会变质，即这样并不会导致**微生物的生长**。如果**打破烧瓶，微生物就会开始生长**。

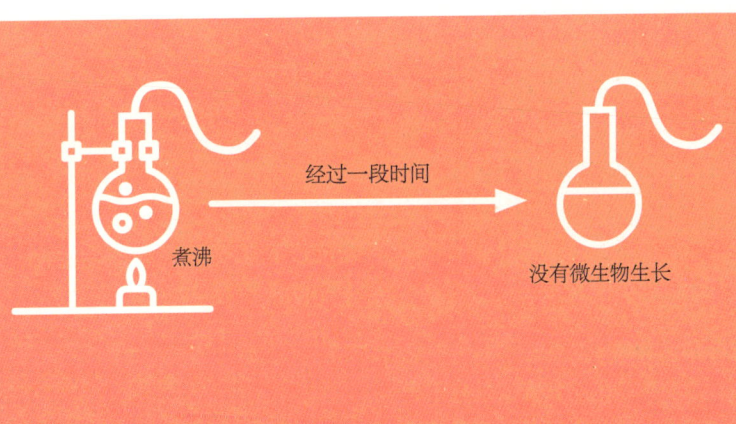

烧瓶弯曲的"天鹅颈"可以阻止微生物进入烧瓶。这就是为什么**马桶**有一个**S形弯**。

至今人们仍然使用**巴氏消毒法**来**延长食品的保存期限**。

煮沸 → 经过一段时间 → 没有微生物生长

煮沸 → 打破瓶颈 → 经过一段时间 → 微生物生长

疫苗接种

疫苗接种是一种医疗技术，通过将某种减毒或灭活的病原体接种到人体内，来训练人体的免疫系统识别和攻击这种病原体的能力。疫苗接种可以刺激人体产生自然免疫。

天花

天花是一种具有**高度传染性**的**病毒**，可以引起宿主**发烧并产生大量脓包**。天花曾夺去了数十亿人的生命。1979年，**通过接种疫苗，天花已经被消灭**。

人痘接种

1022年，一位来自**中国四川的尼姑**，因**将天花的痂皮碾碎后吹入健康人的鼻孔**，使其对天花产生**免疫**而闻名。类似的做法传到了**土耳其**。

疫苗接种实验

爱德华·詹纳（1749—1823）注意到，**患有牛痘的挤奶女工从来不会感染天花**。牛痘和天花都属于**痘病毒**。爱德华·詹纳给没有感染天花的人接种了牛痘，几个月后，再给他们接种天花。结果，这些人并**没有感染**天花。

接种

- **牛痘对人类的攻击性比对牛的攻击性小。**
- 接种牛痘即让人类的**免疫系统**接触到一种攻击性更弱的痘病毒。
- 接种牛痘后再接触天花病毒的人，其免疫系统可以**识别这种病毒**并知道如何攻击它们。

麻疹、腮腺炎和风疹联合疫苗（MMR疫苗）

MMR疫苗可以保护儿童免受三种可怕**病毒**的侵害：**麻疹、腮腺炎和风疹**。MMR疫苗和自闭症之间没有任何可信的联系，将二者联系起来的说法明显是错误的。自闭症不是疾病，它就像眼睛和皮肤的颜色一样，是人类多样性的一部分。自闭症不应该被污名化。

人乳头瘤病毒疫苗（HPV疫苗）

HPV疫苗可以预防**人乳头瘤病毒**，这种病毒是**引起宫颈癌的主要危险因素**。

埃博拉病毒

埃博拉病毒会造成**出血从而导致死亡**。它已经**演化到可以在人体内存活**。当人类感染埃博拉病毒后，其会对人体造成极其严重的影响。目前对抗埃博拉病毒的**疫苗正在研制中**。

细菌学

细菌无处不在。有些细菌可以保护我们,有些细菌却会导致疾病。血液中的细菌则是致命的。

细菌是**地球上古老的生物之一**,它们已经存在了30亿年,在地球上的**原核生物**中占很大比例。

细菌如何生存

细菌**不进行有性繁殖**,它们进行**横向基因转移**,所以它们能够快速演化出**对抗生素的耐药性**。许多细菌是**寄生**的。细菌主要分为三大类。

细菌的分类

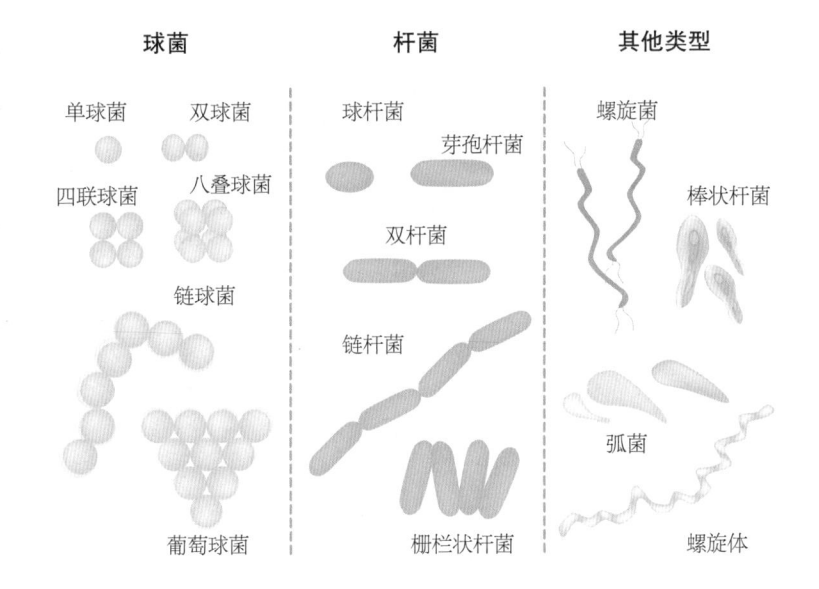

球菌
- 单球菌
- 双球菌
- 四联球菌
- 八叠球菌
- 链球菌
- 葡萄球菌

杆菌
- 球杆菌
- 芽孢杆菌
- 双杆菌
- 链杆菌
- 栅栏状杆菌

其他类型
- 螺旋菌
- 棒状杆菌
- 弧菌
- 螺旋体

细菌的毒力

细菌的毒力表示细菌致病性的强弱。

细菌的耐药性

耐甲氧西林金黄色葡萄球菌(MRSA)是一种**"超级细菌"**,它对**许多抗生素**产生了**耐药性**。**MRSA 感染**比其他细菌感染**更难治疗**。

细菌感染列表

- 细菌性脑膜炎。
- 肺炎。
- 结核病。
- 上呼吸道感染。
- 胃炎。
- 食物中毒。
- 眼部感染。

消毒的历史

伊格纳兹·塞麦尔维斯(1818—1865)是一名**匈牙利**医生,他是第一个引入**消毒程序**的人。他发现,**在为病人进行治疗之前,洗手可以防止感染的传播**,从而挽救生命。当时的医学界对此感到非常愤怒,他们**拒绝洗手**——因为医生会传播疾病的想法让他们感到被冒犯——但伊格纳兹·塞麦尔维斯是正确的。

英国外科医生**约瑟夫·李斯特(1827—1912)**发明了**外科消毒法**,降低了医生在对病人进行**必要的手术**时的**感染和死亡的风险**。

英国社会改革家、护士和统计学家**弗洛伦斯·南丁格尔(1820—1910)**的护理方法**拯救了很多受伤士兵的生命**。因为很多受伤士兵并**不是死于他们所受的伤,而是死于感染**。她的护理方法证明了**清洁**的重要性。

病毒学

从某种意义上来讲，病毒不是活的。它们可以说是细胞内的寄生虫，没有宿主就无法进行复制或传播。

病毒

病毒包括**引起普通感冒的病毒**、肝炎病毒、结核病毒、H1N1病毒（猪流感病毒/禽流感病毒）、狂犬病毒、人类免疫缺陷病毒（HIV）、埃博拉病毒、人乳头瘤病毒（HPV）、流感病毒、麻疹病毒和水痘-带状疱疹病毒。

- 病毒由蛋白质和包裹在蛋白质中的一段DNA（或RNA）构成。
- 病毒会**劫持宿主的DNA和细胞机制**来进行**自我复制**。
- 病毒可以**感染所有生物体**，包括细菌、昆虫和植物。

多样性

病毒的大小从微米级到纳米级不等。

病毒的毒力

病毒的毒力表示病毒**致病性**的强弱，其可以随着时间的推移降低或增加。

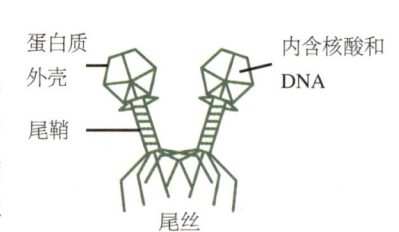

病毒的结构和简化的生命周期

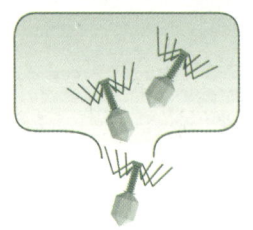

（图示标注：蛋白质外壳、尾鞘、尾丝、内含核酸和DNA）

HIV——引起艾滋病的病毒

自20世纪30年代以来，全世界约有7000万人**感染了艾滋病**，3500万人**死于艾滋病**。对于那些因艾滋病的污名而被忽视的人来说，艾滋病的历史充满了死亡和**不公**。只要能得到正确的药物治疗，艾滋病就**不再是死刑**。

法国病毒学家弗朗索瓦丝·巴尔-西诺西与吕克·蒙塔尼发现了HIV，哈拉尔德·楚尔·豪森发现了可以导致宫颈癌的人乳头瘤病毒（HPV），他们三人一同获得了2008年的诺贝尔生理学和医学奖。

反转录病毒

反转录病毒**利用宿主RNA进行繁殖**，该过程包括五个独特的步骤。

1. **附着**：噬菌体病毒附着在宿主细胞上。
2. **穿入**：将病毒DNA/RNA注入宿主细胞内。
3. **生物合成**：病毒DNA/RNA复制并形成蛋白质。
4. **成熟**：病毒蛋白组装形成新的病毒。
5. **裂解**：新病毒从细胞中释放出来。

宿主和病毒的DNA交互，导致大量病毒DNA/RNA整合进了我们的DNA/RNA。如果病毒没有**突变**或破坏我们的DNA，那么它就会保留下来。如果这种情况发生在**生殖细胞（精子或卵子）**中，那么**一部分病毒DNA就会被遗传下来，而且不会产生不良影响**。

嗜极微生物

嗜极微生物生活在我们认为的极端环境中。嗜极微生物是适应了极端环境，还是从一种更原始的生命形式演化而来的呢？

嗜极微生物的种类

- **抗辐射**的嗜极微生物。
- **嗜酸微生物**：适应PH值为1～5的酸性环境。
- **嗜碱微生物**：适应PH值为9～14的碱性环境。
- **嗜热微生物**：耐高温。
- **嗜冷微生物**：耐低温。
- **嗜热嗜酸菌**：适应高温、酸性环境。
- **嗜旱微生物**：耐干旱。
- **嗜压微生物**：耐高压。
- **嗜盐微生物**：适应盐度很高的环境。

热泉

热泉可以**将水加热到750°F**，并释放出可以**杀死其他生物的硫化氢气体**。这些热泉形成了一个生态系统：一种叫作 Picrophilus torridus 的**古菌、南极磷虾和庞贝虫**。

隐藏岩内生物

隐藏岩内生物**生活在地表下的多孔岩石中**。人们在南极洲的深层岩石中发现了它们。它们的生存**不依赖阳光**，生物量大于地球海洋中所有的生物。

古代细菌

2000年，人们在**地下1850英尺**的**盐晶体**中发现了古代细菌的孢子，历经2.5亿年，它们仍然可以存活。

缓步动物

缓步动物又称为**水熊**或**苔藓猪仔**，它们是非常微小的无脊椎动物，用显微镜才能看见。它们可以**在太空的真空环境中生存**，能够承受6000倍的大气压，并且**能够进入隐生状态**（假死状态）。

太空

细菌无法在太空的真空环境中生存，但囊可以保护它们免受辐射。肉毒杆菌形成的芽孢可以在太空的真空环境中生存。

天体生物学

天体生物学将**地球化学、生物化学、天文学、地球物理学和生态学**结合在一起，以探索生命的起源、早期演化和未来生命。天体生物学家研究的内容是嗜极微生物是否可以**在太阳系和宇宙的其他地方演化**。

土卫二和木卫二

土星的卫星土卫二和木星的卫星木卫二都被冰层下的液态水覆盖，这种环境与一些地球上的海洋类似。

火星

生命无法在火星的辐射和火星的环境下存活，但**以前火星上可能有生命存在过**。

生物材料

生物材料与生物系统相互作用或由生物系统合成。它们可以用于制药、医学,并越来越多地用于建筑、设计和纺织。

生物矿物

生物矿物是由生物系统产生的矿物质,如**骨骼**、**羽毛**、**象牙**和**贝壳**。生物体产生生物矿物以**保护**、**强化自身**和**感知环境**。许多生物体都会产生生物矿物。

- **硅酸盐**:海绵、藻类和硅藻。
- **碳酸盐**:无脊椎动物的外壳。
- **磷酸钙和碳酸盐**:脊椎动物。
- **铜和铁**:某些细菌。

贝壳和珊瑚礁

贝类和珊瑚礁把**溶解的碳**转化为**碳酸钙**($CaCO_3$),从而**合成其坚固的结构**。海洋酸化对这些生物构成了巨大的威胁,因为酸会溶解碳酸钙。

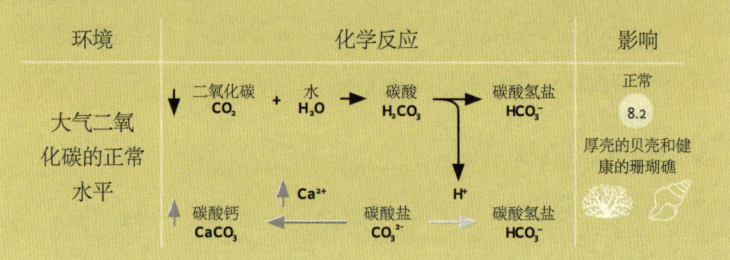

环境	化学反应	影响
大气二氧化碳的正常水平	二氧化碳 CO_2 + 水 H_2O → 碳酸 H_2CO_3 → 碳酸氢盐 HCO_3^- ↑ 碳酸钙 $CaCO_3$ ← Ca^{2+} 碳酸盐 CO_3^{2-} → H^+ 碳酸氢盐 HCO_3^-	正常 8.2 厚壳的贝壳和健康的珊瑚礁

羟基磷灰石

羟基磷灰石这种**复杂晶体**[$Ca_5(PO_4)_3(OH)$ 或 $Ca_{10}(PO_4)_6(OH)_2$]对**骨骼结构**具有重要作用。它会使骨骼**在受力方向上增强**。婴儿不是生下来就有坚硬的**膝盖骨的**。当婴儿开始学走路时,由于羟基磷灰石的材料特性,婴儿的膝盖骨的软骨会开始**钙化**(形成含钙晶体),**变得坚固**。

水母

水母通过将**硫酸钙**($CaSO_4$)粒子嵌入特殊的膜内**蛋白质来感应地球的重力场**,从而确定自己的方位。

趋磁细菌

不同种类的**趋磁细菌**可以利用地球的**磁场线**来导航,因为它们体内含有由纳米四氧化三铁组成的**铁晶体**,而铁具有**铁磁性**。

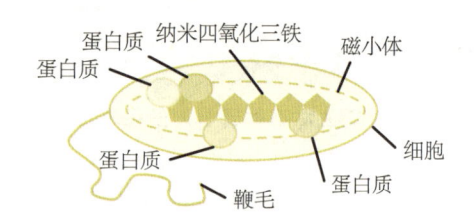

平衡

内耳的骨骼掌管我们的**协调性**。

生物设计

生物设计领域探索的是将**自然引入设计**及**与自然过程合作**的方式。

设计师**那特萨伊·奥黛丽·奇萨**研究的可以**产生色素的细菌**,其可以在**不产生有毒副产物**的情况下**为纺织品染色**。

真 菌

真菌是一种神奇的生物，它们既不是动物，也不是植物；既可以是多细胞的，也可以是单细胞的，如酵母菌。

- 大约10亿年前由原生动物演化而来。
- 人们认为有150万种真菌。
- 其中12万种真菌已经被分类。
- 有些真菌可以食用，但很多真菌是有毒的。

繁殖

真菌也称为**接合菌**，它们通过释放**有性的孢子**或无性的**孢囊孢子**来进行**有性**或无性**繁殖**。它们没有性别，只有不同的**交配型**。有些真菌有数百种交配型。真菌的**繁殖**可能需要几秒钟，也可能需要几百年。

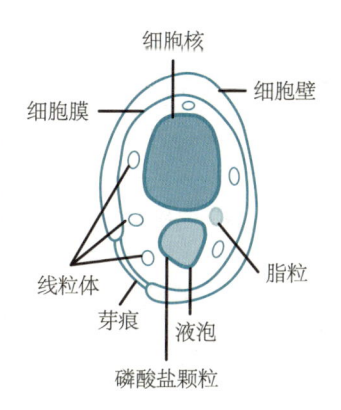

细胞核
细胞膜
细胞壁
线粒体
芽痕
脂粒
液泡
磷酸盐颗粒

真菌的生存策略

- **分解**：分解物质，包括木头。
- **互利共生**：帮助植物**吸收养分**，并将自己嵌入根部组织，称为**菌根**。它们对**生态系统**和**农业**至关重要。
- **寄生**：以生物体为食，可能会杀死它所寄生的生物体。
- **捕食**：可以用菌丝捕获猎物。

真菌摄食

真菌通过释放**强大的酶**来摄取腐烂的物质，以此将**必要的化合物释放**到环境中。真菌是**异养生物**（不能自己产生食物）。

真菌与细菌的战争

真菌和细菌为争夺相同的资源进行着**分子战争**。

菌丝

真菌的食物上和食物周围会生长出一些丝状结构——菌丝。菌丝含有**几丁质**——一种存在于外壳和外骨骼中的多糖。

菌丝体

菌丝体是一个巨大的菌丝网，**能最大限度地扩大吸收食物的表面积**。菌丝体生长在地下，是真菌的主体。它在**喂养真菌**的同时，还能维持土壤的结构和健康。

子实体

子实体是真菌**产生孢子的器官**。

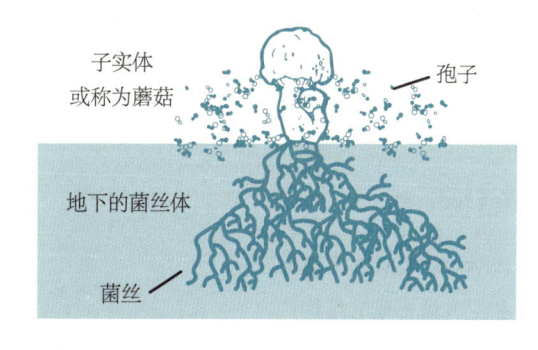

子实体或称为蘑菇
孢子
地下的菌丝体
菌丝

真菌感染

真菌可以感染**人**、**动物**和**植物**。农作物的真菌感染是**对农业的一大威胁**。全球平均气温的升高增加了真菌感染的风险。

青霉素的发现

19世纪，结核病导致了近25%的人类死亡；20世纪40年代，只是被玫瑰刺伤，就有可能导致败血症（血液中毒）从而死亡。

1928年，细菌学家**亚历山大·弗莱明**（以下简称弗莱明）在他的实验室里发现，一个琼脂平板上的**葡萄球菌**被**霉菌**污染了。他注意到，霉菌的周围形成了一道**无菌屏障**。

科学家**霍华德·弗洛里**（以下简称弗洛里）和**恩斯特·钱恩**（以下简称钱恩）发现了弗莱明的论文。第二次世界大战期间，他们与生物化学家**诺曼·希特利**一起进行了青霉素实验。由于当时设备紧缺，所以他们**制造了一个仪器**，从旧书柜和牛奶缸中提取**青霉素**。

1940年9月，一个叫**阿尔伯特·亚历山大**的人不小心被玫瑰的刺划伤了脸，伤口发生了肿胀和感染，导致了**败血症**。弗洛里和钱恩询问阿尔伯特·亚历山大是否可以在他身上试验青霉素，**不久之后，阿尔伯特·亚历山大开始好转了**。不幸的是，**在阿尔伯特·亚历山大被治愈前，青霉素就用完了**。

弗洛里和钱恩**培养和提取青霉素的方法很难**，于是人们开始使用**另一种霉菌**进行培养，产量得到了提高。当战争结束时，人们已经不再因细菌感染而死亡。

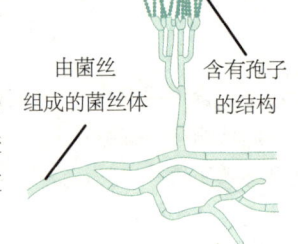

青霉素的发展

"没有弗莱明，就没有钱恩；没有钱恩，就没有弗洛里，没有弗洛里，就没有希特利；没有希特利，就没有青霉素。"

—— 亨利·哈里斯教授，1998年

抗生素的耐药性

弗莱明曾发出警告，如果不谨慎使用抗生素，那么细菌就会**演化出对抗生素的耐药性**。抗生素必须持续使用到感染完全清除，而且**不能过度使用**。养殖业中使用的抗生素及人类对抗生素的过度使用，促使细菌演化出了耐药性。这些细菌已经发生了如下改变。

1. 演化出能降解抗菌药物的酶。
2. 细菌中可作为抗菌靶点的细菌蛋白质已经发生了改变。
3. 细菌的细胞膜发生了改变。

过敏

有些人会对青霉素产生**严重的过敏反应**。

结构

1945年，**多萝西·霍奇金**发现青霉素的结构中含有一个**内酰胺环**。青霉素通过**与细胞膜结合**来杀死细菌。

青霉素的结构	R基团	药品名称
	—CH₂—	青霉素G
	—CH₂—O—	青霉素V
	—CH— NH₂	氨苄西林
	—CH— OH NH₂	阿莫西林
	CH₃O— CH₃O—	甲氧西林

光合作用

光合作用是植物用来生产食物的化学过程。植物是自养生物,可以自己产生养分。

植物细胞结构

植物细胞有**坚硬的细胞壁**,细胞内有**质体**。叶绿素是叶绿体质体中的**色素**。叶绿体是**吸收光子作为能量的细胞器**。

叶绿体结构复杂,由叶绿体外被、类囊体和基质三部分组成。类囊体包含腔体和叶绿素,类囊体堆叠在一起形成的结构称为**基粒**,基质在类囊体之外。

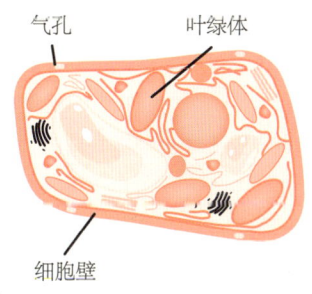

气孔
叶绿体
细胞壁

叶绿素

叶绿素有**不同的形式:叶绿素a**(含有一个CH_3分子)和叶绿素b(含有一个CHO分子)。叶绿素的这两种形式都是稳定的,并且通过交替来改变单键和双键,从而使中心镁原子周围的电子轨道离域。这使得它们成为**极好的光感受器**。

到达植物的**光子**在叶绿体中触发光合作用的第一阶段,分解水分子。第二阶段是**光反应阶段**,完成光合作用,**产生糖和氧气**。完整的反应过程如下。

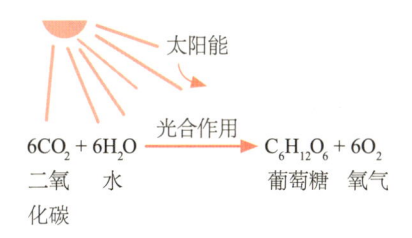

太阳能
光合作用
$6CO_2 + 6H_2O \longrightarrow C_6H_{12}O_6 + 6O_2$
二氧化碳　水　　　　葡萄糖　氧气

我们看到植物是绿色的,因为它们会反射绿色的光。植物只吸收红色的光。一些在**丛林深处**发现的植物的叶子中含有红色或紫色的色素,即红色的光可以被反射回叶子,使可吸收的光子的量最大化。

植物组织结构:C3途径、C4途径和景天科酸代谢途径(CAM)

不同的植物有**不同的组织结构**,这取决于它们生长的气候,以及它们在**光合作用**中如何"固定"(同化)二氧化碳。

C3途径:大多数植物;通过呼吸失去水分;通过卡尔文循环固定碳;反应中使用的酶有核酮糖-1,5-双磷酸羧化酶/加氧酶。

C4途径:热带草类;失水少;在细胞质中固定碳;反应中使用的酶有磷酸烯醇丙酮酸羧化酶。

景天科酸代谢途径(CAM):肉质植物、菠萝、仙人掌;节水;只在夜间固定碳;反应中使用的酶有磷酸烯醇丙酮酸羧化酶。

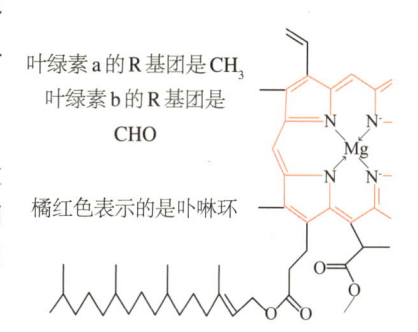

叶绿素a的R基团是CH_3
叶绿素b的R基团是CHO

橘红色表示的是卟啉环

蓝细菌

蓝细菌是一群**生活在水中、通过光合作用产生能量的多种细菌**。它们是**唯一的自养原核生物**。光合作用是从**细胞吞噬蓝细菌**的过程中演化而来的,这个过程称为"**内共生**"。光合作用**第一次出现**是在1771—2320万年前。

多细胞生物

在多细胞生物中，不同的细胞是相互依存的，不同的细胞有不同的专门功能以支持整个生物体。

多细胞生物的演化

单细胞生物最早约**出现**于 350 万年前，当时地球已有 10 亿年历史。**多细胞生物演化了不止一次，产生了不同的物种**：**植物、动物**和**真菌**。人们认为**多细胞生物**的演化需要以下条件才能发生。

1. 细胞**黏附**。
2. 细胞与细胞间的**分子交流、合作**和**细胞特化**。
3. 从"**简单**"到"**复杂**"的组织类型过渡。

海绵

海绵是具有**简单组织**的**多细胞生物**。它们**不是分层形成的**，而是由**大量没有特殊功能的海绵细胞**组成的。目前已知的海绵约有一万种。

多细胞发育

- 当一个**生殖细胞**（卵子）受精后，就会**分裂**并**复制**。
- **形态发生**：细胞发展成**特定的形态**。
- **分化**：细胞**特化成不同的类型**。

结构的复杂性增加

- **外胚层**：外层（外壳或皮肤）。
- **内胚层**：消化。
- **中胚层**：器官组织。
- **体腔**：充满液体的腔体。

双胚层无体腔动物
例如，刺胞动物
- 内脏
- 内胚层
- 外胚层

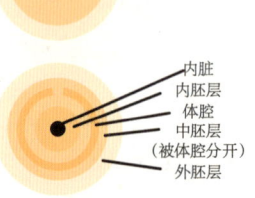

三胚层无体腔动物
例如，扁形动物
- 内脏
- 内胚层
- 中胚层
- 外胚层

三胚层体腔动物
例如，棘皮动物、软体动物、脊索动物
- 内脏
- 内胚层
- 体腔
- 中胚层（被体腔分开）
- 外胚层

胚层的复杂性增加 →

简单生物

双胚层无体腔动物：刺胞动物（如**水母、珊瑚、水螅**和**海葵**）和其他双胚层无体腔动物都有**两个胚层**。

三胚层无体腔动物：具有三胚层的简单生物，如**线虫、钩虫**和**轮虫**。

三胚层体腔动物：具有称为**体腔**（一种**充满液体的腔体，可以储存和保护器官系统**）的组织结构，如**蛤蜊、蜗牛**和**鱿鱼**。

复杂动物

复杂动物的组织层导致了**分节**，如**肋骨、牙齿、脑褶**和**眼球**。

环节动物：**水蛭**和**蚯蚓**。

节肢动物：有**外骨骼**和**节肢**的**无脊椎昆虫**，如**甲虫、蜘蛛、龙虾**和**蝴蝶**。

脊索动物：有**脊索**的**脊椎动物**，如**鸟类、兽类**和**鱼类**。

共 生

共生是物种间的一种相互关系。物种间的资源竞争是生态系统多样性的驱动力。解决竞争的一个办法就是合作。共生关系随处可见。

共生的分类

寄生：一个物种受益，另一个物种受害。

互利共生：两者都受益。

偏利共生：一个物种受益，另一个物种不受害。

植物昆虫传粉

开花植物产生的**甜甜的花蜜**是**昆虫的食物**。昆虫在采食花蜜时，会从一朵花移动到另一朵花。这样会为**植物进行传粉**，帮助植物**繁殖下一代**。

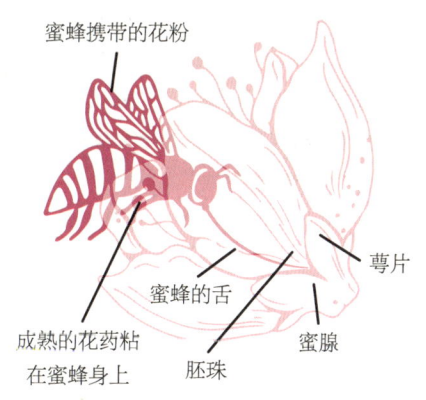

珊瑚和虫黄藻

珊瑚礁由**珊瑚虫**（与水母有亲缘关系）组成，珊瑚虫有**口**、**触手**和**消化系统**。它们吸收溶解的矿物质，并将其与**蛋白质**结合，从而构建出它们生活在其中的**碳酸钙结构**。珊瑚虫的**触手**可以**刺伤和捕获小型生物**，从而将它们消化。大多数**可以形成珊瑚的珊瑚虫**的体内都有**虫黄藻**，这是一种能进行**光合作用**的藻类，可以**产生氧气和葡萄糖**。虫黄藻产生的葡萄糖为它们自己和珊瑚虫提供养分。珊瑚虫捕获的食物（以及**释放的二氧化碳**）反过来为**虫黄藻**提供养分。它们一天可以进食24小时，令人惊讶的是，**每一代新的珊瑚都是自己捕获虫黄藻的**。

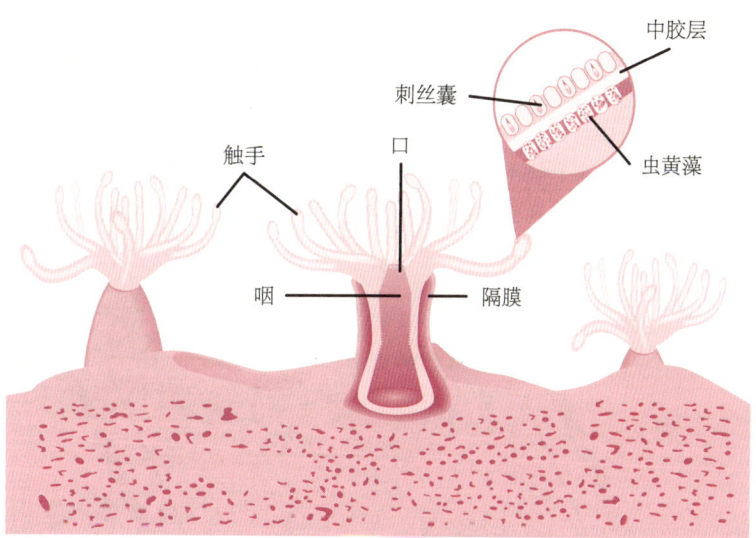

小丑鱼

小丑鱼与**海葵互利共生**（类似于水母和珊瑚虫）。海葵的刺可以保护小丑鱼免受捕食者的伤害，而小丑鱼可以保护海葵免受小鱼的伤害，还可以保持海葵的清洁。由于小丑鱼身上涂满了由海葵分泌的特殊黏液，因此它们可以对海葵的刺免疫。

微生物组

微生物（如细菌、古菌和真菌）生活在其他生物体上或生物体内，与生物体形成共生关系。没有它们，生物体就无法生存。微生物保护生物体免受感染，分解生物体所吃的食物并释放营养和能量。

我们的身体里有数十亿种微生物，包括**细菌、真菌、古菌（单细胞生物）和病毒**。微生物组是**这些微生物所有基因的组合**。保护微生物组对我们的健康和幸福非常重要。

共生

我们与许多微生物之间存在**相互依赖的关系**，它们**对我们的健康至关重要**，有时被称为"被遗忘的器官"。微生物组越多样化，就越能达到更好的健康状态。当一种特定的微生物处于绝对优势时，就会导致**疾病**——这就是**感染**。

食物

我们的饮食对微生物组的影响很大。富含**纤维**的膳食可以帮助食物有规律地通过肠道。如果食物不能以适当的速度通过肠道，就会腐败，从而产生有毒物质，杀死维持我们生命的微生物。摄入太多脂肪和糖会减慢消化进程，使微生物无法茁壮成长。

多于人类

我们体内**微生物**的数量是我们自身细胞的十倍。

肠道微生物组

肠道微生物组也称为**肠道菌群**。没有肠道微生物组，我们就无法消化食物，也无法从食物中**获取重要的营养物质**。不同的肠道细菌有不同的作用：制造维生素、分解食物、保护我们免受感染。

皮肤微生物组

皮肤上也**生活着细菌、真菌、病毒和古菌**。皮肤微生物组**失衡**会导致**皮肤感染、自身免疫性疾病和痤疮**。

慢性疾病金字塔

肠道微生物群金字塔

食物中毒就是一种新细菌的引入扰乱了微生物组的平衡。

演 化

演化表示一个种群的遗传学和遗传特征的累积变化。演化是多样性的，而不是线性发展成更"复杂"的生物。

《物种起源》

在**达尔文**之前，许多科学家已经注意到，**物种随着时间的推移发生变化**，如飞蛾翅膀的花纹和螃蟹的花纹。阿拉伯学者**贾希兹（776－868）**提出了**竞争和捕食的变化与时间和地理环境有关**。达尔文的贡献是在1859年出版的**《物种起源》**和**"自然选择"**观点。阿尔弗雷德·拉塞尔·华莱士（1823－1913）也提出了这一观点。

共同的祖先

人类和黑猩猩的DNA的相似度达98.4%。 我们比黑猩猩"**更进化**"是一个误解。其实，大约700万年前，我们是**由一个共同的祖先演化而来**的。大约5500万年前，**鲸鱼、虎鲸、海豚与河马、奶牛、羚羊**有着共同的祖先。

自然选择的关键点

- **生存和繁殖**取决于多种特性。
- 种群中的**遗传性状**随着时间的推移而改变。
- 所有种群内都存在**变异**。

"适者生存"这一说法会导致人们的误解。"适者"指的并不是"最强的"，而是指生物在环境中生存和繁殖后代的能力。

带羽毛的恐龙

约2.013亿年前，发生了**第四次生物大灭绝**（三叠纪-侏罗纪大灭绝）。**幸存者**中的**小型带羽毛的恐龙**就是我们今天所看到的**鸟类的共同祖先**。**鳄鱼**和鸟类有着共同的祖先。

| 鳄目 | 鸟臀目 | 蜥脚下目 | 角鼻龙下目 | 霸王龙 |

| 似鸟龙下目 | 恐爪龙下目 | 始祖鸟 | 鸟类 |

适应

物种**适应**环境。**遗传特性**使生物能够更好地**适应**环境。更适应环境的生物，更有可能繁衍出下一代。1835年，**达尔文（1809－1882）**对**加拉帕戈斯群岛**进行了探索。他注意到，每个岛屿都有**各自不同的雀类**，它们的**喙的形状**与各自岛屿的生态系统和食物相**适应**。

遗传学和变异

如果一个生物在产生后代之前死亡，那么它的基因会从基因库中消失。如果另一种生物产生了大量后代，那么它的基因很容易在基因库中找到。

基因的术语

- **等位基因**：一种以多种形式存在的基因。
- **基因型**：特定性状的基因。
- **表型**：物理特性。

环境的影响

表型的表达是由**基因型的表达和环境**决定的。19世纪，淡灰色的**桦尺蛾**可以完美地伪装成**被苔藓覆盖的树木**。工业区的**烟雾和污染**杀死了**苔藓**，使树木颜色变黑。灰色更浅、伪装更差的桦尺蛾更容易被天敌捕食，选择的压力有利于颜色更深的桦尺蛾。

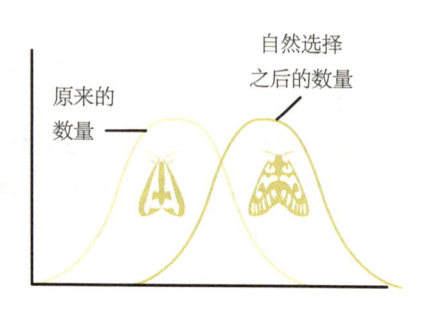

随机的基因突变

对生物体来说，**基因突变**可能是**有利的**，可能是**毫无意义的**，也可能是**有害的**。基因突变**完全不关心它们会对生物体造成的影响**。基因突变**随机发生**，与遗传适应一起传给每一代后代。随机的基因突变可以成为被选择的性状。

遗传漂变

除遗传适应和随机的基因突变之外，还有遗传漂变。遗传漂变是一种**等位基因频率的随机变化**，通常与小群体中**性状的偶然消失**有关。

遗传性状

有些遗传性状是"**隐性的**"，有些遗传性状是"**显性的**"。**显性基因更容易被遗传**。表型性状的改变是**不会遗传的**，如通过锻炼增加的肌肉。父母进行锻炼，并不意味着他们会生出一个肌肉发达的婴儿。在**环境和遗传学的范围内，是选择驱动了遗传**。

表观遗传学

表观遗传学研究的是**世代相传的基因表达的模式**。在**孕期**的不同阶段，由于表观遗传学，**压力可以遗传**。

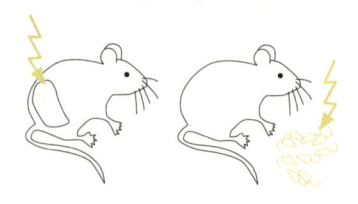

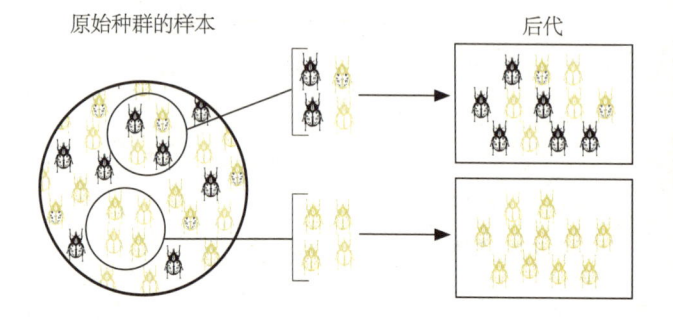

宠物的演化

自5000多年以来，人类通过**选择性繁殖**，把狼变成了圣伯纳犬和吉娃娃。**近亲繁殖会导致动物出现严重的健康问题**。

动 物 学

动物学是研究有生命的生物体如何生存、适应栖息地、相互竞争和共存的学科。比较解剖学是比较不同物种的解剖结构的学科。

动物学分类

对有比较需要的生态学家和科学家来说，对生物体进行分类是非常重要的。**分类方案反映了进化关系**。

特定的物种可以进行如下**分类**。

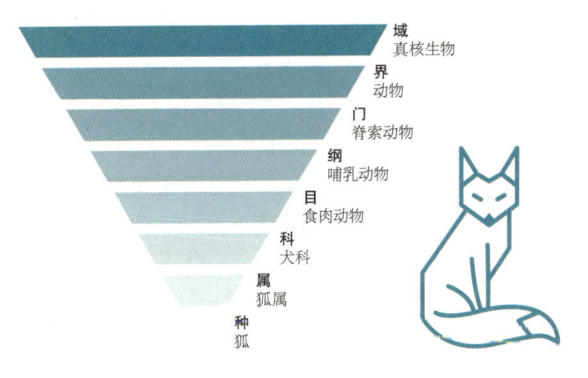

域 真核生物
界 动物
门 脊索动物
纲 哺乳动物
目 食肉动物
科 犬科
属 狐属
种 狐

形态学

形态学研究的是**身体大小**、**身体形状**等结构特征。**海豚**的身体结构与**鱼龙**（已灭绝的恐龙）非常相似。大约2.5亿年前，鱼龙生活在水中，我们可以从它们的化石残骸中看出，它们有**鳍肢**，是**掠食性**动物，并且和海豚一样，是胎生动物。但是，在**基因**上，**鱼龙更接近鸡**，而**海豚更接近兔子**。

骨骼形态学

通过比较一系列生物的**上肢**，我们可以看到，相同的**骨骼结构**是如何**在进化过程中发生改变**，形成适应性的（如**游泳、飞行和攀爬**）。这是支持**演化祖先**的遗传学证据。

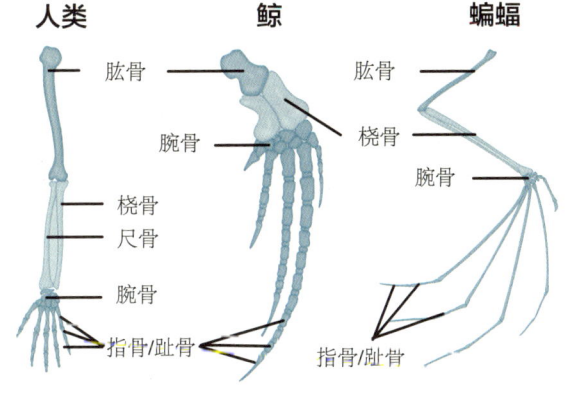

人类：肱骨、桡骨、尺骨、腕骨、指骨/趾骨
鲸：肱骨、腕骨、指骨/趾骨
蝙蝠：肱骨、桡骨、腕骨、指骨/趾骨

趋同进化

有些物种有**相似的身体部位**，但看起来却完全不一样。企鹅和海豹的解剖结构的**相似性**为我们揭示了很多极地生态系统中的生存和进化信息——它们体型很大，有鳍肢，**新陈代谢适应性**可以帮助它们在严酷的冬天生存。

比较和组织类型

不同的动物用**不同的身体部位**来完成运动和进食。但是当营养物质进入动物体内后，**许多动物细胞对营养物质的处理方式非常相似**。有些动物细胞具有可以**影响新陈代谢**的**特殊适应性**，如冬眠和鸟类迁徙。

繁殖和克隆

有些物种是无性繁殖的，有些物种有性行为。同卵双胞胎是天然的克隆。

生殖细胞或配子细胞

- 生物体的生殖细胞有**真菌的孢子、脊索动物的卵子和精子**。
- 配子细胞有**一套染色体**，是"**单倍体**"。
- **人类的生殖细胞**含有23条染色体。

体细胞

- 生物体的细胞是**体细胞**。
- **人类的体细胞**含有46条染色体。
- 46条染色体是"**单倍体**"染色体数目的两倍。

有丝分裂

有丝分裂是细胞通过**复制遗传物质并分裂**以进行生长和组织修复的。

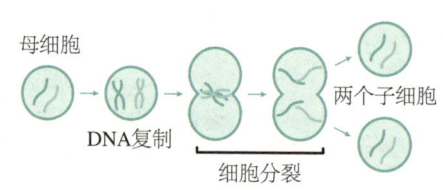

母细胞 → DNA复制 → 细胞分裂 → 两个子细胞

减数分裂

减数分裂是一种**特殊类型的细胞分裂**，染色体会减半。进行有性繁殖的单细胞和多细胞真核生物（如**动物、植物和真菌**）的生殖细胞进行减数分裂。

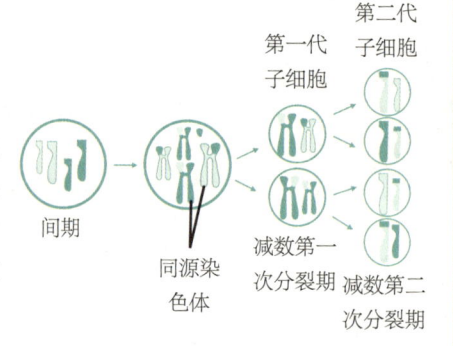

间期 → 同源染色体 → 减数第一次分裂期（第一代子细胞）→ 减数第二次分裂期（第二代子细胞）

交配习性

- 雄性**天堂鸟**会跳精心编排的交配舞蹈。
- 蜗牛是**雌雄同体**的（它们同时拥有雄性器官和雌性器官）。
- 在交配后，雄性鮟鱇会融合、寄生在雌性鮟鱇身体上。
- 雄性螳螂在交配后会被雌性螳螂吃掉。
- 雄性长颈鹿通过喝下雌性长颈鹿的尿液，来判断雌性长颈鹿是否已经**准备好交配**。
- 有些昆虫进行**无性繁殖**，称为孤雌生殖。
- 有多种鱼可以**改变性别**，如黄金突额隆头鱼、小丑鱼和鰕虎鱼。
- 大多数雌性猛禽（如雕、鹰、猫头鹰）的体型大于雄性。
- 海豚会通过发生同性性行为来愉悦自己。

人类和性

从情歌到性疾病，从婴儿到社会偏见，性是一个真正的雷区。有些人是**同性恋**，有些人是**异性恋、双性恋、泛性恋或无性恋**——所有这些都是**自然**的。人类的性爱是**令人愉悦**的。有些人遵循**一夫一妻制**，有些人不遵循。人类性行为最重要的一点是"**同意**"——性关系中的双方（或全部参与者）都**必须达到一定年龄**，并且在认知方面有能力完全同意参与性行为。

双胞胎

- **同卵双胞胎**是"**单卵双生**"，意思是它们**来自同一个卵子**——同卵双胞胎是**天然的克隆**。
- **异卵双胞胎**来自两个不同的受精卵。

干 细 胞

干细胞是未分化的细胞，可以发展和特化成体内任何类型的细胞。人们希望有朝一日能用已处于研发中的干细胞疗法，来取代因受伤或疾病而受损或丧失的细胞和组织。

我们身体中的大多数细胞（如**肝细胞、视网膜细胞和血细胞**）都需要进行自我更新，它们具有特定的功能。

胚胎干细胞

胚胎干细胞是**胚胎发育初期的细胞**。当一个卵子与精子结合后，形成受精卵，**染色体数目加倍形成二倍体**；然后细胞进行**减数分裂**（分裂和增值），之后受精卵会发育成**囊胚**。胚胎干细胞就在囊胚里。

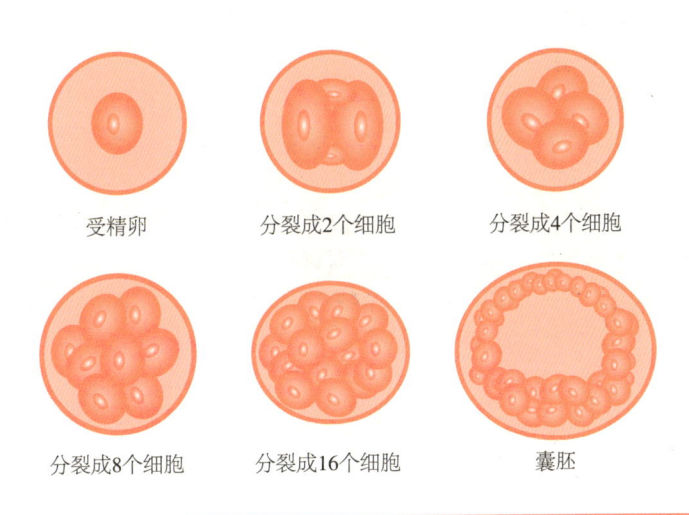

受精卵　　分裂成2个细胞　　分裂成4个细胞

分裂成8个细胞　　分裂成16个细胞　　囊胚

成体干细胞

- **多能干细胞**：人体内的多能干细胞非常少。它们分布于不同的组织，如**牙齿、骨髓、血管**。多能干细胞可以**分化成周围的任何细胞**。
- **专能干细胞**：这类细胞更加常见，它们只能**分化成某一类型的细胞**。

体外受精

体外受精（IVF）可以**帮助人们怀孕**，也可以用来**进行干细胞研究**（得到捐赠者的许可）。

干细胞研究

虽然现在**很少有干细胞疗法**可以做到**既安全又可靠**，但使用干细胞**修复和替换病变或受损细胞**的研究正在取得进展。理论上，干细胞可以被移植到肝脏中来**替换肝细胞**，但将干细胞维持在原位的问题还没有得到解决。

干细胞　　更多干细胞

分化的细胞

人体系统

人体解剖学将人体分为11个主要系统，它们之间相互影响。

人体系统

- **心血管系统**：心脏、静脉和动脉、红细胞（携带氧气且没有细胞核）、白细胞、血浆和血小板。
- **呼吸系统**：在气体交换过程中，肺内的肺泡允许二氧化碳和氧气渗透。
- **消化系统**：从口腔到肛门的整个消化道和肝脏。
- **泌尿系统**：肾脏和膀胱，可以过滤血液中的毒素。
- **神经系统**：细胞可以发送和感应电信号。
- **内分泌系统**：我们身体用来自我调节的激素系统；肾上腺、垂体、胰腺、卵巢、甲状腺、大脑、睾丸和胸腺。
- **免疫系统**：白细胞［淋巴细胞（T细胞、B细胞、NK细胞）］、中性粒细胞、单核细胞/巨噬细胞，还包括脾细胞。
- **皮肤系统**：毛发、指（趾）甲和皮肤细胞；皮肤包括皮脂腺、脂肪细胞、黑色素细胞、汗腺。
- **骨骼系统**：成骨细胞（形成骨骼）发育成破骨细胞，生成生物矿物骨基质并形成骨细胞。
- **肌肉系统**：肌肉系统中的细胞含有"收缩性"蛋白质，这些蛋白质可以帮助肌肉伸展。
- **生殖系统**：外生殖器和内生殖器。

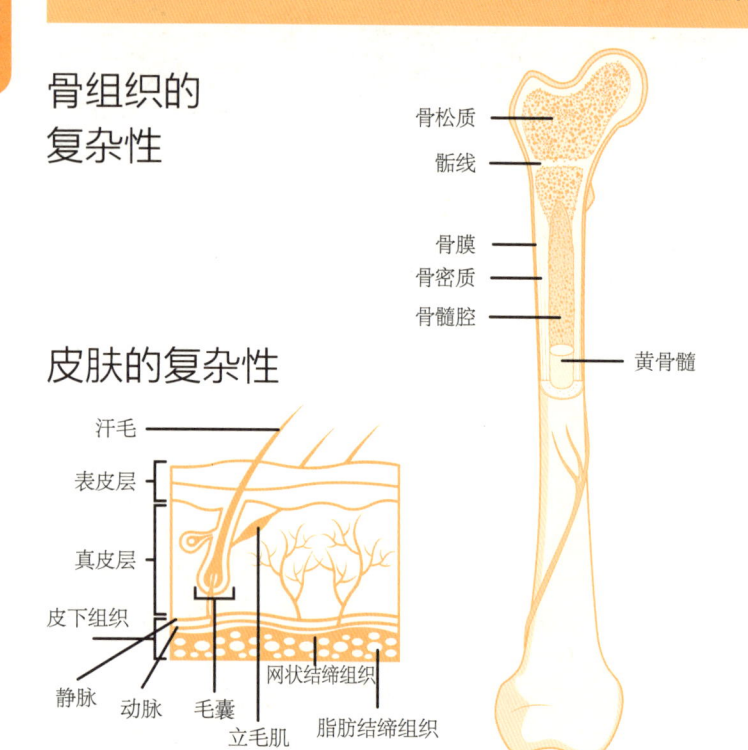

骨组织的复杂性

骨松质
骺线
骨膜
骨密质
骨髓腔
黄骨髓

皮肤的复杂性

汗毛
表皮层
真皮层
皮下组织
静脉
动脉
毛囊
立毛肌
网状结缔组织
脂肪结缔组织

细胞特化

一个成年人体内有200多种不同类型的细胞。生物体由许多不同的细胞组成。生物体的生命开始于**受精卵**（合子）。人类的受精卵经过4天才能发育成**囊胚**。之后一团原本同质的细胞分裂和增殖，开始**特化**成特定的细胞，也就是器官组织细胞。

基因表达

每个**特化**的细胞都含有相同的DNA，但每个细胞**需要读取正确的DNA片段**，以**合成正确的蛋白质来发挥其功能**。当一个细胞主动使用特定的基因时，我们就说它正在**表达这些基因**。

人体解剖学

人体解剖学是研究人体的器官系统、身体结构、不同组织及它们之间的相互关系的学科。

人体解剖学方法

- **系统方法**：对系统的研究。
- **局部方法**：对局部的研究。

人体解剖学的面

解剖学家用**身体的面**来讨论身体区域内的**特定结构**。

表面解剖学

表面解剖学主要涉及皮肤和**肌肉骨骼系统**。表面解剖学着重于通过外部的身体检查来理解解剖学。

肌肉的命名

肌肉的名称听起来非常复杂，但遵循如下基本命名原则。

- 大小。
- 形状。
- 位置。
- 肌肉纤维的方向。
- 肌肉的运动。
- 肌肉的起止点。
- 肌肉的功能。

肌肉的运动

解剖学家使用特定的词汇来描述肌肉的相互运动。

伸长：向前运动。
收缩：向后运动。
外展：远离。
内收：靠近。
屈：靠近。
伸：远离。
旋前肌：向下或向后旋。
旋后肌：向上或向前旋。
提肌：提起肢体。
降肌：下拉肢体。
旋：旋转。
括约肌：呈环形舒张或收缩。

肌肉的大小

大肌：人体组织中最大的肌肉。
小肌：人体组织中最小的肌肉。
长肌：人体组织中最长的肌肉。
短肌：人体组织中最短的肌肉。
阔肌：人体组织中最宽的肌肉。

肌肉的形状

斜方肌：梯形。
三角肌：三角形。
锯肌：锯齿状。
阔肌：又平又宽。

肌肉的方向

直肌：肌肉组织纤维与中线或脊柱平行。
斜肌：肌肉组织纤维与中线或脊柱成一个角度。
横肌：肌肉组织纤维与中线或脊柱垂直。

起止点和交叉点的数目

Bi：两个。
Tri：三个。
Quad：四个。
（如二头肌、三头肌、四头肌）

肌肉的功能

肌肉的功能如下。
咬肌：咀嚼。
笑肌：微笑。

肌肉的位置

内侧：靠内侧或中间。
外侧：靠外侧。

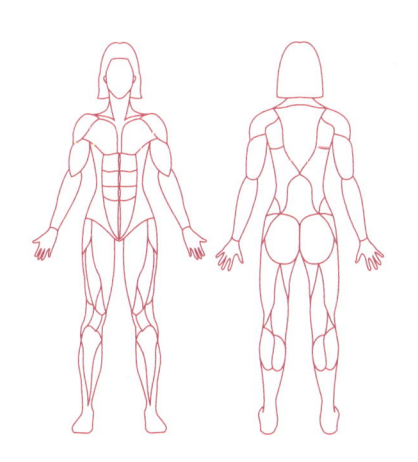

免疫学

免疫系统是人体对具有感染性的生物体的防御机制。

抗原/病原体

抗原/病原体指**能激起免疫反应的生物体**或微粒。

抗体

抗体是**附着在病原体上的蛋白质**。**免疫球蛋白**是一种"Y"形的大型蛋白质，**由浆细胞产生**，可以**中和病原体**。

淋巴细胞

淋巴细胞是**白细胞**，通过**吞噬作用**杀死并吃掉病原体。淋巴细胞包括T细胞、B细胞、NK细胞、中性粒细胞、单核细胞和巨噬细胞。

适应性免疫

当**病毒**或**细菌**侵入人体时，**免疫系统会被激活**。B细胞和T细胞专门攻击**抗原**，它们能够识别出它们**以前遇到过的微生物**。

抗体

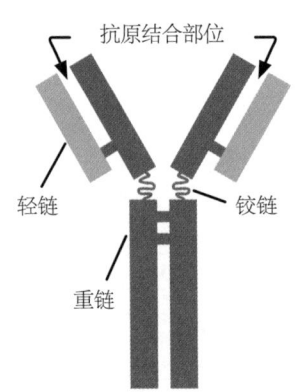

- 抗原结合部位
- 轻链
- 铰链
- 重链

抗原

- 外来物的蛋白质，可以刺激免疫系统产生抗体。
- 可以引起免疫反应的病毒、细菌、毒素等。

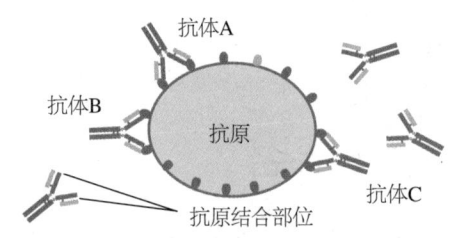

抗体A、抗体B、抗体C、抗原、抗原结合部位

免疫系统部位

免疫系统分布于身体的不同部位。
- **淋巴结**：淋巴结内有淋巴细胞，可以识别病原体。
- **白细胞**：攻击病原体。
- **骨髓**：产生血细胞。
- **肺绒毛**：从物理上清除或阻止病原体。
- **皮肤**：形成屏障。
- **胃**：胃酸能杀死细菌。
- **脾**：防止细菌感染。

免疫系统研究

- 癌症免疫疗法。
- 免疫调节。
- 病毒免疫生物学。
- 炎症研究。
- 肿瘤免疫学。

免疫系统疾病

- **自身免疫**：免疫系统过度活跃，攻击和破坏人体自身的组织（如过敏反应、关节炎、1型糖尿病、银屑病、乳糜泻、红斑狼疮、发作性睡病）。
- **免疫缺陷**：机体抵御病原体的能力下降，导致**容易受到感染**。
- **癌症**：癌细胞通过巧妙地利用分子来**躲避免疫系统**。癌症是指人体内的**细胞不受控制地生长**。
- **卫生假说**：过分干净会影响免疫功能。

血液循环

血液是一种复杂的液体，其中一半是血浆（由水、盐和蛋白质组成），另一半是红细胞、白细胞和血小板。

血细胞

大多数红细胞、白细胞和血小板都是在**骨髓**中产生的。

- **白细胞**：主要分为 B 细胞和 T 细胞。白细胞是**免疫系统**的一部分。
- **血小板**：当皮肤被割伤或刺破时，血小板帮助血液**凝结**（变黏稠），形成痂。
- **红细胞**：在体内运输**氧气**，其结构有助于**最大限度地利用表面积来吸收氧气**。红细胞内含有一种称为**血红蛋白**的蛋白质，可以和氧气结合。由于**没有细胞核**，红细胞**不能进行减数分裂**。

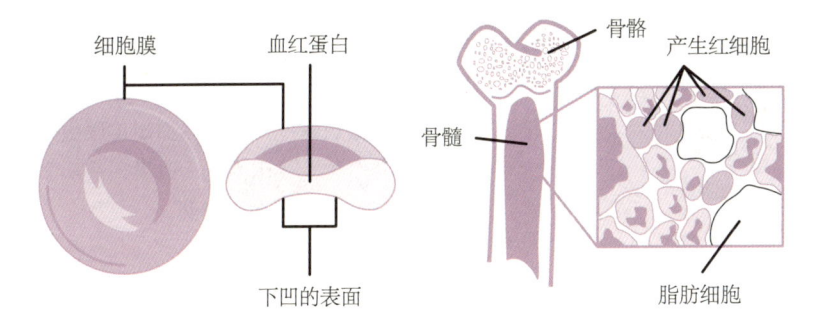

血浆（55%）
白细胞和血小板（<1%）
红细胞（45%）

细胞膜　血红蛋白
下凹的表面

骨骼　产生红细胞
骨髓
脂肪细胞

血液循环

英国医生**威廉·哈维**（1578—1657）发现，**心脏为全身各处输送血液**。

含氧量高的血液：从肺进入心脏，再进入身体各处

含氧量低的血液：从身体各处进入心脏，然后进入肺

他注意到，**静脉有特殊的V形瓣膜**，可以保证**血液向一个方向循环**，而且**动脉和静脉具有不同的功能**。

- **动脉**：将血液从**心脏**输送到身体的其他部位。
- **静脉**：将血液从器官输送回**心脏**。

双重系统

人体循环系统是**双重系统**：一个在心脏和肺之间循环；一个在心脏和其他器官之间循环。

- **肺循环**：将血液**输送到肺**，通过**呼吸结合氧气**。
- **体循环**：血液被泵到**全身各处**，将**氧气和营养物质扩散到各组织**中。

呼吸

- **吸气**：**氧气在肺的肺泡中扩散**，血液中的**血红蛋白吸收氧气**。
- **呼气**：**二氧化碳离开血液**，从肺泡扩散出去。

寄生虫学

寄生虫可以是单细胞生物，也可以是多细胞生物。寄生虫学是研究寄生虫的学科。

外寄生虫和内寄生虫

外寄生虫感染宿主的**皮肤或外部**，**内寄生虫**进入宿主**体内**。

蛇形虫草属

蛇形虫草属是可以**感染昆虫**的**寄生真菌**。它们安静地在昆虫体内摄食，直到它们需要**释放孢子**时，它们就会**控制昆虫的大脑**，将昆虫转移到一个潮湿的地方，然后**从昆虫的脑子里钻出来**。

寄生蜂

- 寄生蜂在其他节肢动物（如毛毛虫）**身上或体内产卵**。
- **卵**发育并**孵化成幼虫**，幼虫通过**释放激素**来控制寄生体的**发育**。
- 当幼虫准备好时，它们就会**麻痹寄生体**。
- 然后寄生蜂幼虫会**在寄生体体内挖洞钻出来**。

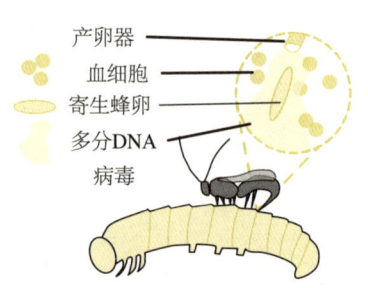

产卵器
血细胞
寄生蜂卵
多分DNA病毒

沃尔巴克氏菌

沃尔巴克氏菌是一种**细菌寄生虫**，可以感染**鼠妇**（潮虫、瓢虫）并通过配子（这里指的是卵细胞）传播。沃尔巴克氏菌可以将**雄性基因转化为雌性基因**，从而传播到更多的卵细胞中。它们的性别比例会变得不平衡，但**鼠妇可以通过变成雌雄同体来避免灭绝**。

寄生虫的益处

沃尔巴克氏菌也会感染**蚊子**，可以用来控制**寨卡病毒、登革热和黄热病**。沃尔巴克氏菌会**与病毒竞争**蚊子体内的**营养分子**，使病毒更难生长。

被感染的雌性+被感染的雄性 → 卵 → 被感染的蚊子

被感染的雌性+未被感染的雄性 → 卵 → 被感染的蚊子

未被感染的雌性+被感染的雄性 → 卵 → 卵不会孵化

未被感染的雌性 → 叮咬感染登革热病毒的人类 → 登革热病毒在蚊子体内复制 → 登革热通过叮咬传播

被感染的雌性 → 登革热病毒不会进行复制 → 登革热不会传播

疟原虫

- **疟疾**的元凶。
- 在被感染的蚊子和被感染的**人类**之间循环。
- 感染**肝脏**和**红细胞**，可以引起**发烧、疲劳、呕吐、头痛、癫痫和死亡**。
- 仅2017年，全球就有43.5万人死于疟疾。

屠呦呦和青蒿素的发现

屠呦呦生于1930年，是一位中国药学家。通过大量研究**传统中药**，屠呦呦从**青蒿**中提取出了**青蒿素**，这是一种可以**抑制疟原虫**的化合物。她因为这一成果，获得了**2015年诺贝尔医学奖**。

青蒿素分子

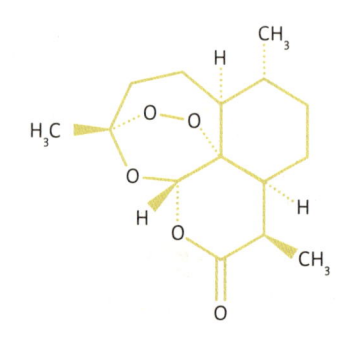

科学家养成计划

神经科学

神经科学研究的是神经系统、神经元的涌现性，以及它们之间的联系、认知及意识。

- **中枢神经系统（CNS）**：脑和脊髓。
- **周围神经系统（PNS）**：感觉神经、运动神经（躯体神经和自主神经）。
- **肠神经系统**：胃肠道的神经系统（独立于中枢神经系统）。

机制

- **感觉输入**：探测环境的变化，脉冲从感觉神经向**中枢神经系统传递**。
- **整合**：处理这种变化并**决定要做什么**。
- **运动输出**：对输入做出响应，脉冲**向肌肉传递**。

神经元

- **神经细胞**有一个专门用来**接收和发送电信号**的结构，即神经元。
- 神经细胞是人体中**最长寿**的细胞。
- 神经细胞大多数是**无丝分裂**的，即它们不会进行自我更替。
- **神经元轴突**传输**信号**。
- 神经元**连接并形成神经网络**。

图示标注：树突、细胞体、郎飞结、轴突末端、轴突、髓鞘、施万细胞、细胞核

神经胶质细胞

神经胶质细胞用于支持神经元的功能。

中枢神经系统（CNS）

- **星形胶质细胞**：调节、支持神经元。
- **小胶质细胞**：保护脊髓。
- **室管膜细胞**：脑室的内表面。
- **少突胶质细胞**：产生髓鞘。

周围神经系统（PNS）

- **施万细胞**：包裹髓鞘。
- **卫星细胞**：围绕神经细胞。

动作电位

神经元**电信号**的**频率**表示信息的强度，如**大痛＝高频率**。

脑

脑的特定区域负责不同的功能，具体如下。

- **额叶**：情感、优先级、计划、解决问题。
- **运动皮质**：运动。
- **颞叶**：记忆、语言。
- **感觉皮质**：感觉。
- **顶叶**：感知、理解、逻辑处理。
- **枕叶**：视觉、空间感。
- **小脑**：协调。
- **胼胝体**：连接左右大脑半球。
- **脑干**：中脑、脑桥和延髓；负责传递信息，调节心脏、呼吸、睡眠、疼痛，以及对刺激的警觉。
- **间脑**：包括下丘脑、上丘脑、乳头体和边缘系统，负责生殖、安全、饮食、睡眠、强烈的情绪（如恐惧）。

外 科 学

有些疾病或损伤只能通过外科手术予以治疗：通过使用专门的器械，在皮肤上开一个切口，然后从内部移动、移除、修复或改变身体的某些部分。

麻醉药

在麻醉药出现之前，**手术带来的疼痛足以杀死病人**，尤其是**拔牙**这种很多人都需要的手术。

抗菌剂

抗菌剂有助于**降低感染率**。但是在**深度手术**中使用抗菌剂是有**危险**的。

抗生素

在抗生素出现之前，病人因术后**感染而死亡的风险非常高**。抗生素使感染变得可控，使**手术**变得**更加安全**。

免疫反应

器官移植是有风险的，因为人体的**免疫系统会排斥它不熟悉的组织**。提高**捐赠者与患者的匹配度**和使用**免疫抑制剂**，有助于**提高**器官移植的**成功率**。

手术术语

- tomy：切开。
- ectomy：切除。
- ostomy：打开一个开口。
- plasty：重塑形状。
- plexy：移动到正确的位置。
- rraphy：缝合，如胃缝合术。
- desis：两个物体之间有关联。

手术器械要按照其功能来整理。

- **抓紧器**：抓紧东西。
- **止血钳和封堵器**：夹紧东西，如夹紧血管。
- **牵开器**：牵开组织。
- **机械切割器**。
- **扩张器和窥器**：打开开口。
- **吸引管**：排出液体。
- **冲洗和注射针头**：清除或注射液体。
- **镜和探头**：用于查看、测量改变。

植入物

植入物包括**髋关节和膝关节置换**、**牙科植入物、美容和重建植入物**及**电子植入物**，如**起搏器、血糖水平传感器和神经刺激器**。

注射器　　纱布　　镊子　　止血钳

创新年表

1914年 首例非直接输血	1967年 首例心脏移植
1950年 首例肾脏移植	1987年 首例心脏和肺移植
1960年 首例髋关节置换	2005年 首例面部移植手术
1963年 首例肝脏移植	2008年 使用激光进行锁孔手术
1964年 激光眼科手术得到应用	2011年 首例腿部移植
	2012年 首例子宫移植

生命史

对生命史的研究就是评估不同物种应对环境变化的不同方法（或策略）。

生命史和策略事件包括：**寿命、后代的数量、卵的大小、亲职行为、成熟年龄和死亡年龄**与环境中可利用资源的关系。

不同物种大小的比较

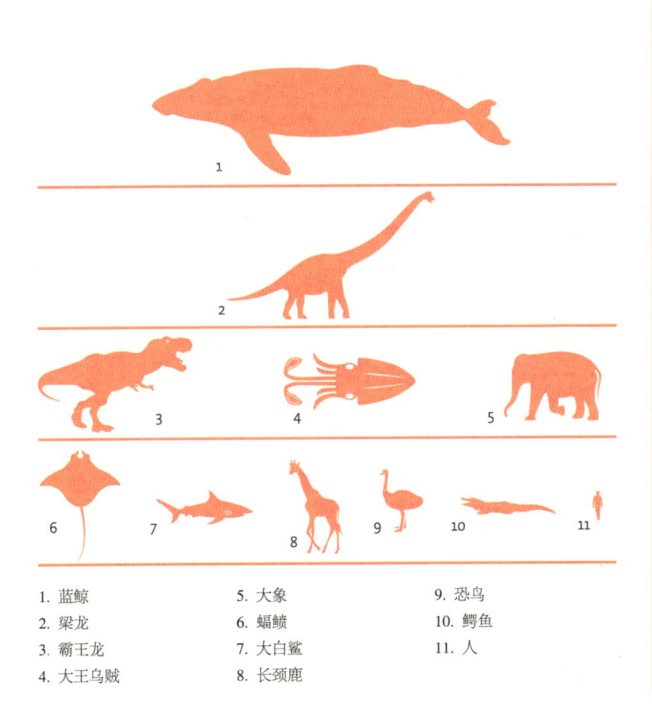

1. 蓝鲸
2. 梁龙
3. 霸王龙
4. 大王乌贼
5. 大象
6. 蝠鲼
7. 大白鲨
8. 长颈鹿
9. 恐鸟
10. 鳄鱼
11. 人

鱼的育儿

两种不同鱼类的育儿策略如下。
- **大颚鱼**会在卵孵化后保护它们的后代。
- **大西洋鲑鱼**会将鱼卵埋在松软的砾石中，冬季鱼卵会在这些砾石中发育。当鱼卵孵化后，它们会独自发育，不依赖父母。

雌性鲑鱼在河床的砾石中挖出巢穴，并在其中产卵数千枚。卵子由雄性鲑鱼受精。然后成年雄性鲑鱼和雌性鲑鱼死亡。

成熟后的成年鲑鱼会返回出生地产卵。

刚孵化的鲑鱼（称为小鲑鱼）身上附有食物囊。它们会待在巢穴里。

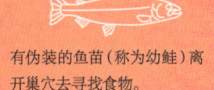

有伪装的鱼苗（称为幼鲑）离开巢穴去寻找食物。

鲑鱼在海洋中生长、成熟。有些鲑鱼会进行长途迁徙。

生命史关注的是**生物的种群结构**，观察的是生物的生命中那些可以确保它和下一代生存的事件。

种群生态学**研究的是种群**随时间的**动态变化**，以及与生物种群及其环境的关系。

生物可以**通过行为来优化它们的繁殖力**，如养育下一代直至它们成熟。这对生命史研究非常重要。

- 当环境**恶劣**时，生物需要快速**适应——快速的生命史策略**是最佳选择，因为它们很有可能在第一次繁殖前死亡。
- 当环境**良好**，且为一个物种提供了生存条件，以及安全、成功地养育后代所需的所有资源时，**慢的生命史策略**更可取。

繁殖策略

- **单次生殖**：在死亡前只进行一次生殖。
- **多次生殖**：在死亡前进行多次生殖。
- 根据环境的限制和资源，一些动物会**在单次生殖和多次生殖间转变**。

生态学原理

生态学研究的是不同生物与其所处的环境间的关系。

---

1. 生物个体构成了种群。**丰度**（种群中个体的数量）和**多样性**（不同物种的数量）**随时间变化**彼此相关联。

2. 所有**能量**（食物）都来自**太阳**。植物和藻类通过光合作用产生**富含碳的糖类**，如碳水化合物和葡萄糖。我们应该把营养物质的转运看作一个**相互作用的网络**，而不是一条直接的食物链。

3. 生物体体内的化学反应为生物体提供能量。**化学反应和物理反应限定了新陈代谢的运作**。

4. 化学**营养物质在生态系统中循环**。碳、氮、磷、钠等元素循环往复。这个过程也包括生态系统中死去的生物体的**腐烂**和**回收利用**。

5. 种群的增长率是由一个地区的**出生率、死亡率、迁入率与迁出率**决定的。

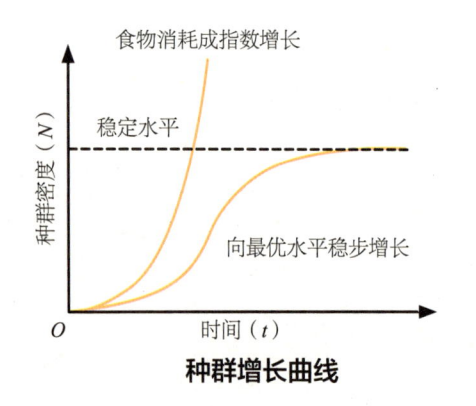

6. 一个**地区的多样性**是由新物种的数量决定的，物种会迁移到另一个地区，也会灭绝。

7. 不同的生物体在许多方面相互影响：**通过吃掉彼此，成为彼此的食物；共享相同的空间或地区，或者摄食相同的食物**。生物体在地理区域内的相互作用会影响它们的丰度。

8. 生态系统是一个非常复杂的**相互作用的网络**。

9. **在生态系统的相互作用中，人类种群产生的影响占据了极大比例**。相互作用和营养循环网络已经稳定存在了数百万年，是人类破坏和改变了这个网络。

10. 自然界的进程**对人类生活至关重要**。生态系统提供了人类赖以生存的材料、进程和物质（称为**生态系统服务**）。

种群增长曲线

食物消耗成指数增长
稳定水平
向最优水平稳步增长
种群密度（N）
时间（t）

生态系统为我们提供了什么

食物及必需品供应	食物	木头	药品
调节服务	过滤水	农作物授粉	疾病控制
文化服务	心灵上的	个人成长	休闲娱乐

营养级联

从捕食者到植物再到细菌的孢子，即使微小的变化也会在一个生态系统中积累起来，并导致生态系统的重大变化，这称为营养级联。

营养作用：一种生物现象，**为应对环境刺激而发生的变化或生长**。例如，根向地心生长，叶子向太阳生长。
营养级：**食物链**或**食物网**中的一个层级或一片区域。

营养级联

如果一个物种在食物链或食物网中**灭绝**或**过度繁殖**，那么将**影响整个生态系统**。一个**捕食者**的引入或消失会引发生态系统的**级联效应**，从而改变种群间的关系，改变**营养循环**。

自养生物：可以自己产生食物的生物，如植物直接利用阳光产生葡萄糖。
异养生物：只有通过摄食其他生物才能获得所需营养物质的生物。

黄石国家公园的狼群

20世纪初，人们为了享受捕猎运动，大量地猎杀灰狼。人们并没有考虑到这会对生态系统造成怎样的影响。1926年 最后两只灰狼被杀死，灰狼在当地绝种。**随着狼群的消失，鹿的数量开始增加**。不断增长的鹿群消耗了越来越多的灌木、草和植物。由于植物对于昆虫种群和保持土壤质量至关重要，**因此土壤质量发生了改变，并影响了树木及生态系统中的所有成员**。20世纪，黄石国家公园因此受到了很大影响。1995年，人们重新将狼群**引入**黄石国家公园，以恢复环境。随着狼群的重新引入，黄石国家公园已经恢复如初，种群、植物和土壤质量都恢复了平衡。

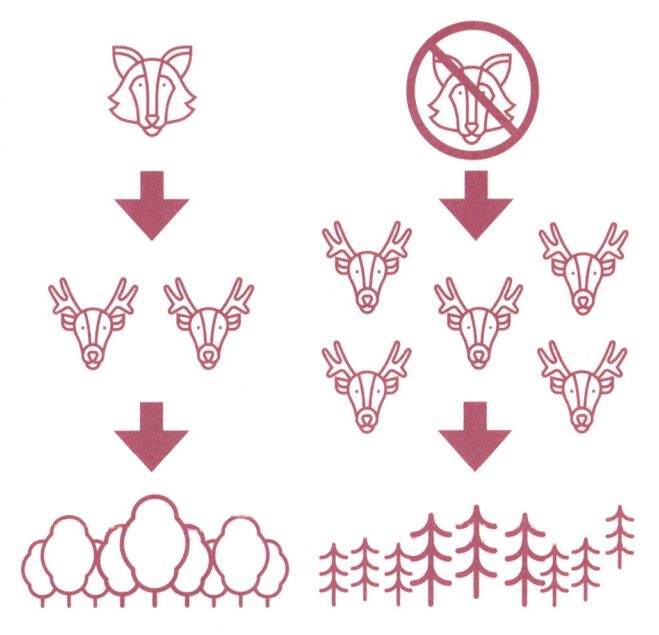

自上而下的影响：捕食者的数量控制着营养级，如食肉动物控制着食草动物的数量。

自下而上的影响：草和植物等资源的受限会影响食草动物的数量，进而影响食肉动物的数量。

地球的海洋

71%的地球表面被水覆盖，地球上50%~80%的生命生活在海洋中。人类只探索了10%的海洋。

洋流

洋流形成了**确定而复杂的路径**。水温不均匀导致了**对流**，**洋流使水和营养物质得以循环**。

- 洋流可以长达数千英里。
- 温度较低、密度较大的**极地洋流**会下沉并流向温暖的**赤道**。
- 温度较低的水在赤道附近变暖，然后变暖后的水会上升。
- 温暖、密度较小的**赤道洋流**会上升并流向寒冷的**极地**。
- 温暖的水在极地冷却，然后下沉。

科里奥利效应

科里奥利效应是一种由**地球自转方向**造成的影响。

- 北半球的风迫使洋流按顺时针方向流动。
- 南半球的风迫使洋流按逆时针方向流动。

盐度

- 盐度是指海洋中**溶解的盐**的量。
- 盐水的密度**比淡水的密度大**。
- 海洋和**淡水河**会影响洋流。
- **蒸发**会增加盐度。
- 盐度较高的洋流将盐度较高的水带到海洋底部，形成**深海洋流**。

热盐（热和盐）环流可以形成由**密度梯度**驱动的深洋流。

拉尼娜和厄尔尼诺现象

拉尼娜和厄尔尼诺现象是**太平洋中部和东部热带**洋流方向的复杂振荡变化。

- **厄尔尼诺**：一般指厄尔尼诺暖流，其高于平均海面温度，逆转整个太平洋的风向。
- **拉尼娜**：在赤道太平洋地区，**低于平均海面温度**的不规则间隔。

海洋的深度

海洋学家和**海洋生物学家**对不同深度的海洋进行了划分。

马里亚纳海沟

马里亚纳海沟是位于**西太平洋海底**的一条巨大的海沟，长1580英里，宽43英里。它的最深处为36201英尺，**可以吞没珠穆朗玛峰**。

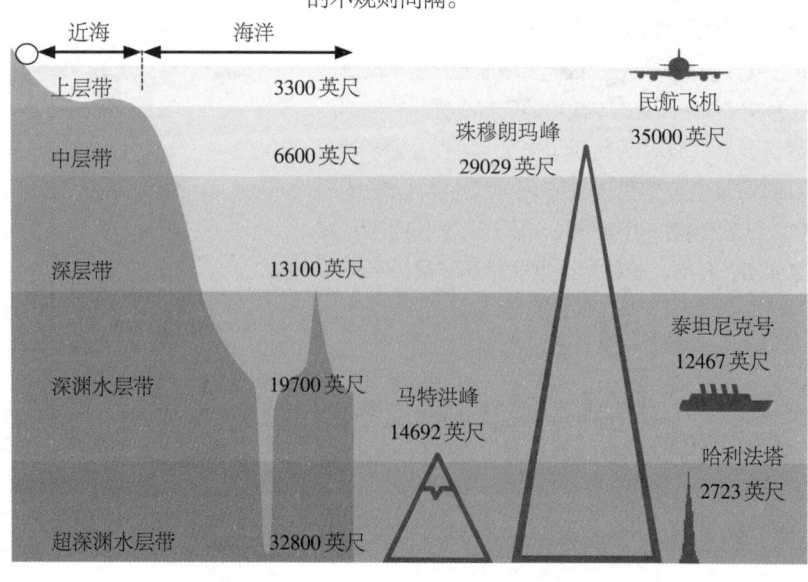

	近海 — 海洋	
上层带	3300英尺	民航飞机 35000英尺
中层带	6600英尺	珠穆朗玛峰 29029英尺
深层带	13100英尺	
深渊水层带	19700英尺	马特洪峰 14692英尺 / 泰坦尼克号 12467英尺
超深渊水层带	32800英尺	哈利法塔 2723英尺

灭　绝

灭绝是指一个生物体或一组生物体全部死亡。灭绝发生所需的时间各不相同。

濒危物种

濒危物种指濒临灭绝的生物。2018年，最后一头雄性**北部白犀牛**死亡。

极度濒危物种及它们的种群数量估计

远东豹（金钱豹）：60只。
克罗斯河大猩猩：250只。
黑足鼬：300只。
阿穆尔虎（东北虎）：450只。
黑犀牛：约5000头。
亚洲象：4万~5万头。
猩猩属：10.47万头。

濒危物种种类

- 玳瑁。
- 非洲野犬。
- 加岛环企鹅。
- 鲸鲨。
- 黑猩猩。
- 北大西洋露脊鲸。

巨型动物灭绝

巨型动物是指**栖息地极易受破坏**的大型动物。世界上许多巨型动物都濒临灭绝。

栖息地的破坏

栖息地的破坏是物种灭绝和**生物多样性减少**的主要原因之一。其他原因还包括**砍伐森林、污染、狩猎和极端自然灾害**。

昆虫种群

世界上40%的昆虫濒临灭绝。昆虫提供了**必要的生态系统服务**，如**净化水和为作物授粉**等。

杀虫剂和**栖息地被破坏**导致了昆虫的灭绝。

化石

化石中保存着现已灭绝的物种的遗骸。

生物大灭绝

在地球上生活过的所有生物中，有90%以上都已经灭绝。**生物大灭绝可以从地质学上进行识别**。

	大灭绝事件	时间
1	全新世大灭绝	现在
2	白垩纪-早第三纪大灭绝	6500万年前
3	三叠纪-侏罗纪大灭绝	1.99亿~2.14亿年前
4	二叠纪-三叠纪大灭绝	2.51亿年前
5	晚泥盆纪大灭绝	3.64亿年前
6	奥陶纪-志留纪大灭绝	4.39亿年前

人类纪

人类活动正在广泛地改变着地球的地层，因此许多专家将我们的时代称为"人类纪"。我们的世界正在经历第六次生物大灭绝和第四次工业革命。

多样性和种群

多样化的生态系统更稳定、更健康，因为多样化的生态系统提供了更多的基因来应对环境的变化。多样化的生态系统和社区更能适应环境的变化。

- **遗传多样性**：指一个物种的DNA中基因的数量。
- **遗传变异性**：基因的变化趋势。
- **生态系统的多样性**：生物多样性的一种类型。

表型

生物体的可观察/可测量的特征。**眼睛的颜色就是一种表型，蚂蚁对如何筑巢的理解和飞蛾翅膀上的标记也是一种表型**。表型包括：

- 物理形态（形态学）。
- 表型是如何随着时间发展的。
- 生物体的生物化学。
- 行为和本能。

单一作物

由于多样化的种群拥有更多的基因，**因此多样化的种群抗病和抵御捕食者的能力更强**。例如，在一个大型农场中种植的**单一作物（遗传克隆）**：一种**病原体**可以很容易地演化为攻击这种单一作物。**遗传多样性的缺乏使得这种作物更容易受到疾病的侵袭**，因为疾病很容易传播。由于**病原体在不断演化**，所以培育单一品种的**抗病作物**是一个**短期的解决办法**。在一个多样化的种群中，病原体更难传播。

最小可生存种群

最小可生存种群（MVP）是指一个物种在野外生存所需的最小个体数量。

加拉帕戈斯群岛雀类的多样性

基因型

基因型是负责特定性状的基因的名称。

- **等位基因**是基因的一种可能的形式。
- 二倍体生物是**杂合**的。
- **野生型**是产生于自然界的基因。

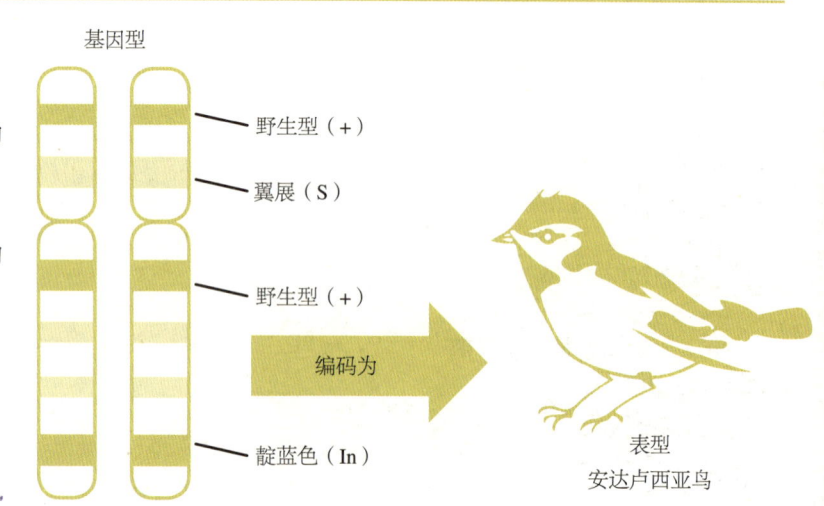

基因型
- 野生型（+）
- 翼展（S）
- 野生型（+）
- 编码为
- 靛蓝色（In）

表型
安达卢西亚鸟

科学家养成计划

136

板块构造

地球是由轮廓分明的层组成的,有一个相对较薄且坚固的岩石外壳。这层外壳由构造板块组成,构造板块漂浮于翻滚的岩浆流之上,会引起地球的物理活动。

地壳

- **厚度**为3～25英尺。
- 是**固态**的。
- 总重量中含**氧**46.6%,**硅**27.7%,**铝**8.1%,**铁**5%,**钙**3.6%,**钠**2.8%,**钾**2.6%,**镁**2.1%。

地幔

- 厚度为1800英尺。
- 是**液态**的。
- 由不同的层构成,含有**硅酸盐**、**钙**、**镁**、**铁**和其他**矿物质**。
- 温度范围为392～7230°F。

外核

- 厚度为1370英尺。
- 是**液态**的。
- 主要含有**铁**和**镍**。
- 温度范围为7952～11012°F。

内核

- 厚度为760英尺。
- 是**固态**的。
- 主要含有**铁**、**镍**、**铀**。
- 温度高达10800°F。

地球内的热流

由于地下的**岩浆流**,**构造板块每年会移动1～2英寸**。

热量转移的机制

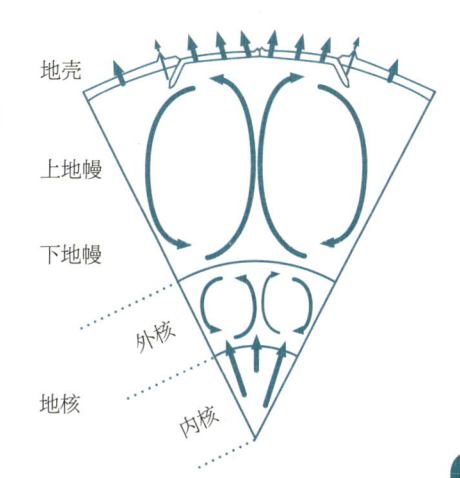

- 平流
- 对流
- 传导

构造运动

坚硬的地壳板块可以**相互向上挤压,形成山脉**;地壳板块之间也可以**相互向下挤压,形成海沟**,这个过程称为"**俯冲**"。

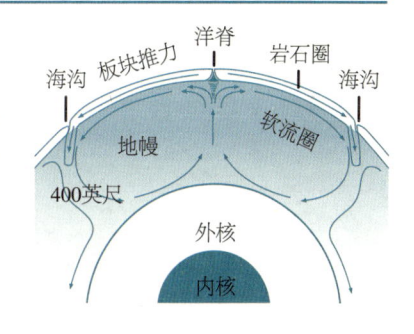

海底扩张

大西洋中脊是沿着海底延伸了10000英尺的山脉。在洋脊的中心,新的海底正在形成,并且正在将地壳板块**推离**洋脊。

构造边界

- **汇聚**:地壳板块向彼此移动,有时会导致**俯冲**或**形成山体**。
- **离散**:地壳板块远离彼此移动,形成**洋脊**。
- **转换**:地壳板块相互滑动。
- **地震**和**火山**就出现在构造边界上。

大气物理学

大气保护地球免受宇宙射线的伤害，调节地球的温度，使我们能够呼吸。大气主要含有氧气和氮气。

成分	体积分数
氮气（N_2）	78.084%
氧气（O_2）	20.946%
氩气（Ar）	0.934%
二氧化碳（CO_2）	0.036%
氖气（Ne）	0.00182%
氦气（He）	0.000524%
甲烷（CH_4）	0.00015%
氪气（Kr）	0.000114%
氢气（H_2）	0.00005%

大气层有以下六个主要**层**。
- **对流层**：**天气现象**和**人类活动**都发生在这一层。
- **臭氧层**：一层薄薄的**臭氧**。臭氧（O_3）是氧分子的一种形式。
- **平流层**：在这一层及这一层之外没有天气现象。
- **中间层**：我们看到的**小行星**和**流星**的燃烧发生在这一层。
- **热层**：**极光**发生在这一层。
- **散逸层**：**卫星**在这一层运行。

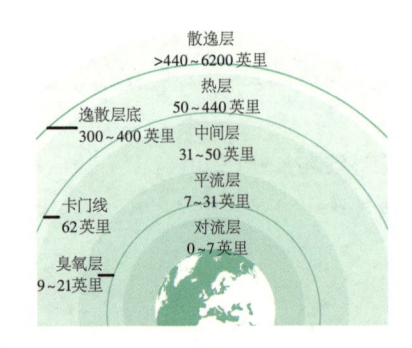

不均匀加热

地球是沿着**地轴倾斜**的，这就是为什么有不同的**季节**，同时导致了大气的不均匀加热。地球的**两极**更多的是**扩散加热**，而**赤道地区**则有**强烈的加热**。

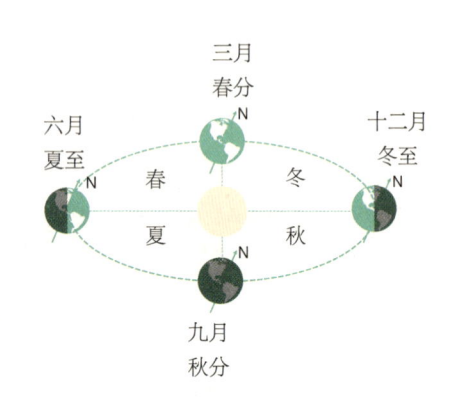

科里奥利效应

从北极看，地球是**逆时针旋转**的。科里奥利效应与**对流**一起，形成了**大气循环**，称为"**环流**"。就像洋流一样，风以**固定的模式移动**，如东北和东南**信风**。

反照率

反照率表示**太阳光在地球表面的反射率**。反照率越高，地面反射到大气中的**热量**就越多。

哈得来环流

哈得来环流指天气形成了可识别的**对流气流**，称为"**环流**"。
- **赤道**的环流会产生巨大的对流气流，热空气迅速向上流动，但很快冷却和凝结，形成**云**和**降水（雨）**。
- 越靠近**两极**，环流越小。

压力

- 当循环的环流彼此靠近时，**压力降低**。
- 当循环的环流彼此远离时，**压力升高**。

生物地球化学循环

对生命和生物多样性来讲，营养物质通过生态系统的转移至关重要。营养物循环是指特定营养物质经过的重复路径。

生物地球化学循环

生物地球化学循环发生在生物圈中，包括不同的区域：**岩石圈**和**地圈**（土地）→**水圈**（水）→**大气圈**（空气）。

营养物循环需要通过**生物地质过程**对**元素**进行**循环**。

- **生物量**：生物体的质量和数量。
- **凋落物**：枯叶和腐烂的生物体残骸。
- **土壤**：地球上层的物质；植物、昆虫、动物和菌丝体在土壤中生长；土壤中含有生物、岩石颗粒、腐烂的物质、水和矿物质。
- **同化**：吸收和消化食物或营养物质。
- **分解**：将复杂的化合物分解成简单的物质。

氧气

- 生物体**呼入**氧气。
- 氧气在**有机化合物**中被同化，如在**蛋白质、脂肪和糖**中。
- 植物通过**光合作用**释放氧气。
- **水循环**与**氧循环**联系紧密。
- **氧化反应和还原反应**参与了**氧的转移**。

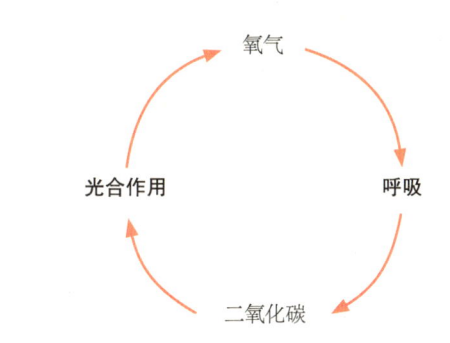

氮

蛋白质的合成要用到氮。在氮循环中，**细菌**是必不可少的。

1. **固氮细菌**将**氮气**（N_2）**转化为氨**（NH_3）。
2. 通过**硝化作用**，氨在土壤中转化为亚硝酸盐离子。
3. 生物体通过**尿素、汗液**和**废物**排出氮；当细菌**将富含氮的废物转化为更简单的分子**时，会发生**氨化作用**。
4. 反硝化细菌将**简单的氮转化为氮气**（N_2），再次进行循环。

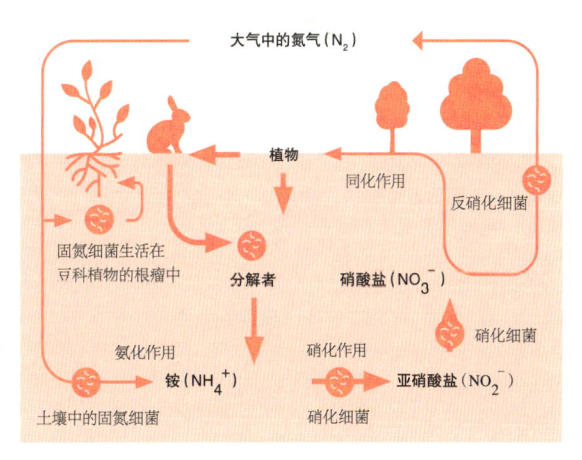

所有循环都包括**生物体的同化作用**和**腐解的异化作用**，后者再将循环物反馈回循环。

- **磷循环**：磷是**细胞代谢**必需的关键元素。
- **硫循环**：硫对**蛋白质和酶**的形成非常重要。

水循环

水循环使地球上的水不断地进行循环，它的终极动力来源于太阳能。

太阳加热**海洋**、**湖泊**、**河流**和所有地球表面的水。水**蒸发**，上升，**冷却**，**凝结**成**云**，然后形成**雨**。

蒸腾：水的蒸发。
凝结：暖空气上升和冷却，并在此过程中集中水分。
降水：暖空气冷却形成云，最终形成雨或雪。这是水循环的主要输入途径。雨雪的强度、持续时间和频率都会影响到水循环。
地表径流：陆地上的水最终会通过河流或渗入土壤进入海洋。水可以储存在湖泊、盆地和地下渠道中，也可以储存在土壤和岩石中。径流是流入盆地或水库的总水量。
地下水流：通过土壤和岩石流向河流和海洋的水。
渗入：水通过土壤向下渗透，到达海洋。
渗透作用：水也可以穿透岩石，成为地下水。

云

由于**气压**和**温度**随着高度的升高而降低，因此云在**不同的高度形成不同的形状**。所有的天气现象都发生在**对流层**。云是**水循环**的一部分，它的形状在不停地变化。

- **高云**：卷积云、卷云和卷层云；积雨云可以形成巨大的云，并达到很高的高度。（译者：此处原书有误，积雨云属于低云，不属于高云。应该移到低云后面。因为积雨云属于低云，所以积雨云并不会达到很高的高度）
- **中云**：高积云和高层云。
- **低云**：层云、层积云、积云。

天气：暂时的气候变化。
气候：长期的气候变化。

描述天气的六个要素是**气温**、**气压**、**风向**、**湿度**、**降水和云**。这些都会**影响大气气流的运动**。

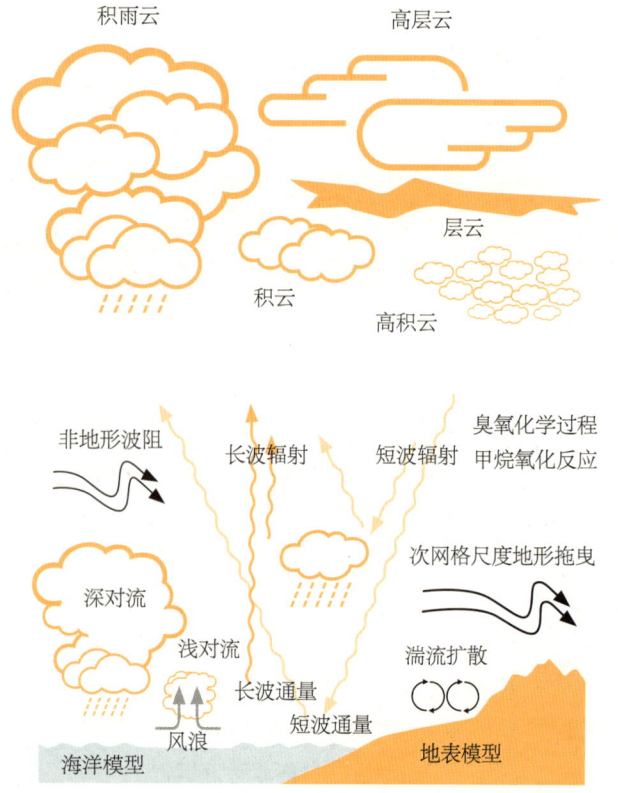

碳 循 环

碳在光合作用和糖酵解（葡萄糖的分解）中通过二氧化碳和葡萄糖（$C_6H_{12}O_6$）进行循环。碳循环与氢循环（包括氢气和水）、氧循环相互作用。

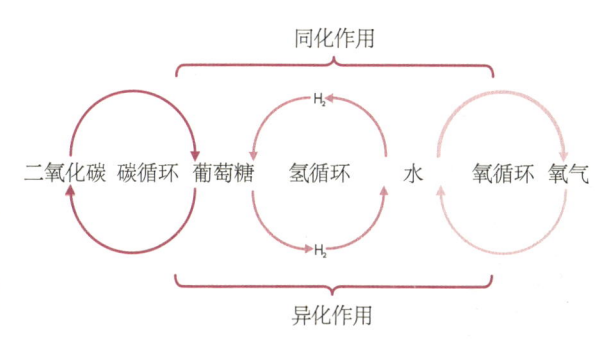

1. 二氧化碳通过**呼吸**和**燃烧**被释放到大气中。**植物在夜间释放二氧化碳**，因为夜间不能进行光合作用。
2. 在有**阳光**的时候，二氧化碳通过**光合作用**形成**葡萄糖**。
3. 动物以植物为食，**代谢**和**消化**葡萄糖，**释放碳原子**，其中大部分碳原子在**有氧呼吸**时以二氧化碳的形式呼出。
4. 生物会**死亡**。
5. **分解作用**会通过**二氧化碳**和**甲烷**将碳原子释放到大气中。
6. 经过数百万年，由于地球物理过程，**化石转化为了原油和天然气**。

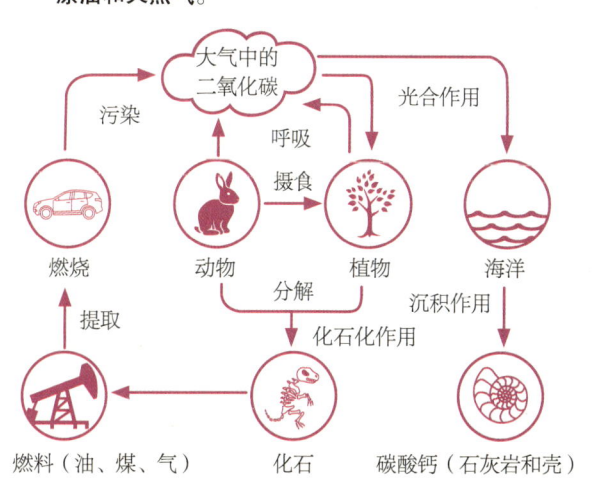

碳固定

通过**生物化学过程**，碳（CO_2）同化为**碳化合物**，如**光合作用**。植物最终会死亡，并在**分解**时释放二氧化碳。**珊瑚礁**形成**石灰岩**是最永久的**碳固定**。

温室效应

有些气体，如**二氧化碳**（CO_2）、**甲烷**（CH_4）、**水蒸气**（H_2O）、**一氧化二氮**（N_2O）和**臭氧**（O_3）等，会在低层大气中捕获太阳发射的温暖的红外线。**这些温室气体能吸收和释放热能**。人类工业释放的二氧化碳、甲烷和一氧化二氮的不断增加，使被大气保留下来的热能增加，导致了更加活跃的大气活动，从而增加了蒸发率。

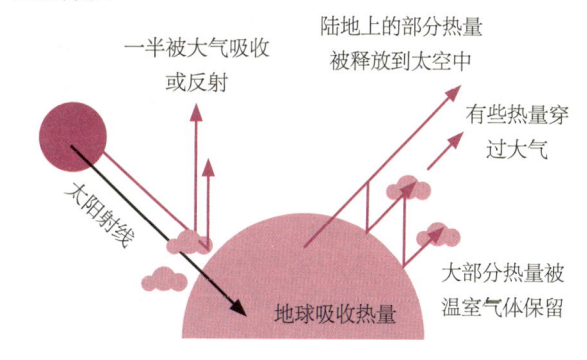

温室效应

甲烷

甲烷（CH_4）是第二重要的温室气体，是在**湿地分解**、**生物消化**和**油气形成**过程中自然生成的。由于**全球变暖**，因此**极地冻原解冻**，更多的甲烷被释放到了大气中。

岩石循环

45 亿年前，超新星残骸在引力作用下形成了地球。大量的铁元素进入地核。地核的 80% 是铁，其他还有镍、金、铂和铀等。

岩石的类型

- **火成岩**：由高温**岩浆**快速冷却形成。**花岗岩、黑曜石和浮岩**都是火成岩。

火山岩

深成岩

- **沉积岩**：沉积物（被侵蚀的沙子和岩石颗粒）经过数百万年层层压缩形成的岩石。**石灰岩和砂岩**是沉积岩，其中常含有**化石**。

- **变质岩**：岩石在**高温高压**作用下，被**压缩并扭曲**在一起形成的。变质岩非常坚硬。由于冷却非常缓慢，有些变质岩含有结晶矿物质。**大理石**和**板岩**是变质岩。

压力和温度增加

岩石循环

1. **风化作用侵蚀**火成岩、沉积岩和变质岩。
2. **雨水、溪流和河流**将被侵蚀的岩石颗粒**带入大海**。
3. 岩石颗粒在**海洋低洼处沉积**，形成**沉积物**。
4. 随着**质量和压力**的不断增加，沉积物发生**压实和胶结**，将下层**压实**。
5. **变质作用**历经数百万年。沉积岩或火成岩受**构造运动**的影响，**俯冲、变形、扭曲、压缩**，在高温高压作用下形成变质岩。
6. 变质岩熔化为**岩浆**，通过**火山喷发**，或者在**构造脊接口**处，岩浆流出并冷却，再反馈回岩石循环。

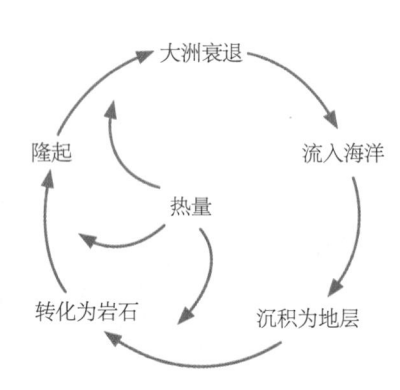

大洲衰退 — 流入海洋 — 沉积为地层 — 转化为岩石 — 隆起
热量

喜马拉雅山的海洋化石

在喜马拉雅山的**石灰岩**中可以找到**菊石、贝类和其他海洋生物的化石**。喜马拉雅山是因为**构造运动**而升起的。

侵蚀和陆地的形成

岩石循环与**水循环**相互作用。**风化作用**和**侵蚀**塑造了地形。**冰川侵蚀**形成了**峡湾和山脉**。

地磁学

地幔中的液态铁释放出自由流动的电子，产生了地球磁场。地球的自转和地幔中的对流产生了电磁感应磁场。

磁场

磁力线汇聚于地磁北极，它与**地理北极**并不在同一个点。

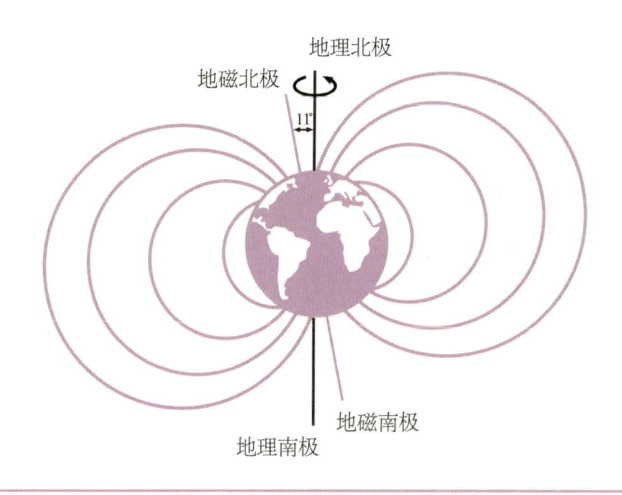

地理北极
地磁北极
11°
地磁南极
地理南极

地磁倒转

地磁倒转指的是**地磁北极和地磁南极互换，地磁极颠倒**。有证据表明，地球曾多次发生地磁倒转。通过在**岩层中找到的证据**，我们可以知道，最近一次地磁倒转发生在距今78万年的**石器时代**。地磁倒转的过程约需要7000年才能完成。地球的自转在地幔和地核外核中形成了弯曲的轨迹和流，由此产生的湍流，扭曲、切断原有的磁场，并生成新的磁场。

磁力防护屏

地球磁场将地球包裹在一个**防护屏**中，这个防护屏可以偏转有害的高能**宇宙射线**和**光子**，防止它们**照射生物体**、**穿透大气层**。地球磁场**在地球周围延伸数万英里直至太空**。

极光

- **太阳**发射的**带电粒子**从其表面向四面八方喷射。
- **太阳风**最终会到达地球，并**被地球磁场偏转**。
- 带电粒子被**加速**，并与高层大气中的**分子碰撞**，导致**光子的喷射**。
- 极光的不同颜色代表不同的碰撞。

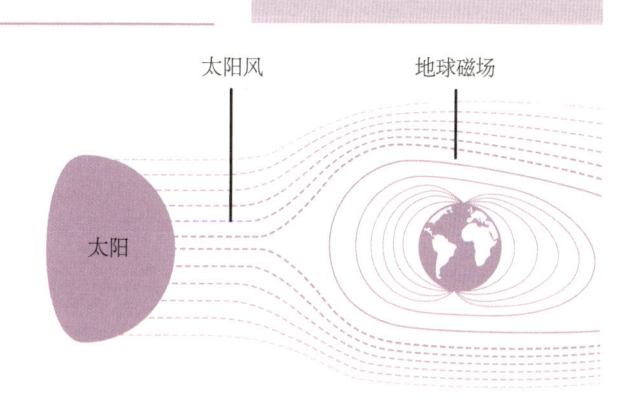

太阳风　地球磁场

太阳

生物积累

生物积累是指工业、农业和有毒化学物质在生物体和生态系统中的积累。在生物圈中，食物网和营养物循环紧密相连。有毒物质（重金属、放射性同位素及其他化合物）由于其化学性质，可以在生物体中积累。

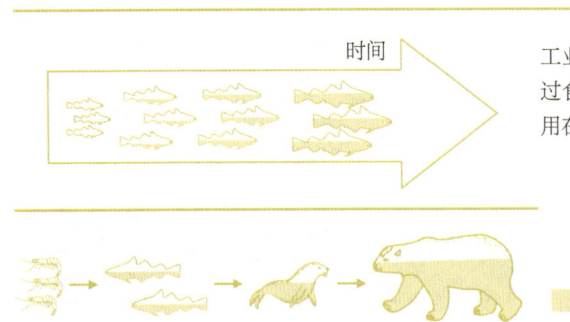

时间

工业和农业化学物质通过食物网和生物放大作用在生态系统中积累

受污染程度

杀虫剂和除草剂

杀虫剂和除草剂具有**毒性生物积累效应**。

DDT

DDT（双对氯苯基三氯乙烷）及与其相似的化学物质（如DDE和DDD）都是**亲脂的**（黏附在脂肪分子上），可以**在生物体体内和土壤中存留数十年**。DDT可以在生物体内积累。数十年中，DDT可以通过尿液、粪便和母乳排出体外。在禁止使用DDT几十年后，新生儿童的血液中还可以检测到DDT的痕迹。

《寂静的春天》

蕾切尔·卡逊（1907—1964）在1962年创作了《**寂静的春天**》。这本书解释了**杀虫剂是如何通过食物网破坏环境、杀死野生动物的**。DDT就是罪魁祸首。鸟类遭受了极其严重的影响，DDT使鸟类的身体无法制造卵壳。

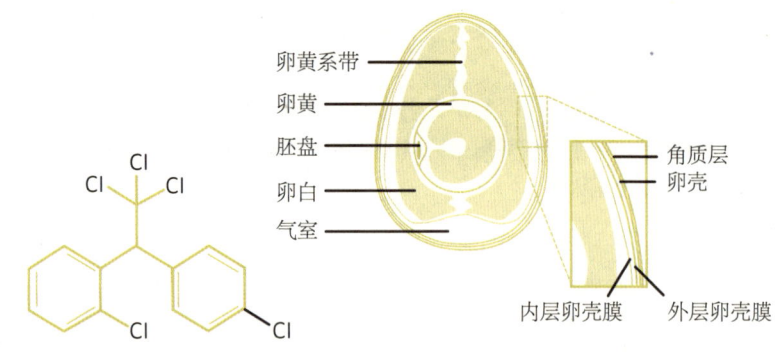

卵黄系带
卵黄
胚盘
卵白
气室

角质层
卵壳

内层卵壳膜　外层卵壳膜

锶-90和生物积累

锶-90是**核武器试验**中可以**致癌**的**放射性原子核**，人们对它的生物积累效应进行了测量。它会在食物网中持续传播。

《寂静的春天》批判了人类以"**发展**"的名义**对自然进行剥削**。蕾切尔·卡逊的发现并不新奇，因为科学家们早已意识到了这个问题，但**蕾切尔·卡逊将之引入了公众的视野**。

在蕾切尔·卡逊的影响下，许多国家都已经**禁止使用DDT**了，包括**印度、中国及美洲和欧洲的国家**。**有些赤道地区的国家**正在努力控制**疟疾**等虫媒传染病的传播，他们有时会**使用DDT**。这个问题非常复杂。

人为造成的气候变化

地球的气候、生物圈、海洋和各种循环是相互联系的。人类的工业活动导致动物栖息地被破坏、环境被污染、全球气温上升和生物灭绝,从而干扰和破坏了各种循环。

气候

气候指的是**长期的天气规律**。

大气、海洋和陆地间的相互作用会导致**自然天气的变化**,若破坏了这种平衡,则会导致气候的突然变化和长期变化。

活跃的系统

地球系统正变得越来越**活跃**(不仅是天气变暖),这导致了**各种极端天气**的出现。

水

水循环正在**变得更加活跃**。不断增加的全球降雨、洪水、蒸发和降雪正在**影响着**供水和水质。

臭氧空洞

二十世纪六七十年代,西方国家排放的**氟氯化碳(CFC,俗称氟利昂)**对臭氧层造成了破坏。1987年签署的"**蒙特利尔协定**"对氟利昂的生产和使用进行了限制。幸运的是,**臭氧层的空洞正在愈合**。

不安全感

直接伤害和死亡
传染媒介增加
媒介传染病
啮齿动物和动物宿主增加
水源疾病
被污染的水
医疗服务中断
基础设施毁坏
人口迁移
心理健康和心理社会影响
洪水
降雨增加
风暴
干旱
干旱环境增加
野火
营养不良
食品不安全
传染病
水质下降
水源疾病
水供应和卫生设施缺乏
空气污染
卫生保健服务减少
呼吸系统疾病、健康压力

种族主义和气候变化

- 与生活在**南半球**的人相比,生活在北半球的人的**人均消耗更多**,产生的废物和二氧化碳也更多。
- 15世纪,在西方国家入侵美洲(和澳大利亚)之后,原住民社区经历了**历史性的种族灭绝**。时至今日,原住民社区还不得不为保护他们的土地免遭破坏而斗争。
- 主流对话未能讨论这样一个事实,即北半球的财富和采掘行为通常都**是过去的帝国主义、殖民主义**及现存的**新殖民主义剥削带来的直接历史后果**,这意味着气候问题的深度和复杂性并没有得到正视和解决。
- 目前,在**依赖污染产业的发展**中,经济体正因为它们的贫穷而备受指责,而指责它们的国家正是那些将他们剥削至贫穷境地的国家。
- **南半球处于气候变化的前线**,正遭受着最严重的破坏。

亚历山大图书馆

对知识的组织非常重要，且由来已久。图书馆管理员们至今仍在为把不断增长的知识（包括数字知识）组织起来，以便人们查找而努力工作。

亚历山大图书馆的建立和毁坏

亚历山大图书馆建于公元前285－公元前246年，位于**埃及北部**，是**古代世界最大的图书馆之一**。据说，亚历山大图书馆收藏了与**古代语言、诗歌、音乐、思维体系、数学知识和写作**等有关的著作。亚历山大图书馆**被誉为学习的中心**，馆内藏有很多**卷轴**。

有些历史学家认为，亚历山大图书馆长期**疏于管理，随着时间的推移，那些卷轴逐渐解体了**。也有人认为，亚历山大图书馆是在公元前48年左右，**恺撒大帝**下令**围攻亚历山大**期间的一场**大火**中"**意外**"被毁的。还有人认为，亚历山大图书馆是被**宗教激进主义者**烧毁的。这座图书馆的**遗迹保存至今**。

希帕蒂娅[1]

希帕蒂娅出生于350－370年，是一位**数学家**和**天文学家**。她发展了**几何学**和**数论**的思想。410年，一群**极端分子**不同意她的**异教信仰**，对她实施了**攻击**。不幸的是，她被**杀害了**。在无知面前，希帕蒂娅依然**是知识和智慧的象征**。

图书馆管理

档案和图书馆的管理需要持续的维护，如更新和跟踪图书馆的馆藏物品。数字图书馆也是如此。图书馆应该做到易于访问、条理清晰并及时更新。

- 书籍编号
- 图书馆馆藏和资产安全保障
- 创建书籍分类
- 发放书籍并录入其他信息
- **图书馆管理**
- 添加/管理书籍
- 检查书籍的借用状态
- 录入书籍的详细资料、价格、购买日期

现代的亚历山大图书馆

1988－2002年，人们建立了一个新的亚历山大图书馆，并为它提供了资金，用于囊括以下内容：**数十亿网页的数字档案、数百万个不再在线的网站**，以及**大量电视和音频广播档案**。

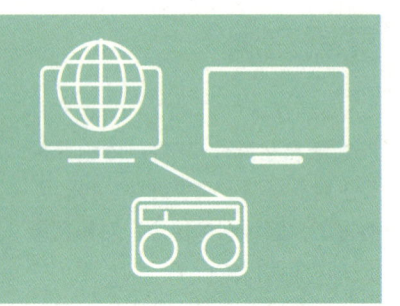

---

[1] 译者注：希帕蒂娅的父亲是亚历山大图书馆最后一位图书管理员。

地球的周长

2000多年前，希腊数学家埃拉托色尼只用影子、三角学和两座城市之间的距离，就测量出了地球的周长。

测量地球的周长

夏至日（6月21日）正午，在**北回归线**附近的斯威奈特（后来被称为西恩纳，也就是今天的阿斯旺），太阳的光线可以直接照射进一口深井中。同一年同一天的同一时间，在**亚历山大**，太阳的光线不会直接照射进井中，而是会在井中投下一条影子。埃拉托色尼注意到，在亚历山大的**一座方尖碑**，情况也是如此，也会**投下一条影子**。

- 在夏至日正午的斯威奈特：没有影子。
- 在夏至日正午的亚历山大：有影子。
  埃拉托色尼对影子的角度进行了测量。

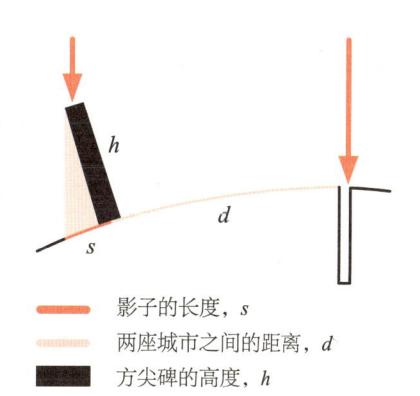

影子的长度，s
两座城市之间的距离，d
方尖碑的高度，h

斯威奈特和亚历山大之间的距离已知，埃拉托色尼利用这个距离、**影子的角度**和**几何学**知识**计算出了地球的周长**。

- 一个圆有360°。
- 影子的角度：7.2°。
- 用7.2除以360，等于50。

$$\frac{360°}{7.2°} = \frac{地球的周长}{斯威奈特和亚历山大之间的距离}$$

亚历山大（埃及）
北极
太阳光线
平行地照射到
地球上
斯威奈特
地球
地球自转轴

用7.2除以360，等于50，这意味着，斯威奈特和亚历山大之间的距离（500英里）等于地球周长的1/50。

埃拉托色尼用500英里乘以50，估计出了地球的周长：25000英里。地球的实际周长约为24901英里。

公元前270年左右，哲学家**阿利斯塔克**计算了**地球到月球的距离**。他假设月球**以R为半径**，圆形轨道围绕地球运行一周的**时间为T**，然后他观察了在**月食**期间**地球的影子移过月球**所需的时间。

利用一些基本的几何知识，他进行了如下计算：**月球进入被地球影子占据的月球轨道段**需要时间t，他估计这段轨道段的长度为2r（r是地球的半径）。

月球围绕地球运行一周的时间为T，月球轨道周长等于2πR 或约等于6.28 R。

$$t/T = 1/363 = 2r/6.28\,R$$

$$r/R = 1/60$$

因此，地球到月球的平均距离是**地球半径的60倍**。

测量时间

自然周期影响着人类、植物和动物的生活，是古代历法和我们今天使用的历法的基础。

- 阴历与月球的周期有关。
- 阳历与太阳的周期有关。
- 星历是星体位置的规律性变化。

尽管月球、太阳和地球之间没有确切的周期关系，但许多历法都包含了复杂的月–日和星体周期。

秒、分钟、小时

一秒等于一天的1/86400，一分钟的1/60；一分钟等于一小时的1/60。一小时大约是从日出到日落的时间的1/12。除了赤道，日出和日落之间的时间是不断变化的。

一秒有多长

国际单位制是国际通用的计量单位。1967年，国际计量委员会（CIPM）最终确定了秒的定义：一个铯-133原子振荡9192631770次的时间，就是一秒。

月相

阴历是现存的古老的历法之一。

月相图：下弦月、残月、新月、峨眉月、上弦月、盈凸月、满月、亏凸月

度量衡

自然周期并不能完全准确地预测时间。在科学上，时间的精确性非常重要。1957年，国际计量委员会（CIPM）讨论了给秒做出全球通用定义的必要性。

奇怪的时间

宇宙的一个特性就是，我们能记住过去，但不能预知未来。这似乎是一个显而易见的结论。但从数学的角度来看，这很令人费解。

星历

在地球上看星空，星星看起来像是组成了某些图案，这些图案就是星座。随着时间的推移，这些图案会因为地球的运动而发生改变。世界各地（以及整个历史上）不同的文化都有各自不同的星座。

伊斯梅尔·阿尔·加扎利

伊斯梅尔·阿尔·加扎利（1136—1206）是伊斯兰黄金时期的土耳其博物学者、工程师和艺术家。他写了《精巧机械装置的知识之书》一书，该书在他去世那一年出版。这本书图文并茂地描述了一百多个机械装置和自动装置。

《精巧机械装置的知识之书》

早在9世纪，巴格达智慧宫的**巴努穆萨兄弟**就出版了一本书，书中写到了**杠杆、平衡器和齿轮**。

设计

工程师们不断地**设计、制作原型、测试、修改设计**，以改进他们制作的东西。

自动装置

伊斯梅尔·阿尔·加扎利的书中写到了**提水机、时钟**和自动音乐**娱乐装置**。这些装置用到了**齿轮、曲轴、压力活塞、水泵和水车**。

象钟

在伊斯梅尔·阿尔·加扎利的非凡发明中，有一个精巧的**象钟**。该象钟可以**计算日出和日落之间的时间**，其内部机制如下。

- 一个漂浮在水箱里的碗，向碗中慢慢注水。
- 当碗下沉时，会拉动一个滑轮系统，使一个由滚珠轴承驱动的部件发生倾斜。
- 这个部件旋转，显示时间。
- 这个滑轮系统会把一个球扔进龙的嘴中，球掉入骑象者身边的一个容器中，然后骑象者就会敲鼓报时。

齿轮的原理

齿轮将力转化为不同的机制。它们的工作原理是利用**齿轮上的齿数比**来改变"**每分钟转数**"。**主动**齿轮比**从动**齿轮大，其比例会使从动齿轮"**每分钟转数**"**成倍地增加**。

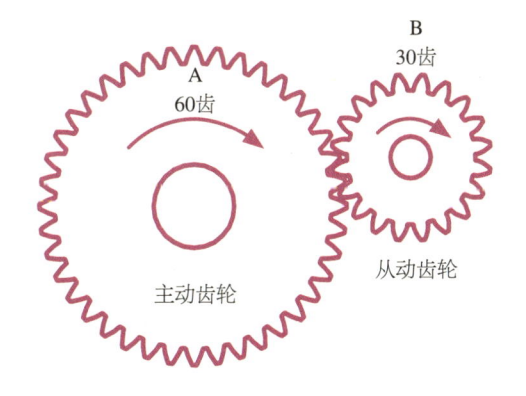

B
30齿

A
60齿

主动齿轮

从动齿轮

例子

A为60齿，B为30齿。A/B＝速度比：60÷30＝2。
如果A的"每分钟转数"为120，那么B的"每分钟转数"＝A的"每分钟转数"×速度比：120×2＝240。

活字印刷术

印刷是创造和复制图像、文字的古老技术。印刷机使信息的传播发生了革命性的改变。活字印刷术最初发明于中国，它可以更加容易地换字。

印刷的类型

从切口上方印刷称为**凸版印刷**
如木刻、浮雕、活版印刷

从切口底部印刷称为**凹版印刷**
如蚀刻、铜版画、雕刻

在同一个平面上印刷称为**平版印刷**
如自动铸字机、平版印刷

通过洞孔印刷称为**孔版印刷**
如丝网印刷、彩色丝印法

古老的模板

人们在**洞穴的墙壁**上发现了35000年前的**人手模板**。模板印刷是**印刷方式的一种**。

雕版印刷工艺

雕版印刷是指把**雕刻好的木块**均匀地涂上墨水，然后**压在纸或织物的表面**。有证据表明，早在公元前3500年，就有人使用**泥板**印刷。**中国、日本、韩国和印度**，木版印刷**技术**已经沿用了数千年。

凸版印刷

将**墨水涂在凸出的版面上**，而不接触**材料被雕刻出的凹陷的地方**。

凹版印刷

凹版印刷将墨水涂在印版上被雕刻出的凹陷的地方，与凸版印刷相反，如**蚀刻**。

活字印刷术的创新

活字印刷中的字**可以调整**，**更改文字更加容易**。可以通过**改变单个元素**、**字或字母**来改变意思，从而避免费力地重新雕刻或重新书写文本。

毕昇

一位名为**毕昇**（990—1051）的**中国印刷工人**发明了世界上**第一个活字印刷系统**。

单个字或字母

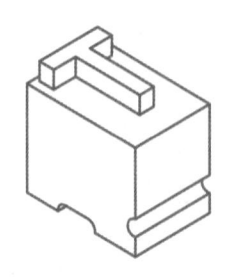

活版印刷

排字工人将**文本从后向前排列**，用每个**字母**或**字**的**镜像**来正确地印刷文字。用**块**来隔开字与字和字与页面边缘的**间隔**。然后，**将排好的文本放入印刷机的"床"中，锁好，涂上油墨**。然后**将纸张放置好，均匀地按压**，就完成了一份印刷品。

古登堡印刷术

1440—1450年，德国铁匠、金属工人约翰内斯·**古登堡**（1400—1468）发明了**古登堡印刷术**。这一发明**改变了信息的分发方式**。

建 筑 物

土木工程是一项历史悠久的人类实践,包括设计和建造大型建筑物和房屋。

- **结构工程**:为要建造的**房屋**和**建筑物**设计结构,确保建筑物能承受物理应力。
- **建筑工程**:对**设计好的结构**进行规划、管理和施工,如基础建设。

钢筋混凝土

混凝土**易碎**且抗拉强度低。用**钢骨架、钢条、钢筋**或**钢网**对其进行加固,可以使材料**吸收、拉伸、剪切和压缩压力**。使用**钢筋混凝土可以建造很高的建筑物**。

城市规划

城市规划的历史可以**追溯到几千年前**。规划和发展城市需要在**下水道、公共交通、供水、医院、交通和学校**等方面做出决策。许多城市**对原有的基础设施进行了发展和扩大**。

混凝土

混凝土是由**石头粉末**和**水**的混合物制成的。水和固体粉末通过发生一种称为**水合作用的化学反应**,在粉末的原子间形成化学键,使它们像胶水一样结合在一起,变硬然后固化。更古老的做法是**将石膏或石灰石进行粉碎和烧制**。

石灰

氢氧化钙,又称为**熟石灰**或**水化石灰**,具有**腐蚀性**,可以**造成严重的烧伤**。它是一种**用途广泛的建筑材料**,由于可以**将岩石和砖块黏结在一起**,所以可以作为**砂浆**用于**砌墙**,也可以用于**涂刷墙体表面**。外墙石膏(灰泥)和**内墙石膏**都含有石灰。

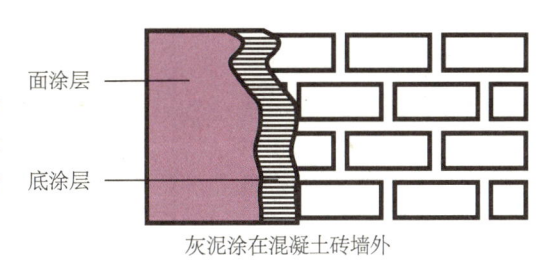

面涂层

底涂层

灰泥涂在混凝土砖墙外

波特兰水泥

水泥是**混凝土的基本成分之一**,含有粉碎成粗/细颗粒的钙化合物、二氧化硅、氧化铝和氧化铁,还包括**石灰石、砂岩、泥灰、页岩、铁、黏土**和**粉煤灰**。

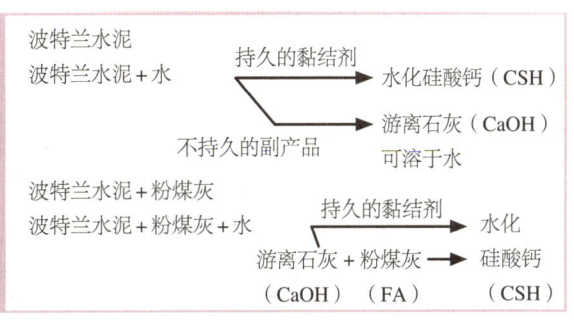

波特兰水泥
波特兰水泥+水 → 持久的黏结剂 → 水化硅酸钙(CSH)
→ 游离石灰(CaOH)
不持久的副产品 可溶于水

波特兰水泥+粉煤灰
波特兰水泥+粉煤灰+水 → 持久的黏结剂 → 水化
游离石灰 + 粉煤灰 → 硅酸钙
(CaOH) (FA)   (CSH)

热 机

热机是可以将热量转换成不同形式的能量的系统。热量从高温流向低温，产生驱动力（如涡轮机），从而转化为机械能。热机可以连接到发电机上，产生电能。

热循环

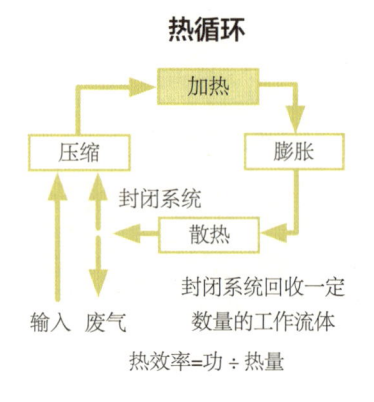

加热 → 膨胀 → 散热 → 压缩（封闭系统）

封闭系统回收一定数量的工作流体

输入　废气

热效率=功÷热量

内燃机

内燃机运动是由**燃料和空气在封闭系统中燃烧**产生的。**气体的热膨胀推动活塞运动**。大多数汽车内燃机的**热效率较低**，仅为20%。

相循环

发动机的驱动力来源于沸腾液体的相变。右侧两幅图显示了**物质从液态到气态的循环中的相变**。图中所示的**相循环**是兰金循环，它可以**用来预测热力涡轮机的效率**。

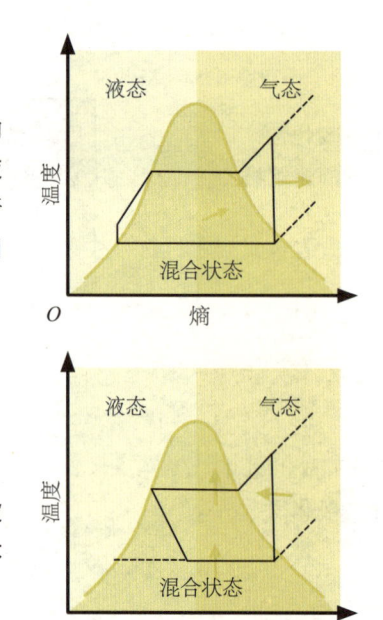

制冷

冰箱内的食物之所以能保持低温，是因为**内部环境中的热量不断地被排出**。在这个系统中，液体以气体形式存在的时间更长。

第一定律

能量不能被创造或消灭，它只能被**转化**成不同的形式。

第二定律

要制造一个**效率达100%**的引擎是**不可能实现的**。有些能量永远无法用来做功，也就是说，这些能量以**热量**的形式**散失**了。

萨迪·卡诺

萨迪·卡诺（1796—1832）是一位法国工程师，他提出了**卡诺循环假设**。他假设在能量交换中液体的使用效率为100%。卡诺循环是不可能实现的，但它可以**帮助工程师理解效率的局限性**。

穆罕默德·巴哈·阿巴

穆罕默德·巴哈·阿巴（1964—2010）是一位尼日利亚教师，他推广了古老的**泽尔罐制冷方法**。泽尔罐制冷方法**不需要用电**，就可以**在炎热的气候下让食物保持凉爽**。当水从潮湿的沙子中蒸发时，含有食物的冷藏区中的**热量就会被带走**。

加水　食物　沙子

能源的未来

大部分**电力**是通过**燃烧化石燃料**产生的。**燃烧**产生的热量使**蒸汽蒸发**，从而**带动涡轮机转动**。人们必须改变对化石燃料的依赖。

能量存储

电池可以储存电势。电负性的差异形成的电势,可以让电流从负极(阳极)流向正极(阴极)。

电化学电池由以下物质构成。
- **阴极**:能够**获得**电子的**正极**。
- **阳极**:能够**提供**电子的**负极**。
- **电解质**:允许离子流动以产生电流的液体。

柠檬电池

- 铜线 = 阴极。
- 镀锌钉子 = 阳极。
- 柠檬 = 电解质。

巴格达电池

人们在**巴格达**发现了一种**早期电池**设计,可以追溯到 2000 年前。它由一个装有铁棒的陶罐制成,铁棒被包裹在一个铜制的圆柱体中。

伏打电堆

意大利化学家**亚历山德罗·伏特**(1745—1827)将锌片和铜片叠放在一起,锌片与铜片间用浸透**盐水**的吸水纸隔开。**锌片和铜片**就是**电极**。该电池是有效的,但盐水最终会腐蚀金属。

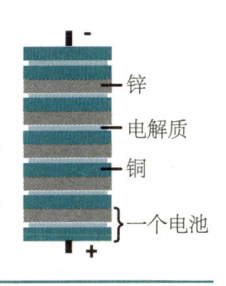

锌
电解质
铜
} 一个电池

化学电池

电池内部的**氧化反应**、**还原反应**导致了离子的流动。法国化学家乔治·勒克朗谢发明了锌碳电池。

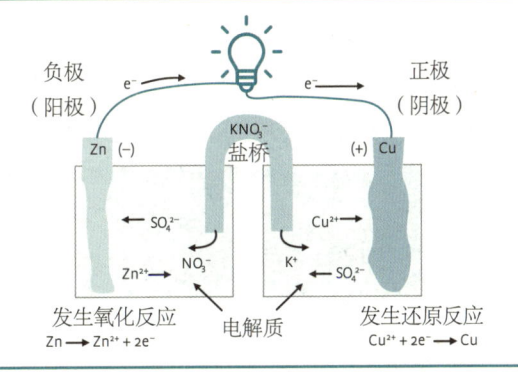

负极(阳极)   正极(阴极)
Zn (−)   KNO₃ 盐桥   (+) Cu
发生氧化反应   电解质   发生还原反应
$Zn \rightarrow Zn^{2+} + 2e^-$ $Cu^{2+} + 2e^- \rightarrow Cu$

干电池

1886 年,德国科学家**卡尔·加斯纳**发明了**干电池**。干电池用**糊状电解液**替代了**液态电解液**。1887 年,日本钟表匠和发明家屋井先藏最先发明了现代电池。

充电电池

碱性电池只能使用一次。开发**可逆的化学反应**就可以制造出**充电电池**。1859 年,**加斯顿·普兰特**发明了首个**可充电的铅酸电池**。笔记本电脑和手机使用的是现代的**锂离子电池**。

化学废料

电池会产生**可怕的**废料。
- **充电电池**减少了人们对一次性电池的依赖,但充电电池仍然含有需要开采才能得到的有毒物质,这些物质处理起来非常危险。
- 电子设备的使用寿命不长,这会导致电子垃圾的增加。

绿色能源

利用**风、太阳和潮汐**可以发电。如何储存这些能量是能源设计和能源建设工程中亟待解决的问题。

计 算 机

计算机是用来计算算术或进行逻辑运算的。计算机编程使得计算机可以适应环境。

计算机的结构

- **硬件**：看得见摸得着，如**键盘**、**显示器**、**鼠标**。
- **软件**：使计算机**执行任务**的**指令**。
- **输入**：用户**输入信息**，如文字、数字、声音和图片。
- **系统/处理**：计算机执行交互于存储设备和通信网络间的计算。
- **输出**：通过触觉设备、视觉或听觉信息呈现的结果。

简单的计算机架构

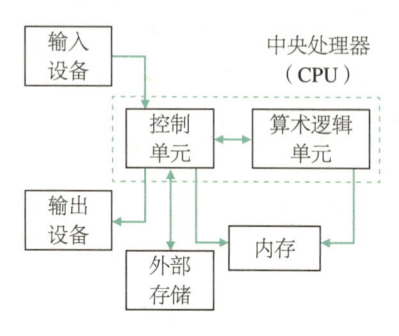

输入设备 → 控制单元 ↔ 算术逻辑单元（中央处理器 CPU）
输出设备 → 外部存储 → 内存

数字女巫

英国数学家、翻译家和作家**阿达·洛芙莱斯（1815-1852）**为巴贝奇的计算机**开发**了可以代表**数字**、**字母**和**符号**的**代码**，并开发了一种让机器**循环重复指令**的方法。她的大部分成果被人遗忘了，直到20世纪50年代，才再次被人们发现。循环重复指令**现在已应用于计算中**。

雅卡尔提花机

雅卡尔提花机是**计算机的鼻祖**。1804年，**约瑟夫·玛丽·雅卡尔**设计发明了这种提花机，用于**机械化织造复杂的织物**。

差分机

差分机是由英国数学家和发明家**查尔斯·巴贝奇（1791-1871）**设计的通用机械计算机，可以进行**复杂的数学计算**。

计算机简史

第1代计算机：
→ **没有操作系统**。
→ 用**开关**作为**二进制代码**。
- 1937年，电子数字计算机问世。
- 1943年，巨人计算机问世，在第二次世界大战期间用于军事领域。
- 1946年，电子数字积分计算机（ENIAC）问世，用于完成一个数学任务。

第2代计算机：
→ **晶体管代替了真空管**。
→ 开发了计算机编程语言。
→ 计算机内存和操作系统。
→ 外部存储的应用，如磁带、打孔带和磁盘。

第3代计算机：1963年至今
→ **集成电路**。
→ 计算机变得**更小、更强大、更可靠**。
→ 可同时运行**不同的程序**。
- 1980年，微软磁盘操作系统问世（**MS-DOS**）。
- 1981年，IBM推出了个人计算机。
- 1980年，苹果公司发布了麦金塔电脑及图标界面。
- 1990年，Windows操作系统问世。
- 1992年，智能手机问世。
- 2007年，商用智能手机问世。

电子学

电子学是关于电子流动的物理学。电子是微小的带负电荷的亚原子粒子，可以被大量技术利用。

基尔霍夫第一定律（基尔霍夫电流定律）

流入的电流等于流出的电流（**电荷守恒**）。

基尔霍夫第二定律（基尔霍夫电压定律）

闭合回路中所有电压之和等于零（**能量守恒**）。

压电能量

压电材料（如石英）**在被压缩时可以产生电流**。石英表包含压电元件，**电流**可以在压电元件内**精确地振荡并计时**。

电子学符号

可变电阻器	电池组	交流电源
电池	二极管	电压表
电阻器	变压器	灯
可变电阻器	电压表	太阳能电池
电流表	开关	多路开关
电容器	接地	电动机

总电阻

串联电阻：

串联电阻的总电阻等于单个电阻之和。

$$R_T = R_1 + R_2 + R_3 + \cdots + R_n$$

串联的电阻

并联电阻：

并联电阻的总电阻的倒数（1/R）等于单个电阻的倒数 1/R 之和。

$$\frac{1}{R_T} = \frac{1}{R_1} + \frac{1}{R_2} + \frac{1}{R_3} + \cdots + \frac{1}{R_n}$$

并联的电阻

电阻的读数

电阻器用**色环**来表示电阻阻值（单位：Ω）。左边的两个或三个色环代表数值 0~9；之后的一个色环代表**乘数**；间隔一段空隙后的另一个色环代表**误差的百分比**。

例如，一个**电阻器的色环**为

黄 紫 红 ⋯ 银
= 4 7 ×100   10%
= 4700 Ω，误差为 ± 10%。

欧姆电阻器和非欧姆电阻器

欧姆电阻器：**电阻**是一个**常数**，**电流**与**电压成比例**，欧姆定律适用。V 与 I 呈**线性关系**：$V = IR$。

非欧姆电阻器：V 与 I 的关系是**非线性的**。

- **白炽灯**：灯丝越热，电阻越大。
- **负温度系数热敏电阻**：电阻随温度升高而降低。
- **半导体二极管**：在一个方向上，电流增加；在相反方向上，电流几乎为 0。
- **发光二极管（LED）**：在一个方向上，传导并发光；在相反方向上，不发光。
- **光敏电阻（LDR）**：电阻随光照强度的变化而变化。

电阻色环表

颜色	数值	乘数	误差
黑	0	1	
棕	1	10	±1%
红	2	100	±2%
橙	3	1000	
黄	4	10000	
绿	5	100000	±0.5%
蓝	6	1000000	±0.25%
紫	7	10000000	±0.1%
灰	8		±0.05%
白	9		
金		0.1	±5%
银		0.01	±10%
无色			±20%

艾伦·图灵

英国计算机学家、密码专家、哲学家、理论生物学家和数学家艾伦·图灵（1912—1954）开发了现代计算机和人工智能。第二次世界大战期间，他在布莱切利园工作，破译了纳粹用英格玛密码机发出的密码，帮助盟军击败了纳粹。

英格玛密码机

英格玛密码机利用**齿轮**和**电子装置**来"**随机**"打乱信息，但机器可以进行的**操作次数有限**。艾伦·图灵发现了它的机制。

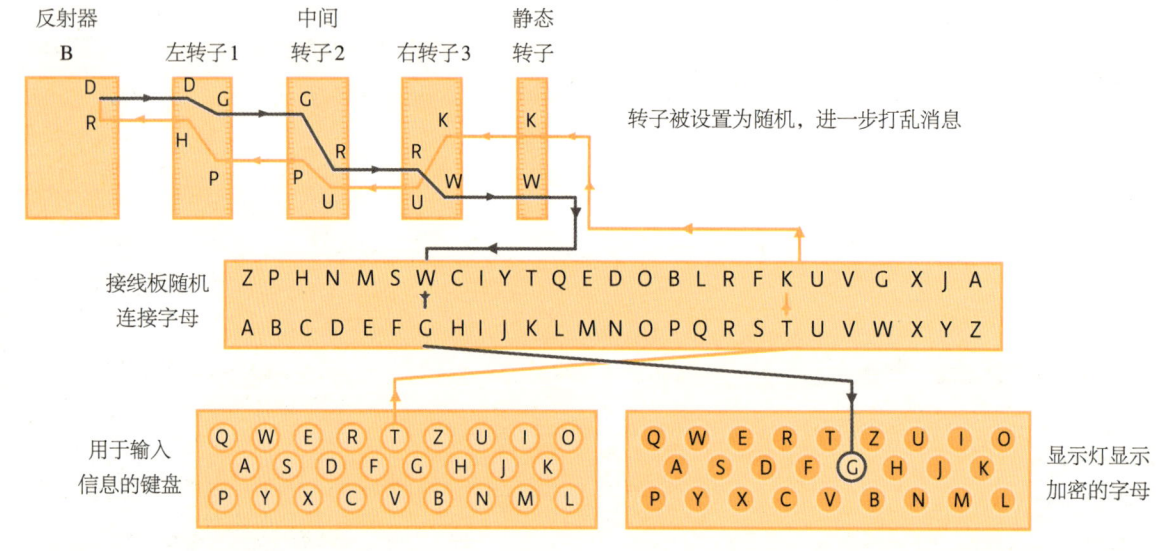

反射器 B　左转子 1　中间转子 2　右转子 3　静态转子

转子被设置为随机，进一步打乱消息

接线板随机连接字母

用于输入信息的键盘

显示灯显示加密的字母

艾伦·图灵的审判

20世纪30年代，艾伦·图灵在**剑桥大学**研究与**计算机器**有关的极限的**数学问题**。他关于"**图灵机**"的想法非常有影响力。"图灵机"是一种**假想的设备**，它只需根据一组规则来处理数字，却能够解决任何可以用算法来表示的问题。

1938年，艾伦·图灵被招募为**政府的密码破译人员**，并找出了**德国英格玛密码机的弱点**。不久，他就设计出了名为"**炸弹机**"的电动机械机器。这种机器可以通过蛮力计算来筛选出可能的英格玛密码设置（基于一段被称为"**婴儿床**"的原始信息片段的推测）。他的工作对**布莱切利园**制造的**巨人计算机**（世界上第一台可编程的数字计算机）产生了很大影响。

然而，1945年后，布莱切利园的工作被列为**机密**，"炸弹机"被拆解，这阻碍了艾伦·图灵在战后建造更先进的"**存储程序**"计算机。此外，艾伦·图灵的同性恋身份也被认为是一种安全隐患，因此他被**排除在情报工作之外**。1952年，根据当时的恐同法律，艾伦·图灵被捕，并被命令接受**激素阉割**。

1954年，艾伦·图灵因**挫折感**和抑**郁症**自杀。他对现代世界的**巨大贡献**直到最近几十年才得到承认。

摄 影

摄影的发明涉及光化学、光学和视觉艺术，并很快被艺术家和科学家采用。

针孔照相机

- 可以没有镜头。
- 有一个极小的孔。
- 光线进入小孔，在盒子中投射出倒立的影像。

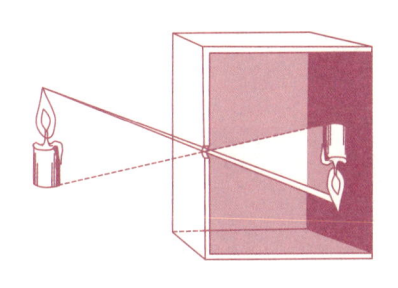

蓝晒法

蓝晒法是一种早期的**光反应造影术**，要用到**涂在纸片上的涂层**。当**暴露在阳光下**时，**被物体覆盖的部分**就会**印在纸上**。

安娜·阿特金斯

英国植物学家**安娜·阿特金斯**（1799－1871）是**较早的女性摄影家之一**，她出版了第一本使用蓝晒法拍摄的植物摄影书籍。

银版摄影法

路易·雅克·芒代·达盖尔（1787－1851）发明了银版摄影法，这种方法要用到**镀有银的铜板**。

数字摄影

光线进入照相机镜头，刺激**图像传感器芯片**。图像传感器芯片可以**测量颜色、色调和不同形状的轮廓**。这些模拟信息会被转换成数百万的像素。

镜头

通过镜头可以**将图像投射到画布或其他表面上**。这使得文艺复兴早期的佛兰德艺术家们能够对物体和人物进行描摹，创作出逼真的绘画作品。

单反照相机的结构

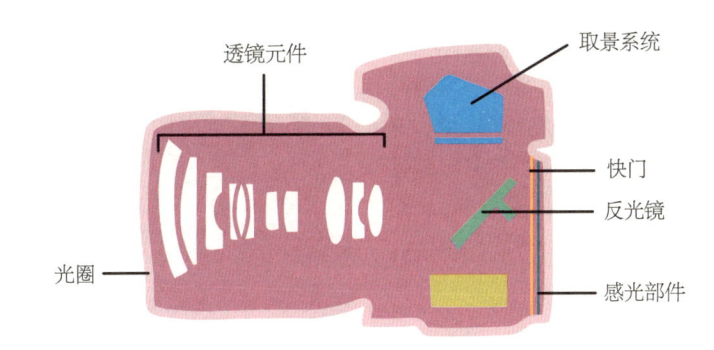

- 透镜元件
- 取景系统
- 快门
- 反光镜
- 光圈
- 感光部件

赛璐珞胶片

约翰·卡布特、汉尼拔·古德温和乔治·伊士曼发明了由硝酸纤维素、樟脑、酒精和颜料制成的**透明柔性胶片**。伊士曼柯达公司于1889年将赛璐珞胶片投入市场。

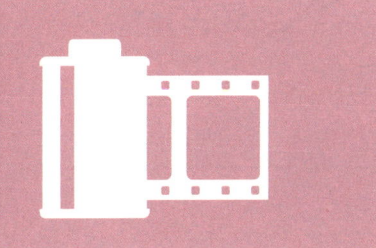

雷达和声呐

雷达和声呐利用从远处物体接收到的声学信号的回声来定位物体。通过发送信号和接收信号间的时间延迟可以实现定位。

雷达

雷达使用**无线电波**。雷达使得飞机**能够**穿过黑暗和云层安全**着陆**。

声呐

声呐利用的是**水下的或人体中的声波**。现代**超声波发生器**发出的频率在2万赫兹（Hz）~到1千兆赫兹（1千兆赫兹=10亿赫兹）。

回声定位

鲸鱼、鼠䚔、海豚、蝙蝠等动物都会利用回声定位。回声定位动物**发出叫声**，然后通过**探测**这些叫声的回声，来感知它们所处的环境、定位物体和探测距离。声音感受器（如耳朵）之间的距离是可以**精确测量的**。

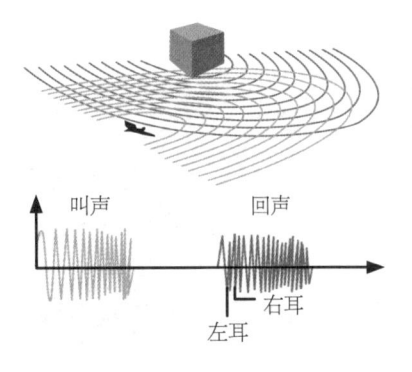

高清晰度听觉

蝙蝠可以发出非常**响亮的高音调叫声**。这种叫声的**频率超出了人类的听觉范围，而且比大型喷气式客机起飞时发出的声音的频率还要高**。它们的高频率叫声**波长很短，可以探测到夜间的昆虫**。高频率叫声还能让它们**探测到像飞蛾这样的昆虫的微小特征**，如飞蛾是否有毛茸茸的身体或触角。这种高清晰度的探测只在短距离内起作用。蝙蝠可以**捂住自己的耳朵**，这样就不会被自己的叫声震聋。

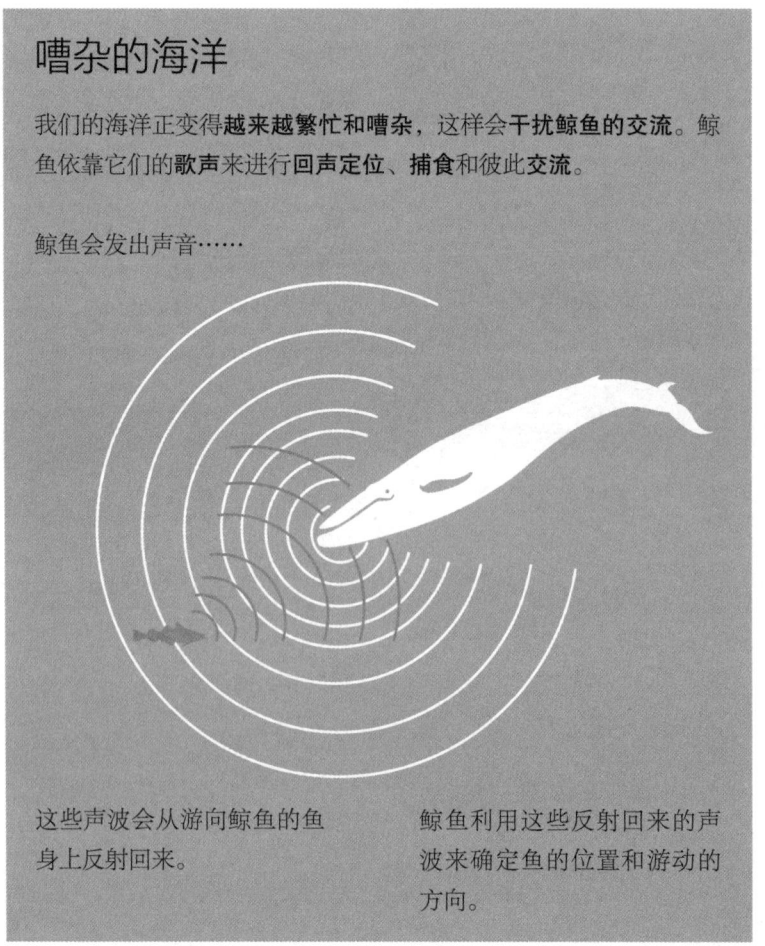

嘈杂的海洋

我们的海洋正变得**越来越繁忙和嘈杂**，这样会**干扰鲸鱼的交流**。鲸鱼依靠它们的**歌声**来进行**回声定位、捕食**和彼此**交流**。

鲸鱼会发出声音……

这些声波会从游向鲸鱼的鱼身上反射回来。

鲸鱼利用这些反射回来的声波来确定鱼的位置和游动的方向。

信 息

来自传感器的数据经过数字化之后才能由计算机进行处理。计算机使用的数据是以电位差的形式表现的。

模拟信号

模拟信号是来自连续电位差（电压）的信号，不能直接在计算机中进行存储或处理。信息因**振幅**和**波形**的不同而不同。信息要先经过**数字化**，才能被计算机处理。**模拟波**有多种形式。

数字信号

在数字系统中，一个信号由**两个值（0或1）**组成，这两个值由两个电压阈值决定，电压阈值将信号分配给0或1。由 **0或1** 组成的信号称为**位**。8位等于一字节，**分辨率**取决于位数。数字信号在产生**噪声**或**干扰**时很**容易恢复**，因为信号**不取决于振幅或波形，而取决于脉冲序列**。将**模拟**信号转换成数字信号，需要将正弦波转换成方波或方波的组合。

带宽

带宽的大小取决于需要传输的信息量。**传输率越高，需要的带宽就越大**。

波形

人们用**电磁变化**来传输信息，可以使用**金属线**或**电缆**来传输；可以通过**大气**来传输，如**无线电**；可以通过**光缆**中的**光子**来传输。

衰减：信号的能量随距离的增大而消散。

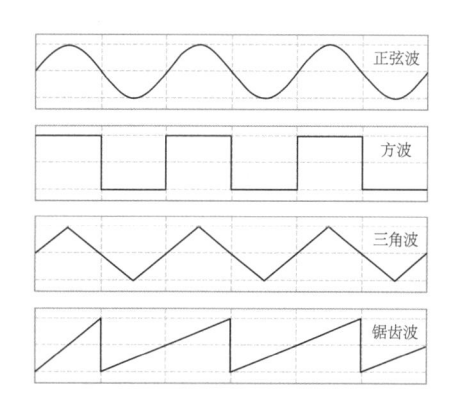

正弦波

方波

三角波

锯齿波

干扰和信号衰减

光纤中的**反射反馈**，或者**大气**对无线电和微波的**干扰**，可能是由**摩擦**产生的**热辐射**引起的。

频谱

要用电磁的方式传输声音，必须以40千赫兹的频率和16位的分辨率对音频进行采样。每秒的传输速率为640千赫兹，也就是64万比特/秒。

电磁传输系统

- 广播。
- 移动通信。
- 无线网络。

载波频率

用**载波**对传输的信息进行编码。载波包含传输信息所需的能量（用频率表示）。

调制

调制信号指的是**随时间改变信号**。调制需要改变周期性波形（或载波信号/频率）的一个或多个特征来承载信息。这可能需要用到**调频（FM）或调幅（AM）**。

声音

人类的听觉范围为50赫兹到15千赫兹。

技术

全球定位系统（GPS）

全球定位系统（GPS）是由大约 30 颗卫星组成的导航系统，这些卫星在 12500 英里左右的高度围绕地球运行。基于三边测量法，也就是通过至少三颗不同的卫星收集地理位置信息，GPS 可以精确地绘制出位置图。

二十世纪初，**火车**和**电报加快**了人们旅行和通信的速度。这意味着，为了避免火车相撞，就**必须划定标准化时区**。引入时区是为了管理日益加快的旅行和通信速度的发展。当**一秒**的**时间长度**有了世界通用的**理论定义**后，人们就可以进行**同步活动**了。

工作原理

GPS 的工作原理是**比较卫星数据并发送电磁信号**。

- 信号从 GPS 发送到最近的卫星上。
- 信号被发送到至少三颗其他卫星上。
- 每颗卫星的距离是通过发送到 GPS 设备的**延时数据**来确定的。
- **对比至少三颗卫星的位置和距离，并将 GPS 设备的移动考虑在内**，可以降低错误率。
- 利用这些信息，接收器可以**计算出 GPS 设备的位置**。

格拉迪斯·梅·韦斯特

非裔美国数学家**格拉迪斯·梅·韦斯特**（生于 1930）对**地球数学模型**的发展做出了重大贡献。这些模型已经纳入了我们现在使用的 GPS。地球数学模型对 GPS 设备的运行至关重要。她的工作是使用 1956－1960 年的计算机软件**测量卫星的位置，计算卫星的轨道**。

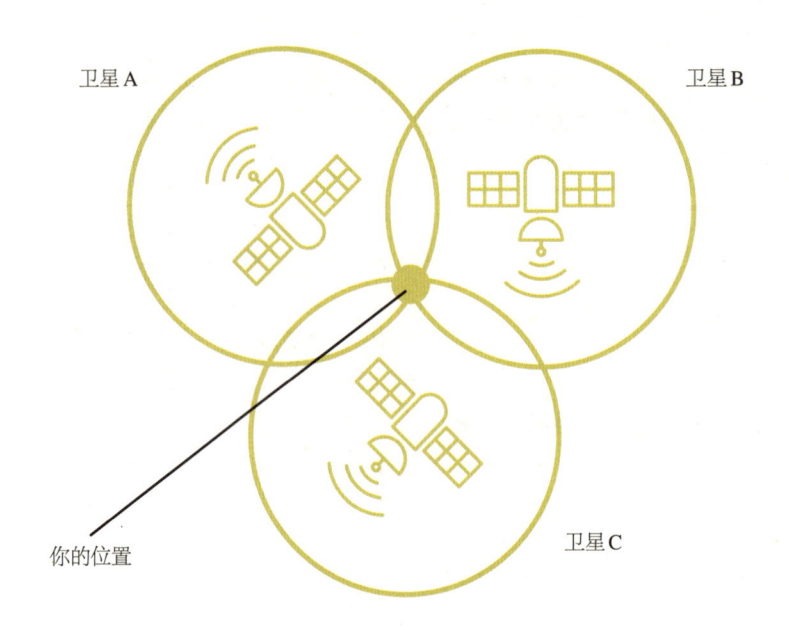

卫星 A　卫星 B　卫星 C　你的位置

太空旅行

已经有500多个人越过平流层，进入了环绕地球的轨道。已经有12个人踏上了月球。但迄今为止，只有机器探测器到访过其他星球。

太空旅行的里程碑

1957年 第一颗人造地球卫星进入轨道（斯普特尼克1号）
第一个动物进入轨道[小狗莱卡（斯普特尼克2号）]
1958年 美国第一颗卫星发射（探险者1号）
1961年 第一个人科动物进入太空（亚轨道）（黑猩猩汉姆）
第一个人类进入轨道（尤里·加加林）
第一个美国人进入太空（亚轨道）（艾伦·谢泼德）
1962年 第一个美国人进入轨道（约翰·格伦）
1963年 第一个女性进入轨道（瓦莲京娜·捷列什科娃）
1965年 第一次太空行走（阿列克谢·列昂诺夫）
1968年 第一次载人绕月飞行（阿波罗8号）
1969年 第一批宇航员登月：尼尔·阿姆斯特朗和巴兹·奥尔德林登月，迈克尔·科林斯进行绕月球环行
1971年 第一个空间站（礼炮1号）
1972年 最后一次阿波罗登月计划（阿波罗17号）
1981年 第一次航天飞机飞行（哥伦比亚号）
1983年 第一个美国女性进入轨道（萨莉·赖德）
1986年 第一个模块化空间站（和平号）开始组装
1994年 发现号航天飞机首次造访和平号空间站
1998年 国际空间站（ISS）开始组装
2001年 第一个太空游客丹尼斯·蒂托参观了国际空间站
2004年 太空船一号完成首次商业载人航天飞行
2011年 最后一次航天飞机飞行（亚特兰蒂斯号）
国际空间站完工

造访其他星球

以下是首次成功造访太阳系中其他星球的航天器。

月球	飞掠：月球3号（1958年）
	软着陆：月球9号（1965年）
水星	飞掠：水手10号（1974年）
	轨道飞行器：信使号（2011年）
金星	飞掠：水手2号（1962年）
	着陆：金星8号（1972年）
	轨道飞行器：金星9号（1975年）
火星	飞掠：水手4号（1965年）
	轨道飞行器：水手9号（1971年）
	着陆：海盗1号（1976年）
	火星车：火星探路者（1997年）
谷神星（最大的小行星）	轨道飞行器：黎明号（2015年）
木星	飞掠：先锋10号（1973年）
	轨道飞行器：伽利略号木星探测器（1995年）
土星	飞掠：先锋11号（1979年）
	轨道飞行器：卡西尼探测器（2004年）
天王星	飞掠：旅行者2号探测器（1986年）
海王星	飞掠：旅行者2号探测器（1989年）
冥王星	飞掠：新地平线号探测器（2015年）
哈雷彗星	近距离飞掠：乔托号探测器（1986年）

隐藏人物

只有通过成千上万的科学家、工程师和承包商共同的努力，人类和机器才有可能实现太空飞行，其中许多人是默默无闻的。2016年，玛格特·李·谢特利的《隐藏人物》一书，重点介绍了非裔美国女性数学家凯瑟琳·约翰逊、多萝西·沃恩及工程师玛丽·杰克逊对美国国家航空航天局早期太空计划的贡献。

（航天飞机示意图标注：外挂燃料箱、负载舱、轨道飞行器、固体火箭助推器、主发动机）

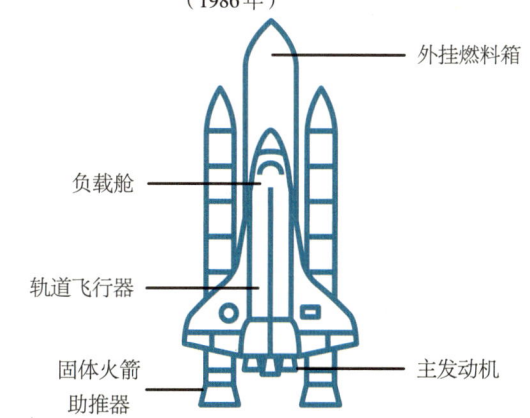

编　程

随着编程语言的发展，计算机的功能越来越多。

莫尔斯电码

莫尔斯电码用点和线来代替字符，是代码的一个很好的例子。

A	·-	J	·---	S	···		
B	-···	K	-·-	T	-		
C	-·-·	L	·-··	U	··-		
D	-··	M	--	V	···-		
E	·	N	-·	W	·--		
F	··-·	O	---	X	-··-		
G	--·	P	·--·	Y	-·--		
H	····	Q	--·-	Z	--··		
I	··	R	·-·				

复杂程度

英语字母表有语音、语法和26个字母。莫尔斯电码只由点和线组成。二者可以传递相同的信息。

机器语言

计算机硬件只能处理二进制指令。

早期

早期指令是用机器语言重新编写的。先用人类语言把指令写在纸上，然后将其翻译成二进制指令。

汇编指令

汇编指令可以将指令映射到机器操作，可以实现链接函数、从内存获取数据及其他指令和循环的开发。

编译器

编译器将源代码转换成低级语言，如汇编指令。

公式翻译器（FORTRAN），1954年

公式翻译器让编程变得更容易，但升级需要重写整个系统。

COBOL语言，1959年

通过COBOL语言，计算机可以接受相同的源代码，使更新变得更容易。只需编写一次就可以在任何地方运行。

计算机语言简史

1960年　ALGO / LISP/ BASIC
1970年　PASCAL/C/SMALL TALK
1980年　C++ / Objective-C / Pearl
1990年　Python / Ruby / Java
2000年　SWIFT / C# / GO / Ubuntu

语句

语法规定了代码中语句的结构。

赋值语句

程序需要一系列赋值语句。赋值必须进行初始化，以设置其初始值。变量需要赋值，如 b = 7。

控制语句

控制语句是条件语句。常见的控制语句是IF和WHILE语句。

函数

函数也称为"方法"或"子例程"，可以命名控制语句，以"RETURN"结尾。

内核

内核是计算机操作系统的核心。它控制着系统内的一切。

美国信息交换标准代码（ASCII）

美国信息交换标准代码（ASCII）使用7位二进制数来表示字母、数字和其他字符。

理查德·巴克敏斯特·富勒

建筑师、工程师和设计师理查德·巴克敏斯特·富勒（1895—1983）（以下简称富勒）一共出版了30多本著作，发明了诸如"太空船地球"、"Dymaxion"（最大限度利用能源的、以最小限获得最大限的）、"协同作用的"和"张拉整体"等流行术语。

富勒致力于创造事半功倍的设计，他的目标是**帮助社会解决住房等问题**。他非常关注地球上的**资源稀缺**和**全球气候变化等问题**。

太空船地球

地球上的**资源有限**，我们需要在**社会**、**经济**和**设计系统**中考虑到这一点。"太空船地球"这一概念可以很好地传达这一想法。

Dymaxion 房子

Dymaxion房子**价格低廉**，易于**大规模生产**。但它从未在商业上流行起来。Dymaxion房子设计的关键是便于运输和弹出式组装。

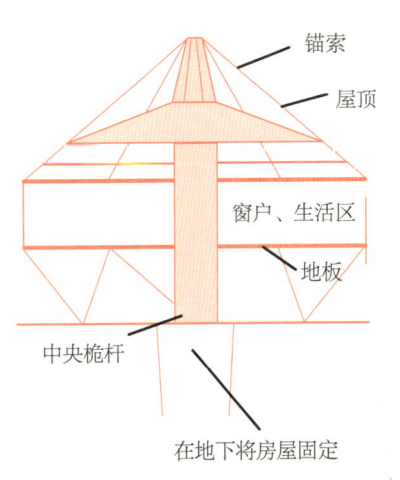

Dymaxion 地图（富勒地图）

Dymaxion 部署单元

第二次世界大战期间，Dymaxion部署单元在偏远地区掩护雷达（无线电探测和测距）小组。

Dymaxion 地图（富勒地图）

富勒设计了一幅**由三角形组成的地球地图**，这些三角形拼接在一起形成一个**正多面体**。在这幅地图中，所有大陆和岛屿都不会被分割。

测量圆屋顶

圆屋顶是一种易于组装的结构，不需要**侵入性的内部支撑**，就可以**将大量空间包围起来**。测量圆屋顶内部的**应力**和**质量分布**使其具有**极高的强度**。世界各地的**应急避难所**及其**研究**、**休闲设施**使用的都是这一结构。

灵感来源于自然

富勒的灵感来源于对**自然界中的几何学**的观察。

解决问题的系统方法

使用系统来定义**问题**，有助于我们思考问题间的**相互关联**，以及**系统本身就是解决方案**的可能性。

社会化的设计

与富勒同时代的人，如**维克多·帕帕尼克**，他也同样关注**设计对改善社会的影响**，好的设计不应该只提供给**有钱人**。

锚索
屋顶
窗户、生活区
地板
中央桅杆
在地下将房屋固定

磁共振成像（MRI）

我们的身体是由不同的物质构成的：蛋白质、脂肪、生物碱、神经递质和水。这些物质都含有氢原子，它们通过分子间和分子内的键相互作用。氢原子核就是质子。

质子是**磁共振成像（MRI）**的关键。质子有**自旋**，根据周围物质的不同，我们体内的质子会朝**不同的方向**自旋。

基本原理

- MRI 扫描仪中有一个强大的**磁铁**，可以使质子的**自旋**方向**保持一致**。
- **射频脉冲**（比太阳光的能量更小）为质子提供能量，使它们稍偏离它们在磁场中的排列，这取决于质子所处的物质，如**蛋白质、脂肪、骨骼**。
- 质子**被磁铁重新聚集**，吸收的能量被重新发射出来。
- 发射出来的能量会被扫描仪中的**射频线圈**检测到。
- 质子发射的**能量的频率**不同。**计算机将这些信号的变化处理成图像**。

傅立叶变换

傅立叶变换是**一种**用来**分析波形**的**数学方法**。一个信号（如小提琴的声音）是由**许多不同的频率组成的**，傅立叶变换可以**拾取产生信号的所有不同的频率**。在 MRI 扫描仪中，质子发射的频率经过**傅立叶变换计算**，然后**重新组合**。

基本的傅立叶级数

下面这些基本的傅立叶级数展示了**如何将周期函数表示为多个独立（离散）指数函数的和**。

频率（Hz）	振幅（m）
1	1
3	1/3
5	1/5
7	1/7
9	1/9
11	1/11
13	1/13
15	1/15
17	1/17

2. 射频波被质子吸收，然后作为信号发射出来

3. 射频线圈接收信号并将其传输给计算机

1. 磁场将体内的质子进行排列

4. 计算机处理数据，生成图像

诊断、治疗和监测

MRI 扫描仪可以用于各种临床（医疗保健）和实验（研究）中的**诊断、治疗和监测**。

互 联 网

互联网将计算机和设备的网络连接起来。1989年,蒂姆·伯纳斯-李发明了超链接(也就是万维网)。超链接成为了欧洲核子研究组织的科学家共享信息的一种方式。这个发明改变了世界。

超文本标记语言（HTML）

网页是用一种称为**超文本标记语言（HTML）**的**编程语言**构建的。HTML嵌入了以下类型的数据：

- 网页上的**信息**。
- 页面的**设计和布局**（格式）。
- 与其他网页/网站的**链接**。

HTML文本必须保存为".html"文件。

例子：

```
<html>
    <body>
        <h1>Hello world</h1>
        <p>This is a webpage</p>
    </body>
</html>
```

HTML用标签来描述布局：
`<html>` 表示文本是 HTML 文档。
`<body>` 表示识别页面上的信息。
`<h1>` 表示识别一个标题。
`<p>` 表示开始一个段落。

可联网的设备
太空中的卫星
调制解调器/路由器
卫星锅
网络运行中心（NOC）

物联网

家庭中的**智能设备**可以连接到互联网。**恶意软件**是对物联网的一个威胁。

术语

- **数据包**：计算机之间数据的来源和目的地的信息被分解为数据包。
- **IP地址**：互联网协议——代表计算机地址的唯一一串数字。
- **交换机或集线器**：连接设备。
- **路由器**：引导互联网上的信息。
- **域名系统（服务）协议（DNS）**：域名系统把网站转换成IP地址，DNS是计算机用来交换数据的协议。

互联网的起源

互联网诞生于20世纪60年代末，是由**美国国防部高级研究计划署（ARPA）**赞助的，最初它只是**连接计算机的一种方法**。1969年，计算机之间发送了第一条信息。1971年，计算机之间增加了发送文件的能力，同年，**第一封简单的电子邮件成功发送**。然而，直到1989年，**HTML的发明**才使得现代民主化的万维网成为现实。今天，更快的通信速度、更小的计算机及无线网络，已经使互联网成了我们生活中不可或缺的一部分。这既有利也有弊。

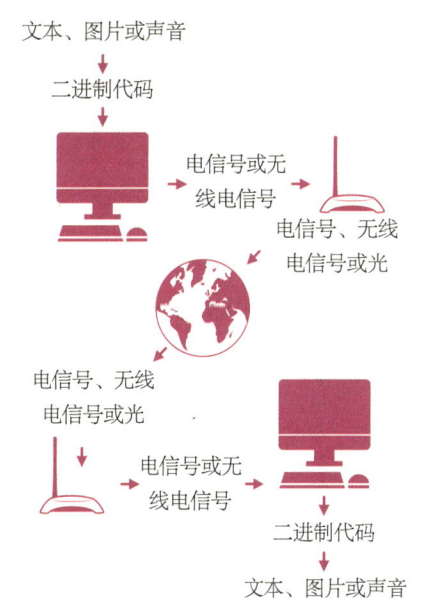

文本、图片或声音
↓
二进制代码
↓
电信号或无线电信号
→ 电信号、无线电信号或光
→ 电信号、无线电信号或光
→ 电信号或无线电信号
↓
二进制代码
↓
文本、图片或声音

技术

基因工程

基因工程通过改变DNA来影响生物体的性质。这一技术是有争议的，但符合伦理的基因工程可以生产更多的食物、治疗疾病、促进新材料的发明。

DNA

基因工程师对**基因组**进行**交换或编辑**。

生物体的**特征**由**基因**决定。例如，狮子、老虎和美洲豹有不同的身体标记。

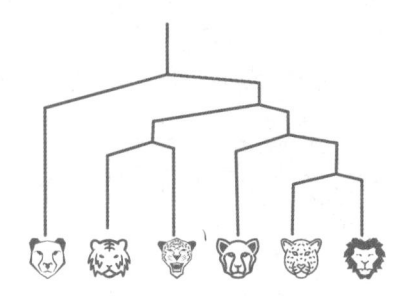

转基因生物

转基因生物具有**编辑过的基因组**。例如，黄金大米：为了解决维生素缺乏引起的疾病，人们培育出了一种含有**维生素A**的大米。

硅藻

硅藻是具有**硅质细胞壁**的藻类。它们的基因可以被**编辑**，从而作为传感器或**药物传递单元**。

细胞色素P450

有些**细菌**和**植物**会产生**抗癌酶**，如细胞色素P450。它们经过**基因改造**可以产生更多的抗癌酶。用于治疗**1型糖尿病**的**胰岛素**就是通过**基因编辑**制造的。

CRISPR和细菌

规律间隔成簇短回文重复序列（CRISPR）是一种利用**细菌防御机制**的基因编辑技术。细菌可以产生**CAS9蛋白**，通过切除**病毒DNA**和**RNA片段**，来"记住"病毒基因。人们正在开发利用CRISPR治疗**癌症**和**镰状细胞贫血**的方法。

定制婴儿

删除或**编辑胚胎**的基因在伦理上存**在争议**。删除未出生的人类体内导致疾病的基因可能是有益的。但利用基因编辑来消除人类非典型的身体和思想的多元特性，如**选择**头发颜色等**特征**，删除多样性和残疾，这种想法与过去的歧视思想有惊人的相似之处。

农作物种植和转基因生物

当生物体**繁殖**时，它们的部分或全部基因会**传递给下一代**。千百年来，人类**有选择地培育**农作物，以提高产量，抵御疾病和干旱。**选择育种**就是**选择基因**。

细菌质粒DNA编辑

细菌质粒DNA常用于细菌克隆，会用到基因组上的特定位点。

3D打印

3D打印是一个"增材制造"的过程,在此过程中,一种物质被液化或层叠固化,形成一个固体或中空的3D结构。

数据的材料化

3D数据可以创建一个物体。这为数据的可视化和将数字世界绘制成实物提供了创造性的机会。有各种不同的材料可供使用:**黏土、水泥、树脂、糖粉和各种塑料**。设计师、艺术家和科学家们正在使用3D软件制作越来越复杂的模型,也在尝试使用更多其他材料。

定制和铰接式模型打印技术的发展,使得3D打印可以用来制作**效果更好的假肢**。

局限性

3D打印承诺将**使制造业大众化**,但是,与许多创新一样,很少有人能够接触到它。人们需要学习如何通过身体和感官来操纵木头、纤维或黏土等材料。3D打印还无法取代这一过程。

药物研发

化学家们已经开发出了利用3D打印来**定制打印药物**的方法。

生物打印

生物打印就是打印**具有生物相容性的组织**。众所周知,已经有人用**干细胞和3D打印制作出了一块牛排**。人们可以用干细胞和3D打印来制造**软骨**和**骨骼**,工程师们希望以此为基础,打印出**鼻子**和**耳朵**,这将使**烧伤患者**和其他人受益。

器官

人体和**免疫**系统会对**移植的器官**产生**排斥**。3D打印可以利用**多能胚胎干细胞**和患者的**成体干细胞**,来解决器官排斥的问题。由于**胚胎干细胞非常脆弱**,所以这一技术还存在许多问题。

利用3D打印的增材制造方法

笛卡儿坐标式:基于x、y、z的笛卡儿坐标系。

三角坐标式:喷嘴和喷头一层层地绘制物体。

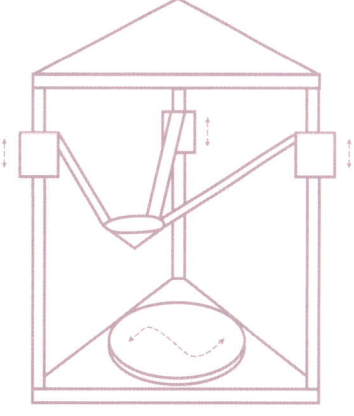

笛卡儿坐标式

三角坐标式

触 摸 屏

量子力学粒子可以直接穿过屏障，而不需要越过它们，这一过程被称为量子隧穿，它是现代触摸屏技术的基础。

如果我们把一个足球踢向墙壁，它就会反弹回来。但是在量子力学中，粒子并不是像足球那样运动的，而是**可能出现在许多地方**。粒子可能会突然出现在屏障之外，**因为它有**出现在屏障另一边的**可能**。这种效应称为**量子隧穿效应**，自然界和世界各地的实验室中都观察到了这种效应。

太阳光

太阳之所以会发光，是因为**质子隧穿了能量屏障**。我们熟悉同性电荷相斥的概念，但是**因为质子是量子力学尺度的**，有量子隧穿效应，所以它们可以到达太阳表面，并以宇宙射线的形式发射出来。

隧穿磁电阻

计算机的**硬盘**和**U盘**依赖于一种叫作**隧穿磁电阻**的技术。设备中的**存储器**是**利用电荷**来存储的，**电子隧穿屏障**可以**清除（删除）**电荷。

量子隧穿 = 魔法吗

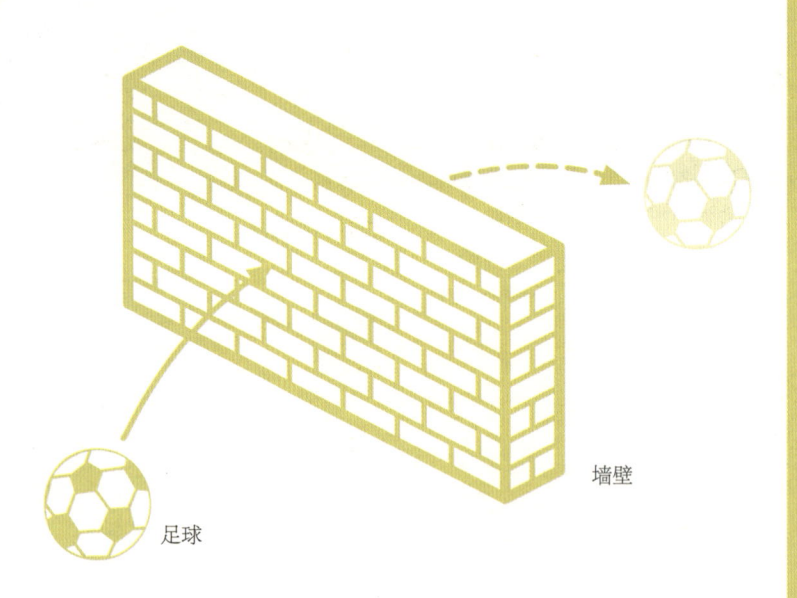

足球

墙壁

触摸屏

智能设备的触摸屏含有**嵌入在聚合物薄膜中的纳米颗粒**。改变施加的**压力**，如用手指按压薄膜，**电子穿过聚合物屏障和纳米颗粒之间的隧穿率**会**大幅增加**。这极大地**改变了电子**通过隧穿效应流动的**速率**。

算法和人工智能

人工智能系统是由许多非常精细的算法组成的，在艺术、工业、诊断、数据分析和商业领域都有应用。然而，它们还远远达不到智能，而且会放大人类的偏见。

机器学习

机器学习需要能将信息反馈到算法中的数据，这些数据需要随着时间的推移进行**微调**，**以提高性能**。事实证明，机器学习对生物医学影像的**病理学诊断**和**分类**有很大用处。"机器学习"指的是将系统应用于数据集（如新的扫描图像）时，系统会自动调整其操作。

神经网络

神经网络是一种**数学模型**，它根据对证据（数据）的**比较来做出决策**。

机器的偏见

人们将人工智能作为**节省时间和金钱**的**智能实体**来进行宣传和推广。用有限的数据集来训练算法会导致偏见，而且随着时间的推移，这种偏见会放大，从而导致有害的歧视性决策和行为。在**保险费计算**、**约会应用程序**、**搜索引擎**和**警方资料分析数据库**中，都会出现这种有害的结果。

魔方算法

要破解魔方，需要遵循一系列指导指令。

算法：由人编写的**一系列指令**，有时会以循环的方式运行。

排序算法：通过对数据的数组进行循环（按要求的顺序扫描和交换信息）来进行组织和搜索。

归并排序：将数组**拆分**、**排序**，然后**合并**。

图搜索：找出两点之间**最快的路线**。

复杂度：算法的复杂度取决于它所**涉及的步骤的数量**。

空字符：一串数值的结尾，用括号中的（0）来表示。

矩阵：由**不同维度**的数组组成的数组。

相关变量：可以被组织起来，如**结构体（struct）**。

节点：网络中的数据点。

队列：先进先出。

堆栈：后进先出。

树：顶部的节点称为**根节点**；下面的节点称为**子节点**；子节点上的节点称为**父节点**；末端的节点称为**叶节点**。

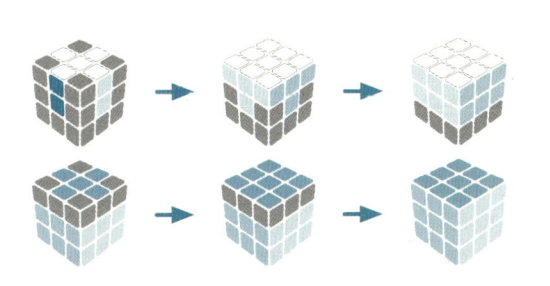

数据的结构

- 数据经过组织才能被访问。
- 数据的数组可以存储为变量。
- 可以利用索引来组织数组。
- 索引置于方括号中如 [0，1，2，3]。
- 索引的第一个数字始终是 0。

鼓舞人心的科学家名录

Ali Abdelghany (born 1944), marine biologist
Alice Ball (1892–1916), chemist, created treatment for leprosy
Allan Cox (1926–87), geophysicist
Ana María Flores (1952–), engineer
Annie Easley (1933–2011), rocket scientist
Antonia Novello (1944–), physician, US Surgeon General
Bessie Coleman (1892–1921), aviator
Betty Harris (1940–), chemist
Bruce Voeller (1934–94), biologist, AIDS researcher
Burçin Mutlu-Pakdil, astrophysicist
Carl Sagan (1934–96), astrophysicist
Caroline Herschel (1750–1848), discovered comets
Carolyn Porco (1953–), planetary scientist
Catherine Feuillet (1965–), molecular biologist
Claudia Alexander (1959–2015), planetary scientist
Clyde Wahrhaftig (1919–94), geologist and environmentalist
Edith Farkas (1921–93), measured ozone
Eileen McCracken (1920–88), botanist
Eleanor Josephine Macdonald (1906–2007), cancer epidemiologist
Elsa G. Vilmundardóttir (1932–2008), geologist
Eva Jablonka (1952–), biologist, philosopher
Flemmie Pansy Kittrell (1904–80), nutritionist
Fumiko Yonezawa (1938–), theoretical physicist
Gloria Lim (1930–), mycologist
Grace Oladunni Taylor (1937–), chemist
Har Gobind Khorana (1922–2011), biochemist
Haruko Obokata (1983–), stem cell scientist
Heather Couper (1949–), astronomer, educator
Helen Rodríguez Trías (1929–2001), paediatrician
Idelisa Bonnelly (1931–), marine biologist
Jane Wright (1919–2013), oncologist
Jeanne Spurlock (1921–99), psychiatrist
Jeanne Villepreux-Power (1794–1871), marine biologist
Jeannette Wing (1956–), computer scientist
Jewel Plummer Cobb (1924–2017), biologist
John Dalton (1766–1844), relative atomic weights
Kalpana Chawla (1961–2003), astronaut
Katherine Bouman (1989–), computer scientist
Kono Yasui (1880–1971), cytologist
Krista Kostial-Šimonović (1923–2018), physiologist
Lene Hau (1959–), slowed light, briefly stopped a photon
Linda B. Buck (1947–), olfactory receptors
Lydia Villa-Komaroff (1947–), cellular biologist
Mamie Phipps Clark (1917–83), social psychologist
Maria Abbracchio (1956–), pharmacologist, purinergic receptors
Maria Tereza Jorge Pádua (1943–), ecologist
Marianne Simmel (1923–2010), psychologist, phantom limbs
Marianne V. Moore (graduated 1975), aquatic ecologist
Marie M. Daly (1921–2003), chemist
Martha E. Bernal (1931–2001), psychologist
Maryam Mirzakhani (1977–2017), mathematician, Fields Medal
Meghnad Saha (1893–1956), chemical and physical conditions on stars
Melissa Franklin (1957), particle physicist
Michiyo Tsujimura (1888–1969), agricultural biochemist
Mileva Marić (1875–1948), physicist
Mina Bissell (1940–), oncologist
Neil Divine (1939–94), astrophysicist
Niels Bohr (1885–1962), alpha particles, atomic structure
Nora Volkow (1956–), psychiatrist
Patricia Suzanne Cowings (1948–), psychologist
Priyamvada Natarajan (graduated 1993), astrophysicist
Ragnhild Sundby (1922–2006), zoologist
Rohini Godbole (1952–), physicist
Rosalyn Sussman Yalow (1921–2011), medical physicist
Rosemary Askin (1949–), Antarctic research
Ruth Winifred Howard (1900–97), psychologist
S. Josephine Baker (1873–1945), first child hygiene department in New York City
Sally Ride (1951–2012), astronaut, physicist
Sarah Stewart (1905–76), microbiologist
Satyendra Nath Bose (1894–1974), quantum theory
Sau Lan Wu (graduated 1963), particle physicist
Seetha Coleman-Kammula (1950–), chemist, plastics designer
Shirley Jackson (1916–65), nuclear physics
Sonia Alconini (1965–), archaeologist, Lake Titicaca basin
Sonja Kovalevsky (1850–91), mathematician
Sophia Getzowa (1872–1946), pathologist
Stephanie Kwolek (1923–2014), chemist, inventor of Kevlar
Stephen Jay Gould (1941–2002), palaeontologist
Tanya Atwater (1942–), geophysicist, marine geologist
Toshiko Yuasa (1909–80), nuclear physicist
Una Ryan (1941–), heart disease, biotech vaccines
Valerie Thomas (1943–), invented the Illusion Transmitter
Vandika Ervandovna Avetisyan (1928–), botanist, mycologist
Velma Scantlebury (1955–), transplant surgeon
Vera Danchakoff (1879–1950), cell biologist, embryologist
Xide Xie (Hsi-teh Hsieh) (1921–2000), physicist
Zhenan Bao (1970–), chemical engineer and materials scientist

数 据 表

前缀

前缀可以更方便地表示非常大或非常小的数字。1毫米比0.001米更容易书写。

前缀	符号	含义	小数位
yotta-	Y	10^{24}	1,000,000,000,000,000,000,000,000
zetta-	Z	10^{21}	1,000,000,000,000,000,000,000
exa-	E	10^{18}	1,000,000,000,000,000,000
peta-	P	10^{15}	1,000,000,000,000,00
tera-	T	10^{12}	1,000,000,000,000
giga-	G	10^{9}	1,000,000,000
mega-	M	10^{6}	1,000,000
kilo-	k	10^{3}	1,000
deci-	d	10^{-1}	0.1
centi-	c	10^{-2}	0.01
milli-	m	10^{-3}	0.001
micro-	μ	10^{-6}	0.000,001
nano-	n	10^{-9}	0.000,000,001
pico-	p	10^{-12}	0,000,000,000,001
femto-	f	10^{-15}	0.000,000,000,000,001
zepto-	z	10^{-21}	0.000,000,000,000,000,000,001

国际单位制的基本单位

基本单位指不由其他单位组成的单位。

单位名称	单位符号	量的名称	量的符号	量纲符号
米	m	长度	l, x, r	L
千克	kg	质量	m	M
秒	s	时间	t	T
安培	A	电流	I	I
开尔文	K	热力学温度	T	Θ
坎德拉	cd	发光强度	I_v	J
摩尔	mol	物质的量	n	N

导出单位和量

导出单位由基本单位组成。力的国际单位是 kg·m/s²，也称为"牛顿"。导出单位是基于其他单位的。

量	单位/导出单位	国际单位
面积	平方米	m²
体积	立方米	m³
速率/速度	米每秒	m/s 或 ms⁻¹
加速度	米每平方秒	m/s² 或 ms⁻²
波数	米的例数	1/m 或 m⁻¹
质量密度	千克每立方米	kg/m³ 或 kgm⁻³
牛顿每米	牛顿每米或焦耳每平方米	kg·s⁻² 或 I/m²
比体积（比容）	立方米每千克	m³/kg 或 m³kg⁻¹
电流密度	安培每平方米	A/m² 或 Am⁻²
磁场强度	安培每米	A/m 或 Am⁻¹
物质的量浓度	摩尔每立方米	mol/m³ 或 mol m⁻³
亮度	坎德拉每平方米	cd/m² 或 cd m⁻²
消耗的能量	焦耳每秒	J/s (m²·kg·s⁻¹)
比能	焦耳每千克	J/kg (m²·s⁻²)
压强	焦耳每立方米	J/m³ (m⁻¹·kg·s⁻²)

二次方程

二次方程的标准形式：$ax^2 + bx + c = 0$

二次方程的解：$x = \left(-b \pm \sqrt{(b^2 - 4ac)}\right) / 2a$

几何方程

弧长 $= r\theta$

圆的周长 $= 2\pi r$

圆的面积 $= \pi r^2$

圆柱体的曲面面积 $= 2\pi r h$

球体的体积 $= 4\pi r^3/3$

球体的表面积 $= 4\pi r^2$

毕达哥拉斯定理（勾股定理）：$a^2 = b^2 + c^2$

圆周运动

角速度：$\omega = v/r$

向心加速度：$a = v^2/r = \omega^2 r$

向心力：$F = mv^2/r = m\omega^2 r$

波与简谐运动

波的速度：$c = f\lambda$

周期（频率）：$f = 1/T$

衍射光栅：$d \sin\theta = n\lambda$

加速度：$a = -\omega^2 x$

位移：$x = A\cos(\omega t)$

速度：$v = \pm\omega\sqrt{(A^2 - x^2)}$

最大速度：$v_{\max} = \omega A$

最大加速度：$a_{\max} = \omega^2 A$

天文数据

太阳的质量（kg）：1.99×10^{30}

太阳的半径（m）：6.96×10^8

地球的质量（kg）：5.97×10^{24}

地球的半径（m）：6.37×10^6

一个天文单位 = 地球到太阳的距离 = 1.50×10^{11}m。

光年 = 光在一年内走过的距离

= 5878499810000 英里（近6万亿英里）

= 9460000000000 km

= 9.46×10^{15}m

自然常数

量	符号	数值	单位
光在真空中的传播速度	c	3.00×10^8	m/s
普朗克常量	h	6.63×10^{-34}	J·s
约化普朗克常量（狄拉克常数）	$\hbar$ (h-bar)	$1.054\,571\,82 \times 10^{-34}$	J·s
阿伏加德罗常数	N_A	6.02×10^{23}	mol^{-1}
真空磁导率	μ_o	$4\pi \times 10^{-7}$	H/m^1
真空电容率	ε_o	8.85×10^{-12}	F/m^1
电子的电量	e	1.60×10^{-19}	C
引力常量	G	6.67×10^{-11}	(N·m^2)/kg^2
气体常数	R	8.31	J/(K^1·mol^1)
玻尔兹曼常数	k	1.38×10^{-23}	J/K^1
斯特藩-玻尔兹曼常数	σ	5.67×10^{-8}	W/(m^2·K^4)
维恩常数	α	2.90×10^{-3}	m·K
电子的静止质量（等于 5.5×10^{-4} u）	m_e	9.11×10^{-31}	kg
电子的比荷	e/m_e	1.76×10^{11}	C/kg^1
质子的静止质量（等于 1.00728 u）	m_p	1.673×10^{-27}	kg
质子的比荷	e/m_p	9.58×10^7	C/kg^1
中子的静止质量（等于 1.00867 u）	m_n	1.675×10^{-27}	kg
α 粒子的静止质量	m_α	6.646×10^{-27}	kg
重力场强度	g	9.81	m/s^2
重力加速度	g	9.81	m/s^2
原子质量单位（1u = 931.5 MeV）	u	1.661×10^{-27}	kg

引力场

两个质量之间的力：$F = Gm_1m_2/r^2$
引力场强度：$g = F/m$
径向引力场强度：$g = GM/r^2$

电场

两个点电荷之间的力：$F = (1/4\pi\varepsilon_o) \times (Q_1Q_2/r^2)$
作用于一个电荷的力：$F = EQ$
均匀场的场强：$E = V/d$

热物理学

改变温度的能量：$Q = mc\Delta\theta$
改变状态的能量：$Q = ml$
气体定律：$pV = nRT$
$pV = NkT$
动力学理论模型 $pV = 1/3\,Nm\,(crms)^2$

术 语 表

自然发生：（名词）从无生命的化学系统中出现的生命形式。

准确度：测量值与正确值的接近程度。

活化能：（名词）启动化学反应或过程所需的能量，缩写为 EA。

异常：（名词）偏离期望值。

玄武岩：（名词）由富含铁和镁的岩浆形成的黑色细粒火成岩，是洋壳和月壤的主要组成部分。

光束：（名词）由光源发出的一束光。

双星：（名词）两颗围绕共同的中心运行的恒星。

蓝移：当被观察的天体向地球靠近时，会发生蓝移。

键长：（名词）键中原子间的距离和最稳定的位置。

波义耳定律：（名词）定量定温的气体的体积与压强成反比。

缓冲剂：（名词）能补偿氢离子（H^+）浓度并保持 pH 值稳定的物质。

校准：（动词）检查和纠正仪器的准确度。

碳定年法：使用自然产生的同位素碳-14 来测定含碳物质的年龄。

笛卡儿平面：（名词）使用（x, y）的直角坐标系，x 值是横坐标，y 值是纵坐标。

染色质：（名词）保护细胞核中的 DNA，只存在于真核生物中。

黏聚力：（名词）物质分子间的相互作用。

验证性偏见：（名词）当某些信息或结果可以验证人们的先入之见时，人们就会忽视与其观点相反的信息或解释。

常数：（名词）具有固定值的量。

库仑：（名词）表示电荷量的公制单位，1 库仑 = 6.24×10^{18} 个电子所带的电荷总量。

细胞质基质：（名词）进行新陈代谢的细胞质液体，由水和纤维蛋白组成。

德布罗意波长：（名词）$\lambda = h/p$，一个基本粒子的波长（λ）与动量（p）和普朗克常量（h）有关。

因变量：（名词）实验或观察中的可变的参数（变量）。

氘：氢的稳定同位素，原子核中有一个中子。

电子数字积分计算机（ENIAC）：第一台通用电子计算机。

证据：（名词）对观点或假设的支持。

放热反应：（形容词）释放热量的反应。

荧光：（名词）一种物质吸收光或能量后发出的光，与原子发射和线谱有关。

化石：（名词）生物体保留下来的压痕或遗骸，生物体的组织已经被矿物质替代。

遗传漂变：（名词）基因频率的随机变化。

基态：（名词）能量最低的状态，电子首先占据能量最低的能级。

哈迪-温伯格平衡：（名词）在没有进化影响的情况下，等位基因和基因型的频率代代保持不变。

冰核：（名词）雪层层叠加，经过很长时间后压紧形成的圆柱形的冰。

理想气体：（名词）理论上的气体，没有体积，没有分子间的引力和斥力。理想气体方程要用到气体常数 R。

自变量：（名词）实验中可以通过控制来改变的参数。

联合国政府间气候变化专门委员会（IPCC）：1988 年成立的国际科学家小组，负责评估人类导致的气候变化的风险。

分子运动论：（名词）对分子和动能的理论描述，动能 = 温度。

LANL：洛斯阿拉莫斯国家试验室的缩写。

地衣：（名词）真菌与可以进行光合作用的藻类或细菌共生形成的复合体。

限制因子：（名词）生物体生存所必需的、在其生存环境中缺乏的基本资源。

线谱：（名词）有清晰线条的发射光谱，线条与电子从激发态跃迁到基态时发出的光的波长相对应。

月食：（名词）地球运行到太阳和月亮之间。

定性的： 对观察到的现象或数据的口头描述，即非数值的或不是用数字测量的。

定量的： 测量和观察结果可以用数字表示。

弧度： 平面角的公制单位，一个圆的弧度是 2π。

辐射带： 磁层中带电粒子所在区域。

自由基： 具有未配对电子的原子或分子。

掏蚀： 水通过多孔岩石向上渗透发生的侵蚀。

石珊瑚： 可以造礁的坚硬的珊瑚。

静海： 1969 年 7 月 20 日，阿波罗 11 号登月的地点。

二次空气污染物： 主要污染物发生反应后生成的污染物，如酸雨（二氧化硫或氮氧化合物与雨水发生反应）。

沥青砂： 高含硫量沥青的砂质沉积物。

泛素： 一种细胞质中的蛋白质。

特高光度星系： 具有红外波长的明亮星系。

本影： 太阳黑子的黑暗中心区域。

上升流： 稠密、凉爽、营养丰富的海水在风的作用下上升到海洋表面。

真空： 不存在任何物质的空间。

向量： 有大小、长度和方向的量。

蚯蚓堆肥： 利用蚯蚓制造堆肥，加强废物转化。

生存力： 生命体完成其生命周期的可能性，生存直到其成熟。

X 波段： 5200~10900 兆赫兹的无线电波波段。

黄热病： 一种由埃及伊蚊传播的急性病毒性疾病。

黄道十二宫： 把黄道大致分成十二等分的十二个星座。

浮游动物： 生活在水中的微小的动物。

虫黄藻： 单细胞的黄褐色藻类（属于甲藻门），与造礁珊瑚共生。

合子： 含有两组染色体的受精卵。

延伸阅读

《建造：结构背后隐藏的故事》作者：罗玛·阿格拉瓦

《技术发展简史》作者：乔治·巴萨拉

《大学的非殖民化》编辑：古尔敏德·K. 班布拉、达莉亚·哥布里埃尔等

《寂静的春天》作者：蕾切尔·卡森

《元素：1：艺术与生态学读本》作者：T. J. 蒂莫斯、巴西亚·爱尔兰等

《费曼讲物理：相对论》作者：理查德·费曼

《元素的盛宴：化学奇谈与日常生活》作者：山姆·基恩

《迷人的液体：33 种神奇又危险的流动物质和它们背后的科学故事》作者：马克·米奥多尼克

《压迫的算法》作者：萨菲亚·诺布尔

《算法霸权》作者：凯西·奥尼尔

《通向实在之路》作者：罗杰·彭罗斯

《性别化的大脑：打破女性大脑迷信的最新神经科学》作者：吉娜·里彭

《逊色：科学对女性做错了什么？》作者：安吉拉·萨伊尼

《优越：种族科学的回归》作者：安吉拉·萨伊尼

《末日松茸》作者：罗安清

《在被破坏的星球上生活的艺术：人类世的幽灵和怪物》作者：罗安清、希瑟·安妮·斯旺森、伊莱恩·甘、尼尔斯·布班特

单位换算表

英制	国际单位制
1英寸	2.54厘米
1英尺	30.48厘米
1英亩	0.40公顷
1平方英尺	0.09平方米
1平方英里	2.59平方千米
1磅	0.45千克
1加仑	4.55升
1马力	0.75千瓦